清华大学文科出版基金
QINGHUADAXUEWENKECHUBANJIJIN

法学视野中的国际经济秩序

车丕照　著

清华大学出版社
北京

图书在版编目（CIP）数据

法学视野中的国际经济秩序 / 车丕照著 . —北京：清华大学出版社，2021.9
ISBN 978-7-302-59174-0

Ⅰ.①法… Ⅱ.①车… Ⅲ.①国际经济－经济秩序－研究 Ⅳ.① F11-0

中国版本图书馆 CIP 数据核字 (2021) 第 185027 号

责任编辑：刘　晶
封面设计：常雪影
版式设计：方加青
责任校对：王荣静
责任印制：朱雨萌

出版发行：清华大学出版社
　　　　　网　　　址：http://www.tup.com.cn，http://www.wqbook.com
　　　　　地　　　址：北京清华大学学研大厦 A 座　　　　邮　　编：100084
　　　　　社 总 机：010-62770175　　　　　　　　　　　邮　　购：010-62786544
　　　　　投稿与读者服务：010-62776969，c-service@tup.tsinghua.edu.cn
　　　　　质 量 反 馈：010-62772015，zhiliang@tup.tsinghua.edu.cn
印 装 者：三河市吉祥印务有限公司
经　　销：全国新华书店
开　　本：170mm×240mm　　　**印　　张：**17.25　　　**字　　数：**278 千字
版　　次：2021 年 10 月第 1 版　　**印　　次：**2021 年 10 月第 1 次印刷
定　　价：89.00 元

产品编号：092237-01

序

为什么要从法学视角考察国际经济秩序

无论其主观意愿如何，当今世界上的每个国家都置身于国际经济秩序当中，因而受到国际经济秩序的制约。即使一个国家不加入联合国、不加入世界贸易组织、不加入国际货币基金组织、不与其他国家缔结贸易和投资协定，但只要它不闭关锁国，就必然会受到国际经济秩序的约束或影响。

国际经济秩序是一种社会秩序，而社会秩序与法律有着天然的联系，因为社会秩序总是表现为一种人（自然人或法律拟制的人）与人之间的关系，即社会关系，而法律总是以特定范围的社会关系作为其调整对象。也许正因为如此，德国学者拉德布鲁赫才会在其《法学导论》一书中说道："所有秩序，无论是我们在生命伊始的混沌状态中所发现的，或是我们所要致力于促成的，都可以从法律引申出它们的名称。"① 同理，国际经济秩序不过是经法律调整的国家之间的经济关系，至少国际经济秩序的主要部分如此。

虽然各国都置身于国际经济秩序当中，但国际经济秩序对每个国家的意义并不相同。一些国家得益于既存的国际经济秩序，从而力图维持它；另一些国家则可能认为既存的国际经济秩序不够理想，从而力图改变它，甚至推翻它。由于国际经济秩序以法律为基础，因此，维持现行秩序就是要维持支撑这一秩序的法律制度，改变现行秩序就是要改变支撑这一秩序的法律制度，而推翻现行秩序就是要推翻支撑这一秩序的法律制度。近年来所出现的 WTO 困境、CPTTP（《全面与进步跨太平洋伙伴关系协定》）、USMCA（《美国—墨西哥—加拿大协定》）等区域性协定对新的法律规则的创设，都真实地反映出有关国家力图通过法律制

---

① ［德］拉德布鲁赫：《法学导论》，米健译，1 页，北京，中国大百科全书出版社，1997。

度的改变来变革现行国际经济秩序的意图。中国政府显然早已意识到这一点。中国政府在不同场合就国际经济法律制度的现状和未来所表达的关切，反映出中国政府对国际经济秩序的总体立场。因此，关注国际经济秩序，必然要关注相应的法律制度；考察国际经济秩序，不可忽视法学视角的考察。

各门社会科学的学者都可以从本学科视角来考察、评判国际经济秩序，但法学视角的考察与评判无疑是基础性的。因为如前所述，国际经济秩序是表象，法律制度是根基。因此，法学视角可为其他学科对于国际经济秩序的研究提供方法上的支持。当然，更宏观地看，作为特定社会上层建筑的组成部分，法律也不是第一性的，而是由该社会的以生产方式为集中表现的社会存在所决定的。这是法学研究所不能忽略的更为基础性的原理。

美国前国务卿亨利·基辛格在谈论国际秩序时曾说过："必须对下述三个问题提出答案：国际秩序的基本单位是什么？它们互动的方式是什么？它们互动，以什么为目标？"[①] 从法学角度看，"基本单位"说的是国际秩序的法律主体问题，"互动方式"说的是国际秩序的法律形式和模式问题，"目标"则主要是国际秩序的法律原则问题。可见，由于不同学科的研究对象都是某种客观存在，因而其所关注的问题其实是相同的，不同的是观察问题的视角和分析问题的方法，并因此而形成的解决问题的方案。正是基于这种考虑，在国际经济秩序的研究成果多出自国际关系或国际政治学者之手的情况下，本书拟从法学视角对国际经济秩序做系统的观察和分析，以期对国际经济秩序的研究贡献些新的内容。

作者

2021.6

---

① ［美］亨利·基辛格：《大外交》，顾淑馨、林添贵译，747 页，海口，海南出版社，1998。

目　　录

第五章　中国与国际经济秩序 / 227

结语　变革中的国际经济秩序 / 258

后记 / 265

第一章

国际经济秩序概念的
法学解读

有秩序的社会是人类生存和进步的前提条件。一个无序的、动荡不安的世界不符合各国人民的期待。

那么，什么是法学意义上的国际秩序和国际经济秩序？国际经济秩序与法律是怎样的关系？这应该是从法学视角考察国际经济秩序时首先要回答的一些问题。

第一节　什么是法学意义上的国际经济秩序

一、何为国际秩序

国际经济秩序是国际秩序的组成部分，是经济领域或经济方面的国际秩序。那么，什么是国际秩序呢？

由于国际秩序的概念首先着眼于国家之间的关系，所以，对国际秩序问题作出较为详尽阐释的多是国际关系学者，"国际秩序问题是国际关系学研究的核心议题之一"，[①] 因此，我们可以先从国际关系学者的研究成果中来了解国际秩序的概念。

首先，并不是所有的国际关系学者都承认国际秩序的存在。英国学者赫德利·布尔（Hedley Bull）所著的《无政府社会——世界政治秩序研究》（*The Anarchical Society, A Study of Order in World Politics*）在 20 世纪 70 年代首次出版时曾一度受到冷落，据说原因之一就是一些国际关系学者不愿意接受"国际秩序"

---

① 孙丽萍：《后西方多元国际秩序的重构：历史路径》，载《史学集刊》，2019（4）。

及"国际社会"这样的概念。在现实主义学派的人们看来，国际关系的研究应着眼于国家之间的权力争夺；而在新现实主义者的眼里，国际关系的研究应集中于国际体系中权力分配的效果。①

在整个"冷战"时期，现实主义思潮流行于西方社会。现实主义理论有三个基本命题，即：国际社会是处于无政府状态的；国际关系的主要行为体是国家；国家是自私的行为体。因此，在现实主义者看来，国际关系的实质是冲突，是国家为权力而展开的斗争。"冷战"结束之后，新自由制度主义开始在西方兴起。虽然新自由制度主义的支持者们不否认现实主义的三个基本命题，但他们却认为，国际社会的无政府状态不等于无秩序状态；国家作为国际社会的基本成员需要秩序的存在；国家作为自私的行为体仍有可能寻求国际合作。② 新自由制度主义的兴起，表明更多的人开始肯定国际合作与国际秩序的存在。

在当代学界，人们已倾向于接受这样一种理念，即世界是一个无政府但又有序的社会。③ 虽然多数国际关系学者喜欢用"无政府状态"来表明世界上缺乏中央权威这样一种状况，但"无政府状态不具有积极或消极的内涵，它也未必暗指现在的世界秩序是以普遍的混乱、动荡为标志的"。④

那么，在接受国际秩序这一概念的国际关系学者那里，到底什么是国际秩序呢？ 1965 年，一些学者曾聚会于意大利，专门讨论世界秩序问题。⑤ 会议的主持者——法国国际关系学者雷蒙·阿隆总结学界已有的研究成果，提出五种候选的"秩序"定义供大家讨论和选择，它们是：（1）世界秩序是任何现实的有规则的安排；（2）世界秩序是各个组成部分的有序关系；（3）世界秩序是人类生存的最低条件；（4）世界秩序是人类社会共存的最低条件；（5）世界秩序是人类舒适生活的必要条件。经过讨论，大多数学者倾向于将世界秩序定义为"国际社

---

① 见美国学者霍夫曼为《无政府社会——世界政治秩序研究》第二版所写的前言。Hedley Bull, *The Anarchical Society, A Study of Order in World Politics*（Third Edition,）XXIV 页，北京，北京大学出版社，2007。

② 秦亚青：《国际制度与国际合作——反思新自由制度主义》，载《外交学院学报》，1998（1）。

③ 秦亚青：《中国学者看世界·国际秩序卷》，代序，北京，新世界出版社，2007。

④ [美]詹姆斯·N. 罗西瑙：《没有政府的治理》，张胜军、刘小林等译，8 页，南昌，江西人民出版社，2001。

⑤ 在多数情况下，"国际秩序"与"世界秩序"是两个可以相互替代使用的概念，因为多数学者眼中的"世界秩序"仍旧着眼于国家间关系，因而本质上是"国际秩序"。

会成员国相互和平共存的最低条件"。^①其实，上述五个定义都只是从某个侧面揭示出世界秩序的特征。

美国学者斯坦利·霍夫曼（Stanley Hoffmann）提出，世界秩序主要由三个不可分割的要素构成，即：世界秩序是国家间建立和睦关系的一种理想化的模式；世界秩序是国家间友好共处的重要条件和规范行为的规章准则；世界秩序是合理解决争端冲突、开展国际合作以求共同发展的有效手段和有序状态。^②这一表述从多个侧面解释了世界秩序的特性。

相比之下，前述布尔对国际秩序这一概念的阐释似乎更为完整。布尔眼中的国际秩序其实包括两种状态：国际体系和国际社会。当两个或多个国家之间具有足够的联系，而且能够在相当程度上影响对方的决策，以使国家的行为至少在某种程度上成为各国整体行为的一部分时，国际体系（system of states 或 international system）就形成了；^③当一群国家意识到它们之间存在着某些共同利益和共同价值，并认为在其相互关系中应遵守一套共同的规则，并参与共同机制的运作时，国际社会（society of states 或 international society）便形成了。有国际社会，必有国际体系；而国际体系的存在却不一定意味着国际社会的存在。^④至于国际社会的基本目标，布尔列举出以下四点：第一，维持国际社会及其体系自身的存在；第二，维护每个国家的独立或对外主权；第三，维护国家间的和平；第四，任何社会中的共同目标，包括：限制暴力、信守诺言以及基于财产规则的占有关系的稳定。^⑤

综合上述学者的观点可以看出，国际关系学意义上的"国际秩序"主要

① 参见潘忠岐：《世界秩序理念的历史发展及其在当代的解析》，载秦亚青：《中国学者看世界·国际秩序卷》，39 页，北京，新世界出版社，2007。

② STANLEY HOFFMANN. *Primacy or World Order: American Foreign Policy Since the Cold War*. New York: McGraw Book Company, 1978: 109-188. 转引自潘忠岐：《世界秩序理念的历史发展及其在当代的解析》，载秦亚青：《中国学者看世界·国际秩序卷》，41 页，北京，新世界出版社，2007。

③ Hedley Bull，*The Anarchical Society, A Study of Order in World Politics*（《无政府社会——世界政治秩序研究》），Third Edition, 9 页，北京，北京大学出版社，2007。

④ Hedley Bull，*The Anarchical Society, A Study of Order in World Politics*（《无政府社会——世界政治秩序研究》），Third Edition, 13 页，北京，北京大学出版社，2007。

⑤ Hedley Bull，*The Anarchical Society, A Study of Order in World Politics*（《无政府社会——世界政治秩序研究》），Third Edition, 16 ~ 19 页，北京，北京大学出版社，2007。

包含三个要素：

第一，从形式上看，国际秩序是国际社会的一种"有序状态"，这种状态可以被表述为国家间稳定的关系，也可以被表述为国家的"行为模式"。

第二，从内容上看，国际秩序的构成单位是国家，而不是其他实体。无论是"国家间关系"，还是"国家的行为模式"，作为社会秩序（区别于自然秩序）的一种的国际秩序一定产生于具有"人格"特征的特定实体之间，而这里的实体就是作为国际社会成员的国家。

第三，从目的上看，国际秩序是为了保障国际社会的基本价值的实现，或是保证国际社会成员实现和平共处。

与国际关系学者对国际秩序的研究比较起来，法学界对国际秩序的研究相对不足。然而，由于法律的基本作用是调整社会关系，因此，法律与社会秩序有一种天然的联系。许多法学家对"秩序"表达过自己的见解。奥地利学者凯尔森在其《法与国家的一般理论》一书中说道："凡设法以制定这种强制措施来实现社会所希望有的人的行为，这种社会秩序就被称作强制秩序……在这个意义上，法是一种强制秩序。"[1] 德国学者马克斯·韦伯在其《论经济与社会中的法律》一书中曾经指出，"在秩序由强制力（物理的或心理的）的可能性作为外部保障时，该秩序将称为法律。"[2] 我国学者张文显教授在阐述法的秩序价值时指出，"秩序总是意味着某种程度的关系的稳定性、结构的一致性、行为的规则性、进程的连续性、事件的可预测性以及人身财产的安全性"。"在文明社会中，法律是预防脱序、制止无序状态的首要的、经常起作用的手段。"[3] 我国另一位法理学者卓泽渊则指出，"法所追求的价值意义上的秩序显然不是一般的秩序，更不是非社会秩序，而是有益于人类的社会秩序……人类的社会秩序实际上是人与人关系的常态"。[4]

从上述学者的论述中我们可以看到，法学意义上的秩序是法律规制下的秩序。

---

① [美]凯尔森：《法与国家的一般理论》，沈宗灵译，19页，北京，中国大百科全书出版社，1996。

② [德]马克斯·韦伯：《论经济与社会中的法律》，张乃根译，7页，北京，中国大百科全书出版社，1998。

③ 张文显：《法哲学范畴研究》，196～197页，北京，中国政法大学出版社，2001。

④ 卓泽渊：《法的价值论》，177页，北京，法律出版社，1999。

具体地说：第一，法学意义上的秩序是一种社会秩序，说到底是一种人与人的关系；第二，并不是所有的社会秩序都在法学的视野之内，只有那些由法律予以强制的社会秩序才是法学意义上的秩序；第三，由法律加以强制的社会秩序的外在表现是"关系的稳定性、结构的一致性、行为的规则性、进程的连续性、事件的可预测性以及人身财产的安全性"，而这样一种结果是有益于整体社会的；第四，法律强制下的社会秩序的内容应该是具体的权利义务关系，表现为得为或不得为一定行为。

据此，法学意义上的国际秩序可表述为：由法律所确认的国家之间的稳定的关系。具体说来：

首先，法学意义上的国际秩序是以国家为构成单位的。由于法律以社会关系为唯一调整对象，所以，明确社会关系的主体十分重要。[1] 在世界范围内还存在着国家之外的实体，但"国际秩序"的构成单位仅限于国家。在这里，需要对"国际秩序"（international order）和"世界秩序"（world order）做一区别。尽管"国际秩序"与"世界秩序"经常被相互替代使用，但严格说来，两个概念是有区别的。"国际秩序"以"国际"为限定词，意在强调"国家之间"，意在强调主体的特定性；而"世界秩序"以"世界"为限定词，意在强调"世界范围"，意在强调突破国界的限制。因此，"国际秩序"一定是"世界性"（尽管不必然包含"全世界"）的秩序；而"世界秩序"并不局限于"国家之间"的秩序。"世界秩序"不仅包含"国家之间"的秩序，也包含其他实体（自然人、公司等）与国家以及其他实体之间在世界范围内所形成的秩序。在多数情况下，人们在谈论"世界秩序"时是着眼于国家间关系，此时的"世界秩序"其实是"国际秩序"。

其次，法学意义上的国际秩序是法律所确认并维持的秩序，这里的法律就是国际法。[2] 如前所述，并非所有的社会秩序都在法学视野之内。法律对某种社会关系加以规范是因为这种社会关系的明确和稳定就特定社会来说已重要到一定

---

[1] 按照中国思想的逻辑去论证，世界是由物和事组成的。"物"是在我们的决定之外自己存在的，自然自行其是；"事"，即我们的所作所为，则决定我们的生活。关于"事"的问题实质上就是人际关系问题。见赵汀阳：《"天下"概念与世界制度》，载秦亚青：《中国学者世界·国际秩序卷》，15 页，北京，新世界出版社，2007。

[2] 尽管国际私法和国际经济法也被冠以"国际"字样，但它们并非都由国际法规范所构成，也并非仅以国家间关系为调整对象，因此，虽然它们也包含部分国际（公）法规范，但都不是纯粹的或严格意义上的国际法。

程度。国内社会中如此，国际社会中也是这样。"秩序表明各国对它们相互关系中有限的稳定性和可预见性抱有共同的强烈要求，这种要求导致了国际法的形成。"① 国际法的发达情况取决于国家之间的交往程度。国家间的交往越频繁、越密切，各国对它们相互关系中的稳定性和可预见性的要求就越强烈，国际法体系也就会越完整、越明确。18世纪之前，在国家间的交往还不够经常和密切的情况下，国际秩序也相对简单，零散的习惯国际法规则即可以满足国家间关系的需要；而18世纪之后国际条约（先是双边条约，随后是多边条约）逐渐增多，则反映出国家间交往的经常化、扩大化和紧密化，表明国际社会需要更为完善的国际法律规则来确认和维持日益复杂的国际社会秩序。

再次，法学意义上的国际秩序在本质上是国家之间的权利义务关系。所谓权利义务关系是指特定主体之间依据法律所产生的，一方可以要求他方为或者不为一定行为，并在他方违背此种要求时可依法请求救济（要求他方承担法律责任）的一种关系。权利义务关系的依据是相应的法律规定；权利义务关系的内容是要求和满足要求；权利义务关系的保障是救济（争端解决）机制。正因为法学意义上的国际秩序的本质是国家间的权利义务关系，这种国际秩序才可能具有稳定性和可预测性。

二、何为国际经济秩序

国际经济秩序，简言之，即经济领域或经济方面的国际秩序。从法学角度看，国际经济秩序仍然是经法律确认的国家间稳定的关系，是"国际经济领域在某些规范、制度和权势运行机制的作用下产生的一种具有一定条理的状态"。② 基于前面对国际秩序的界定，国际经济秩序的基本内涵应包括：第一，它是国家之间的关系；第二，它是国家之间在经济领域或就经济问题所结成的关系；第三，这种关系基于法律的调整而具有稳定性；第四，国际经济秩序的内容是国家之间依法确立的权利义务关系。

① [美]熊玠：《无政府状态与世界秩序》，余逊达、张铁军译，10页，杭州，浙江人民出版社，2001。
② 吕虹、孙西辉：《国际经济秩序变迁的理论与现实——基于结构化概念的分析》，载《太平洋学报》，2019（9）。

首先，国际经济秩序是国家之间的经济关系。如前所述，国际秩序的本质是国家间的关系，因此，国际经济秩序的本质是国家在经济领域中所结成的关系。尽管非国家实体也参与国际经济事务，也在国际经济秩序的框架下参与国际经济交往并对国际经济秩序的形成和改变产生一定的影响，但这些实体所参与并结成的关系和形成的秩序并非严格意义上的国际经济秩序。

当然，我们可以在更广泛的意义上使用国际经济秩序这一概念，将国际经济秩序界定为不同主体在国际经济领域中基于法律调整所结成的关系。这种广义的国际经济秩序不仅涵盖国家之间的经济关系，也包括不同国家的私人之间的经济关系，以及国家同他国私人之间的经济关系。这里的"国际"已经不限于"国家之间"，而是指某种经济或商事关系已超越了一国的范围，从而具有了"涉外性"或"国际性"。如果以此视角来观察国际贸易关系，那么，由法律规则所确立的国际贸易秩序则不仅包括世界贸易组织规则等确立的国家之间的国际贸易秩序，也包括依据有关法律所确立的一国政府与国际贸易当事人之间的贸易秩序。例如，就关税征缴、许可证及配额管理等方面的秩序；以及不同国家的国际贸易当事人之间基于法律调整所形成的国际贸易秩序，如关于货物买卖、运输、保险、支付等方面的权利义务关系。

以国家为主体的国际经济秩序是建立在私人之间的交易秩序和私人与国家之间的管理秩序的基础上，并反过来影响后两种秩序的。我们仍以国际贸易秩序为例来加以说明。在实践中，首先出现的应该是私人之间的交易关系，如货物买卖关系。为了保证交易关系的确定性，买卖双方就需要通过合同来彼此加以约束。如果商人希望合同的约束力具有强制性的话，他们就会推动国家就合同事宜进行立法，或者在欠缺国家法的情况下，以商人们的习惯法加以替代，于是，就出现了以法律确立的私人之间的贸易秩序的现象。国家对国际贸易的介入并不满足于支持当事人之间的约定。为了某些经济的或非经济的原因，国家会对进出口商品征税，实施配额和许可证管理，对进出口商品进行强制性检验、检疫，甚至完全禁止某种商品的进口或出口。对于国家的这些管制措施，当事人必须遵守，于是出现了国际贸易领域的另外一种秩序——国家与国际贸易当事人之间的秩序。然而，一国可能对另一国所实施的上述国际贸易管理措施提出异议。例如，一国可能对另外某个国家对其出口商品征收反倾销税提出质疑。于是，相关国家就可能要就反倾销税的征收确立某种规则，以防止贸易管理措施的滥用，这就产生了《关税与贸易总协定》（以下简称 GATT）/WTO 体系内的反倾销协议。一系列的类似规则确立了国家之间的国际贸易秩序。这种国家间的贸易秩序又反过来制约着国家与私人之间的贸易管理秩序和私人之间的交易秩序。因此，广义的国际经济秩序的概念，有助于人们更加完整和准确地理解狭义的国际经济秩序的概念。多半是基于上述原因，许多国际经济法的教科书所关注的国际经济秩序是广义的国际经济秩序，即不但着眼于国家之间的经济法律关系，也包括国家与私人之间的经济法律关系以及私人之间的经济法律关系。

其次，国际经济秩序是国家之间就经济问题所结成的关系。经济关系的常见形态是不同主体之间的交易关系，例如买卖、借贷。国家之间也会结成这种交易关系，例如政府间的采购，政府间的借贷等。然而，在实践中，国家之间的交易在全部交易中只占很小的比重。国家之间的经济关系主要是各国政府就国际经济交往的管理所结成的彼此约束关系，可称之为经济管理关系。例如，世界贸易组织规则是调整国家之间的经济关系的，但这种经济关系并非贸易关系或交易关系，而是贸易管理关系。WTO 规则并不规范贸易或交易行为自身，而是规范成员方政府对贸易或交易所施加的管理行为。在投资等领域中也是如此。国际经济秩序所规制的并非投资者的投资行为以及由此所形成的投资者与其他实体之间的交易关系，而是国家之间就跨国投资所结成的关系。因此，国家之间的投资协定的主要内容集中在投资的市场准入以及市场准入后外国投资和外国投资者的地位或待遇问题。

再次，国际经济秩序是国家之间经法律调整所形成的经济关系。由于法律是调整社会关系的最常见和有效的手段，因此，作为社会关系的一种的国家之间的经济关系也需要法律加以调整。又由于国际经济秩序是国家之间的秩序，所以，构成该类秩序的法律基础的只能是国家之间的法，即国际公法。国际公法的主要表现形式是国际条约与国际习惯。由此，当我们要考察当今的国际贸易秩序时，我们便知道国际贸易秩序的法律基础主要表现为 WTO 规则体系、区域性贸易协定、双边贸易协定以及可适用的国际习惯规则。

需要注意的是，规制国际经济秩序的法与我国学界通常所称的国际经济法是有区别的。如前所述，多数国际经济法教科书所称的国际经济法既包括调整国家之间经济关系的法律规范，也包括调整国家与私人之间经济关系的法律规范以及调整私人之间的跨国经济关系的法律规范。因此，国际经济法的渊源除了国际条约与国际习惯之外，还包括国内法。这种国际经济法是一个庞杂的规范体系，与多个传统的部门法重叠。其中，调整国家之间的关系的法是国际公法，调整国家与私人之间的经济关系的法具有经济法或行政法的性质，而调整私人之间的经济关系的法则具有民商法的性质。

最后，国际经济秩序是国家之间的一种权利义务关系。某种社会关系经法律调整即形成不同主体之间的权利义务关系。平等主体之间的权利义务关系的典型表现形式是彼此享有权利并承担义务，一方权利的实现要基于对方义务的履行；一方不履行义务，对方则可以通过法律途径寻求救济。从这个意义上说，国际经济秩序的稳定要依赖各国履行自己的义务，或者承担违反义务的责任。

三、当代国际经济秩序的基本特征

国际经济秩序的形成是一个发展的过程。当代国际经济秩序的基本特征可以从不同角度加以概括。从法学角度看，与以往的国际经济秩序相比，当今国际经济秩序的特征主要表现在两个方面：一是法律所覆盖的国际经济秩序的范围空前扩展；二是国际经济秩序所依托的法律体系仍呈"碎片"状况。

（一）法律所覆盖的国际经济秩序的范围空前扩展

"组织机构和制度规则覆盖领域广范是战后国际经济秩序的突出特点。"①尽管法律之下的秩序是最为理想的秩序，但从历史上看，国家间的经济关系并非总在法律框架之内。这种情况在当代发生了改变。法律所覆盖的国际经济秩序的范围不断扩展。第二次世界大战结束之后，首先由《联合国宪章》确立了战后国际政治和国际经济的基本格局；《关税与贸易总协定》和《国际货币基金协定》则分别确立了国际贸易领域和国际金融领域中的基本制度。随后，国际法律制度覆盖的国际经济秩序的领域不断扩展，其调整的社会关系也趋向具体。

法律所覆盖的国际经济秩序的范围的不断扩展，表明国际社会成员可以就更

---

① 舒建中：《战后国际秩序的演进与启示：制度改革的视角》，载《国际问题研究》，2021（1）。

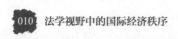

多的价值理念达成一致，尽管这可能是个充满利益冲突因而并不顺利的过程。就国际贸易领域而言，"随着贸易的增大……关注其他价值观的人发现，贸易和贸易谈判对这些价值观的冲击越来越大。他们有时还把贸易谈判视为推行这些价值观的动力。他们认为，无论在什么情况下都没有理由把贸易谈判限制在传统议事日程或目标的范围内"。[①] 正因为如此，WTO 的规则体系才从传统的贸易问题扩展到"与贸易有关的"一些领域。

法律所覆盖的国际经济秩序的范围的扩展的另外一个表现是接受法律约束的国家的数量的不断增多。"二战"之后所缔结的许多调整国际经济关系的公约都拥有极为广泛的缔约国。《联合国宪章》《世界贸易组织协议》等国际公约几乎成为全球性的法律。如此众多的国家在国际经济领域接受法律的约束，使得国际经济秩序呈现出前所未有的广泛性和统一性。

（二）国际经济秩序所依托的法律仍呈"碎片"状况

由于除强行法之外的国际法规范本质上都是国家间的"约定法"，其约束力取决于国家的接受，因此，当今的国际社会还难以确立对所有国家一体适用的国际法规则，当然也就难以形成整齐划一的国际经济秩序。首先，并不存在所有的国家共同接受的国际公约，因此，无法将所有的国家都纳入某个一体化的制度体系当中；其次，一些具有广泛的缔约方的多边体制安排，为了满足部分成员的特别要求，往往允许成员作出与总体安排不一致的特别安排，例如 GATT 第 24 条和《服务贸易总协定》（以下简称 GATS）第 5 条所允许的区域性安排；最后，国家之间的区域协定和双边协定的内容多有不同，使得国际社会相关问题的法律制度更加"碎片化"。"碎片化"的后果是相关法律制度缺少体系性，存在空白或漏洞。另一方面，则是法律规则的重叠甚至相互冲突。外资征收补偿规则的情况可提供一个简单的例证。

关于外资征收补偿的国际法规则，目前并不存在普遍性的公约，而是由数以千计的双边投资协定（Bilateral Investment Treaties, BITs）和自贸区协定所规定。至于在外资征收的补偿标准上是否存在普遍适用的国际习惯法规则，虽然一些国

---

① ［美］I. 戴斯勒：《美国贸易政治》，王恩冕、于少蔚译，255 页，北京，中国市场出版社，2006。

家一直力图证明就征收给予充分补偿（full/adequate compensation）是一项国际习惯法规则，但这一主张一直受到其他一些国家的质疑。1938 年，墨西哥对外国投资的石油公司实行征收。美国国务卿赫尔（Hull）照会墨西哥政府，承认墨西哥政府有权为了公共利益的需要而征收外国资产，但同时又指出，合法的征收必须伴有充分（adequate）、有效（effective）和即时（prompt）的补偿（后称"赫尔标准"，Hull formula），并认为这是一项国际标准。英国政府也向墨西哥政府发出照会，也把充分的补偿作为合法的征收的前提。虽然后来墨西哥政府同美国政府等就补偿的数额达成了协议，但对于是否存在"充分、有效、即时"补偿这样一项国际法上的标准，相关国家并未达成一致意见。[1] 20 世纪 60 年代初，古巴对外国投资（主要是美国的投资）实行了征收。同墨西哥一样，古巴政府也拒绝承认充分、有效和即时的补偿为国际法上的补偿标准。1962 年，联合国大会通过的《关于天然资源之永久主权宣言》指出，"收归国有、征收或征用应以公认为远较纯属本国或外国个人或私人利益为重要之公用事业、安全或国家利益等理由为根据。遇有此种情形时，采取此等措施以行使其主权之国家应依据本国现行法规及国际法，予原主以适当之补偿（appropriate compensation）"。由于当时对"适当补偿"的含义并未加以明确，发展中国家认为"适当补偿"是对"赫尔标准"的否定，但美国等却认为"适当补偿"应被解释为"充分补偿"。应该说，无论是"充分补偿"标准还是"适当补偿"标准，都不能构成普遍国际习惯法规范。由于许多国家对"补偿"的理解是"适当补偿"，因此，可以认为，"适当补偿"构成了它们之间的习惯国际法；对于那些承认"赫尔标准"的国家，"充分补偿"构成一项习惯国际法规范，这一规范只在承认其效力的国家之间适用。值得注意的是，基于对外国投资的需求和资本输出国的压力，曾明确坚持"适当补偿"标准的发展中国家在其签订的投资协定中，开始逐渐接受"赫尔标准"。墨西哥是最早抵制"赫尔标准"的国家，但在 1994 年与美国和加拿大共同签署《北美自由贸易区协定》时，墨西哥已完全接受了"充分、有效、即时"的补偿标准。随着越来越多的国家接受"赫尔标准"，对外资征收的补偿标准很可能会统一到"充分补偿"原则上来。

---

① ANDREAS F. LOWENFELD. *International Economic Law*，Oxford: Oxford University Press，2002，pp.397-403.

法律"碎片化"并不是一个理想的现象，但也不必为此悲观。"碎片化"应该是国际法成长过程中的必经阶段。有碎片状的法律总比没有法律要好，而且，"法律碎片"的增多会使零星的法律规范逐渐相连，使得法律制度逐渐完善。即使是一体性的法律制度"碎片化"了，也不一定不是好事。以 GATT 第 24 条为例，虽然经该条授权，部分缔约方可以背离最惠国待遇原则而另做小范围的贸易自由化的安排，从而"碎片化"了整体制度，但这种"碎片化"使得部分缔约方可以朝贸易自由化的方向先行一步，从而更符合 GATT 的宗旨。而且，随着区域性安排的逐渐增多及多数缔约方在贸易自由化方面的不断进步，更多的缔约方会就新规则的形成达成新的共识，从而形成新的一体化的制度。

第二节　国际经济秩序为何要以法律为支撑

　　法学视野内的国际经济秩序是以法律作为依托或支撑的国际经济秩序。尽管这一观点可能难以得到某些国际关系学者的认同，因为在他们眼中，国际秩序的支撑力量是国家实力，然而在现实当中，可称作"秩序"的国际关系无一不是建立在法律基础之上的。习近平主席曾明确提出国际法是国际秩序的基础的论断。他于 2021 年 1 月 25 日在世界经济论坛"达沃斯议程"对话会上发表的特别致辞中明确提出："我们要厉行国际法治，毫不动摇维护以联合国为核心的国际体系、以国际法为基础的国际秩序。"这是中国领导人对于国际法与国际秩序的关系的最为明确的表达。

一、国际关系学者关于国际秩序存在基础的认识

　　虽然国际关系学者通常认为国际社会在无政府状态下仍会呈现国际秩序，但对国际秩序为什么会存在却有着不同的解释。依照秦亚青教授的归纳，关于国际秩序的存在基础大致有四种观点，分别是：霸权秩序观、均势秩序观、法制秩序观和文化秩序观。霸权秩序观认为任何秩序都需要足够的实力作为保障，因此，国际秩序的基础是国际体系的霸权结构或单极结构。与霸权秩序观相同，均势秩

序观也认为国际体系中的实力结构决定国际秩序；但与霸权秩序观不同的是，均势秩序观认为只有当国际体系中的实力结构处于一种相对均衡的状态下，国家，尤其是大国才能相互制衡，国际秩序才会稳定。当一个国家的实力不足以抗衡一个更为强大的国家时，就应该寻求与其他国家的结盟，以实现实力均衡。法制秩序观认为，既然存在着一个国际社会，国际性法律和准法律体系就成为国际秩序的根本保障。国际社会中的制度和规则不仅可以降低国家间的交易成本、提高信息的透明度，从而消除猜疑并促进合作，而且还可以使不遵守规则的国家受到惩罚，其结果是维护了国际秩序的稳定。文化秩序观也重视国际社会中的制度和规则，但认为国际制度和规则的作用在于构建国际社会成员的身份和认同、帮助实现一种国际文化，而只有在一定的文化结构中才能建立稳定的国际秩序。[①]

在上述四种观点中，霸权秩序观与均势秩序观否认或轻视国际法对国际秩序的作用，文化秩序观仅将国际法律制度和规则看作是构建国际文化的方式之一，只有法制秩序观将国际法律制度和规则看作是国际秩序的基础和支撑。[②]与此同时，自 20 世纪 80 年代起流行于国际关系学中的国际机制（International Regime）理论也意识到法律对国际秩序的作用。有学者指出："国际机制的基本价值理念是法理主义。它从国家的法制化中受到启发，主张将国际秩序建构在法制基础之上，由国际社会共同制定出具有法律性质和规范效力的共同原则、规章和标准来有效地规范国家的国际行为和国家间的利益分配与协调，强调只有实现了法制化才能实现国际秩序的合理化，增进国际秩序的稳定性。"[③]

二、国际法的基本原则决定了国际秩序的总体格局

在国内社会中，法律与秩序几乎是同义词，没有法律的社会秩序是不可想象的。那么，法律（国际法）对国际秩序究竟产生何种作用呢？虽然当今的国际社

---

① 秦亚青：《中国学者看世界·国际秩序卷》，代序，北京，新世界出版社，2007。
② 有学者甚至将制度视为世界存在的前提，指出："世界制度是世界出场的一个存在论条件，所以我们的问题是如何想象然后创造一个世界制度，以便世界能够从无自觉意义的存在（Being）变成有自身意义的存在（Existence）。"见赵汀阳："'天下'概念与世界制度"，载秦亚青：《中国学者看世界·国际秩序卷》，34 页，北京，新世界出版社，2007。
③ 刘杰：《秩序重构：经济全球化时代的国际机制》，9 页，北京，高等教育出版社；上海，上海社会科学院出版社，1999。

会与国内社会比较起来缺少中央政府，缺少统一的立法机构，也缺少具有一般管辖权的法院，但我们仍然感到、并有足够的理由相信国际秩序是存在的，而且，这种秩序是以法律为依托，并首先以国际法基本原则为依托。

首先，依据当代国际法的国家主权原则，每个国家都具有主权者的身份。从主权者身份的角度来看国家，其领土面积大小、人口多少、财富数量、历史长短、行为表现等方面的差异不再有意义；因为每个国家都是主权者，所以各国在国际社会中的法律地位一律平等。

其次，因为各国法律地位平等，所以在国家之间的交往中，任何一个国家都不能将自己的意志强加给其他国家。

再次，因为各国法律地位平等，所以一国可以自主地处理自己的国内事务。在自己的管辖范围之内，每个国家都有最高的权力，可排除任何其他国家对自己内部事务的干涉。

最后，因为各国法律地位平等，所以，国家只能以彼此的约定来确定其相互间关系的内容。一国可以根据自己的意志决定是否与其他国家建立某种关系，而一旦某种关系依据约定得以建立，就要接受约定的约束，不得单方面地改变这种关系，除非准备承担由此可能产生的法律责任。

可见，国际法中的国家主权原则构成国际秩序的基础。"主权制度对国际秩序来说是一项具有根本性原则的制度，它不是国际秩序的一个简单组成部分，而是构成国际秩序所有部分的基石。"[1] 国际法中的主权原则以及由此衍生出的平等互利原则、自由同意原则和信守约定原则等，确立了当今国际秩序的基本格局。无论哪个国家至少都会在公开场合表示接受这些原则的约束，而且，这些原则在实践中也大体上得到了遵守。也正因为如此，国际关系才是稳定的和可预见的。这就是国际秩序的现状。因此，当中国申请加入世界贸易组织（WTO）时，我们可以推断：第一，中国作为一个主权国家（尽管 WTO 成员并非都是主权国家）有加入 WTO 的资格；第二，中国必须通过与 WTO 现有成员的谈判，来确定中国加入 WTO 的条件，WTO 成员不能强使中国接受其条件，就如同中国也不能

---

[1] 苏长和：《互联互通世界的治理和秩序》，载《世界经济与政治》，2017（2）。其他一些学者也持此观点，例如姚遥指出："由世界各国共同认可的《联合国宪章》贯穿着主权平等原则，'国家不论大小、强弱，一律主权平等'成为最根本的国际秩序基石。"见姚遥：《中国的新国际秩序观与战后国际秩序》，载《国际问题研究》，2020（5）。

强使 WTO 成员接受其自己的条件一样；第三，一旦中国与 WTO 现有成员就中国加入世界贸易组织达成一致意见，那么，双方之间的约定（包括 WTO 的所有规则）就必须得到遵守，否则，违背约定的一方就会被要求承担相应的法律后果，即法律责任。

应该看到，国际秩序与国内秩序是存在区别的，其中最为重要的区别在于国内秩序是"立体"的秩序，而国际秩序是"平面"的秩序。在国内社会，存在着超越个人（不仅指自然人，也包括法人等主体）地位的政府；除了个人之间的平面（地位平等）的秩序之外，还存在着政府与个人之间的立体（地位不平等）的秩序。而在国际社会，由于作为成员的各个国家的法律地位一律平等，并不存在超国家的世界政府，所以，无法产生"立体"的国际秩序。即使是联合国和世界贸易组织这样具有广泛成员和深刻影响的政府间国际组织，也只是国家之间的组织，而不是国家之上的组织。因此，从法理上看，现今所有的国际组织都不过是一种契约性安排。

三、国际法是确立和维系国际经济秩序的基本手段

（一）国家以法律方式确立国际经济秩序

由于国际经济秩序的实质是国家间的经济关系，而法律具有明确不同实体间的权利义务关系的重要功能，因此，以法律形式明确国家间的权利义务关系是确立国际经济秩序的基本途径。无论政治家和学者如何看待实力与法律的关系，在现实中，国家总是试图通过国际法规则的制定来确立或改变某个领域中国家之间的经济关系，从而确立相应的国际经济秩序。例如，为了大幅度削减两次世界大战期间形成的极高的贸易壁垒，有关国家签订了《关税与贸易总协定》，使各缔约方就谈判削减的关税税率承受约束，并承诺继续削减关税和非关税壁垒。通过最惠国待遇原则和国民待遇原则的实施，使各缔约方的贸易壁垒减让措施普遍惠及全体缔约方，从而形成了战后的国际贸易管理秩序。

即使是一项单一的法律规则，也具有调整国家间经济关系，从而确立国际经济秩序的作用。国家主权豁免规则的确立和演变可为我们提供一个简单的例证。

从国家主权原则和平等者之间无管辖权原则可以得出这样的结论，即一个国家的法院不能对另一国家及其财产行使管辖权，这就是通常所说的国家主权豁免。国家主权豁免在历史上曾作为一项公认的国际法规则而得到普遍的遵守。1812年美国联邦最高法院对"斯库诺交易号诉麦克法登案"（The Schooner Exchange v. M'Faddon）的判决，以及英国法院、德国法院、法国法院和比利时法院在19世纪初所作出的一系列判决均遵循了这一原则，并使该项原则逐步被其他国家所接受并形成为一项习惯国际法规则。后来，由于国家参与通常属于私人经营范围的事项逐渐增多，一些国家开始主张对国家主权豁免予以限制，出现了国家主权豁免问题上的绝对主义和限制主义的分歧。1976年，美国国会通过了《外国主权豁免法》。该法虽首先肯定了主权国家享有管辖豁免，但却大量地列举了外国国家不享有主权豁免的例外情况，如从事商业活动以及由于侵权行为而产生损害赔偿请求权等。随后，英国、加拿大、新加坡等国也都通过立法明确表示了限制国家主权豁免的立场，从而出现了国家主权豁免规则的"裂变"，从单一的主权豁免规则分裂出"绝对豁免"规则和"限制豁免"规则。

在主权豁免问题上，不同国际法规则的冲突毕竟不利于国际秩序的稳定，于是，联合国有关机构开始了确立统一规则的努力。1977年12月19日，联合国大会通过了第32/151号决议，建议国际法委员会着手研究国家及其财产管辖豁免的法律，以逐步发展与编纂这方面的规则。在联合国各会员国的积极配合下，国际法委员会先后于1988年和1991年通过了《国家及其财产管辖豁免条款草案》的一读和二读。2000年，第55届联大通过决议成立特设委员会，并先后举行三次会议讨论该条款草案。在2004年3月特委会举行的第三次会议上，各国终于就《联合国国家及其财产管辖豁免公约》（*The United Nations Convention on Jurisdictional Immunities of States and their Property*，以下简称《公约》）草案达成一致。2004年12月2日，第59届联大通过了该《公约》，并向各国开放签署。《公约》在确认了一国及其财产依《公约》之规定在另一国法院享有司法管辖豁免和财产执行豁免的权利的同时，也明确规定，一国在因下列事项而引发的诉讼中，不得向另一国原应管辖的法院援引管辖豁免，包括：商业交易、雇佣合同、人身伤害和财产损害、财产的所有、占有和使用、知识产权和工业产权、参加公司或其他集体机构、国家拥有和经营的船舶。《公约》同时还规定，一国如以国际协定、书面合同或在法院发表的声明或在特定诉讼中提出的书面函件等方式明示同意另一国法院对某一事项或案件行使管辖，就不得在该法院就该事项或案件提起的诉讼中援引管辖豁免。《公约》的通过，表明主权豁免方面的"绝对豁免"规则和"限制豁免"规则又将逐步统一为"限制豁免"规则，从而在国家及其财产的管辖豁免领域，将会以新的规则来规范国家之间的关系，形成一种新的秩序。

上述事例表明了国家对国际法的日益看重。虽然国际法规则的背后依然是国家力量的支持，但国家至少在争取以法律规则的方式来明确国家之间在某一领域中的关系。同时，实践也告诉我们，绕开国际法来创设或变更国际秩序的努力是难以成功的。广大第三世界国家为建立国际经济新秩序的努力过程可以印证这一点。"国际经济新秩序"是 20 世纪 60 年代主要由发展中国家所提出的一个概念。当时，虽然许多前殖民地、半殖民地国家获得了独立，但它们所面对的国际秩序是历史遗留下来的，更多地反映了发达国家的要求，而不利于发展中国家的发展。为此，发展中国家提出了建立新的国际经济秩序的要求，并付出了艰辛的努力。在 20 世纪六七十年代，发展中国家利用其数量上的优势，推动联合国大会通过了《建立新国际经济秩序宣言》和《建立新国际经济秩序行动纲领》等一系列重要文件，试图通过联合国大会体制下的努力来制定新的国际规则，以改变国际经济秩序的现状。然而，由于按照《联合国宪章》的规定，除了"内部事务"之外，联合国大会并没有权力就一般事项通过具有法律约束力的文件，因此，联大决议基本上只属"建议"性文件，无法对成员国产生法律约束力。发展中国家希望联大决议作为新的国际经济秩序的规则基础，并不当然表明它们轻视国际法的作用，而很可能是因为它们意识到，它们不大可能使发达国家接受它们的主张，因此也无法创制发达国家愿意接受的条约规则和习惯法规则。因此，它们试图将联大决议解释成为一种新的国际法渊源。然而，在当今的国际社会中，还没有形成"多数裁决"这一国内社会所普遍接受的立法规则，任何国家或国家集团都无法将某种规则强加给一个不愿意承认该项规则的国家。因此，联合国大会这样的没有造法权的国际机构所通过的决议性文件，不论如何反映着国际社会的发展前途，也无论赞成这一决议的国家如何对该项决议"具有法的确信"，这些文件终究不会在事实上产生法的约束力量。事实证明，发展中国家后来已放弃了在联合国大会体制下制定规则的努力，转而实际地参与各种国际条约（如 WTO 协定）的谈判。

尽管发展中国家在条约谈判中要付出更多的努力，但这却是实实在在的有成效的努力。

耐人寻味的是，在联合国成立后的最初时期，当西方国家因为数量上的优势可以主导联合国大会的时候，联大决议的"建议"性质曾被一些西方国家"忽略"。它们曾主导以联大决议的形式宣示"国际法基本原则"，也曾以联大决议的方式宣布种族灭绝行为为国际罪行。[①] 只是当越来越多的前殖民地和半殖民地国家获得独立并加入联合国，使联合国大会主要成为发展中国家的讲坛，西方大国失去对联大的控制之后，西方国家才开始强调联合国大会没有造法权，联大决议没有法律效力。

（二）国家以法律方式维系国际经济秩序

法律对秩序的维系作用，表现为人们对法律的遵守以及在法律不被遵守的情况下法律规则的强制实施。国际法对国际经济秩序的维系也主要表现在这两个方面。

首先，国际法在维系国际经济秩序方面的作用主要表现为国家对国际法规则的遵守。尽管在国际社会中违反国际法的行为时有发生，但应该承认，在绝大多数情况下国家会依据国际法规则行事。例如，国家会依据条约的约定对原产自对方国家的进口商品减征或免征关税；国家会依据条约的约定准许对方国家的投资者来本国投资并按照条约约定给予对方的投资者及其投资国民待遇和最惠国待遇；国家会依据条约约定保护对方国民的知识产权；国家为了履行自己的条约义务会修改本国的相关法律，等等。国际经济秩序的稳定存在，是因为有相应的法律在背后发挥着作用。

其次，当出现法律不被遵守、秩序遭到破坏的情形时，就需要强制地实施法律，法律维系秩序的功能就会更加充分地显示出来。法律规则与其他社会规则的重要区别之一，在于法律规则之后有国家强制力的保障。在国内社会，当出现法律被违反、秩序被破坏的情形时，国家机关就会以法律的名义去矫正违法行为，救济因违法行为而受到损害的当事人，以恢复社会秩序。由于国际社会是一个无

---

① ALAN BOYLE, CHRISTINE CHINKIN, *The Making of International Law*, Oxford University Press, 2007, p.32.

政府的社会，所以，当国际法规则被违反、国际秩序遭到破坏时，没有一个超越社会成员之上的机关来履行国内社会中国家机关的职责。因此，在传统上，国际法的强制主要表现为他国的报复。当一个国家受到其他国家的国际不法行为的侵害时，有权要求对方停止不法行为、赔偿损失或采取其他补救措施；如果其合理要求不能得到满足，受到损害的国家即可采取与不法行为相称的报复行为。

"二战"结束以来，国际法的强制逐渐由个别国家的强制向国际社会的有组织的强制发展，其中联合国发挥了重要的作用。根据《联合国宪章》的规定，联合国安全理事会有权依照联合国的宗旨和原则来维护国际和平与安全；调查可能引起国际摩擦的任何争端或局势；建议调解这些争端的方法或解决条件；制定计划以处理对和平的威胁或侵略行为，并建议应采取的行动；促请各会员国实施经济制裁和采取除武力以外的其他措施以防止或制止侵略；对侵略者采取军事行动等。

值得注意的是，"二战"之后缔结的许多国际条约都设立了特定的保障条约履行的机构。一些条约还创设了争端解决机制，由争端当事国或特定的争端解决机构（如世界贸易组织《关于争端解决规则与程序的谅解》所设置的专家组、上诉机构，《联合国海洋法公约》所设置的国际海洋法法庭）依据预先设立的程序规则来解决条约履行过程中所产生的争议。争端解决机制的设立，使得条约义务的履行更具有强制性。同时，由于条约的争端解决机制通常都具有救济功能，因此，当条约所意图维系的某种特定秩序遭到破坏时，可及时得以修复。这种条约履行保障机制对于国际经济秩序的维持可以发挥更为重要的作用。

长期以来，国际法学者与国际关系或国际政治学者观察国际关系的视角是有所不同的。国际法学者通常会肯定国际法对确立和维系国际关系的作用，而国际关系和国际政治学者通常更肯定国家实力的作用。应该说，肯定国际法的作用与关注国家实力的实际影响是同等重要的。正如有学者所指出的那样："国际法学科的规范研究与国际政治和国际关系学者的实证研究都是必不可少的。只有实证研究，只关注描述现实而不能提出国际政治的规范要求，就不能把国家间关系纳入法治轨道，那只会加剧国际关系的'无政府状态'，国际社会的秩序就难以实现公平正义。"[1]事实上，我们已高兴地看到，近年来已有越来越多的国际法学者在借助国际关系理论来进行国际法的研究，而在国际关系理论研究中，注重规

---

[1] 姜世波：《习惯国际法真的是一个幻象吗？》，载《武大国际法评论》，2008（2）。

范作用的制度主义和建构主义的成果也日见丰硕。①

（三）国际法规则的创设须遵循客观规律

以国际法来确立和维系国际经济秩序虽然是基于国家的选择，但国际法规则的产生须遵循其客观规律。

首先，国际法规则的生成来自国家的需要，并受制于国际社会各种客观条件。在研究法的起源时，恩格斯有一句非常著名的判断："在社会发展某个很早的阶段，产生了这样一种需要：把每天重复着的生产、分配和交换产品的行为用一个共同规则概括起来，设法使个人服从生产和交换的一般条件。这个规则首先表现为习惯，后来便成了法律。随着法律的产生，就必然产生出以维护法律为职责的机关——公共权力，即国家。"②恩格斯的这段论述也可以说明国际法的产生依据。为什么会产生一项国际法规范并不是偶然或任意的事情。就像国内社会的立法者总是将那些最基本的社会关系以法律的形式确定下来一样，国际社会也需要将那些最基本的国际关系以法律形式确定下来。当年，刘邦攻入关中之后，召来各县的父老和有才德有名望之人，宣布废除秦朝的一切法令，但宣布了三条法律规范，即："杀人者死，伤人及盗抵罪"。这三条法律一定是刘邦政权认为稳定新的社会关系所需要的三项最为重要的法律规范。③资产阶级革命胜利之后，首先在私法领域中确立了公民法律地位平等、私人财产权神圣不可侵犯和契约自由等基本法律原则。这些法律原则对于确立资本主义生产方式显然至关重要。当国家之间的交往成为一种经常性的现象之后，也必须以某些明确的法律规则来规范国家之间的关系，而最初的一些国际法律规则就是国家地位平等、国家间彼此无管辖权以及约定必须遵守等规则，这些规则至今仍构成国际法的核心规范。

其次，国际法规则的生成反映国际社会的发展变化。正因为国际法规范的产生是来自国家的需要，是基于国际社会的各种客观条件，所以，国际法的内容需

---

① 我们高兴地看到，国内已有一些国际关系学者开始看重规则对秩序的影响。例如，阎学通教授即明确指出："秩序是人为规则约束而形成的社会关系。"见阎学通、闫梁：《国际关系分析》，24页，北京，北京大学出版社，2008。

② 恩格斯：《论住宅问题》，马克思、恩格斯：《马克思恩格斯选集》，第3卷，211页，北京，人民出版社，1995。

③ 刘邦在统一天下后，很快就感到"三章之法，不足以御奸"，于是命萧何定律，先是六篇，后为九篇。到了汉武帝时，汉朝的法律篇章已达到60篇。

要随着国际社会的发展而变化。以当代国际法的基本表现形式国际条约为例，"二战"结束以来国际条约的覆盖领域一直随着国家间交往领域的扩展而扩展。《联合国宪章》首先确立了"二战"后的国际政治、经济格局；《关税与贸易总协定》确立了国际贸易领域中的基本原则，《国际货币基金协定》则确立了国际货币金融领域中的基本规则。随后签订的《联合国海洋法公约》《国际民用航空公约》等等，逐渐扩展了国际法所覆盖的国际经济秩序的领域。与此同时，国际条约调整的社会关系也趋向具体。例如，最初的《关税与贸易总协定》只涉及国际货物贸易的政府管理问题，但到了乌拉圭回合谈判结束时，世界贸易组织的条约体系已从国际货物贸易扩展到国际服务贸易、国际投资、知识产权保护等领域；在贸易管理措施方面，已具体到反倾销、反补贴、政府采购、许可程序、海关估价、动植物检疫、技术标准等各个领域。相信随着国家间交往的进一步扩展，国际法的覆盖领域也一定会更加广泛和深入。

再次，国际法的形成方式主要是国家间的约定。由于当今的国际社会还是一个缺少中央政府的社会，因此，国际造法通常只能采用国家间约定的方式。国际法的基本表现形式为国际条约和国际习惯。国际条约是国家之间的明示约定，国际习惯则是国家之间的默示约定。虽然有人不把国际习惯看作国家间的默示约定，而将其解释为可以约束一切国家的规则，[①]但国际实践倾向于以国家的明示或默示的同意作为一项习惯规则约束该国的条件。正因为国际条约与国际习惯均源自国家的同意，因此，这两套法律规则具有同等的效力位阶。在判断规则的效力关系时只能依据三项一般的原则，即：后法优于前法（lex posterior derogat priori）；具有一般法特征的后法不得减损具有特别法特征的前法（lex posterior generalis non derogat priori speciali）和特别法优于一般法（lex specialis derogat generali）。[②]

国际强行法规范是一种少有的非约定规范。所谓强行法是指其所规定的权利义务具有绝对肯定性质，不允许法律关系的参加者相互协议或任何一方任意予以伸缩或变异的法律规范。1969年的《维也纳条约法公约》（以下简称《条约法公约》）第一次明文确定了国际法中强行法的存在。国际强行法的概念的确立具有重要的

---

① 　除汉斯·凯尔森（Hans Kelsen）教授之外，还有很多学者主张国际习惯具有普遍的约束力，可参见：[日]寺泽一、山本草二：《国际法基础》，朱奇武、刘丁等译，34页，北京，中国人民大学出版社，1983。

② 　[意]安东尼奥·卡塞斯：《国际法》，蔡从燕等译，205页，北京，法律出版社，2009。

理论意义，但从现实中看，我们对国际强行法的实际作用还无法持乐观态度。一个根本性的问题是，对于哪些规范是国际法中的强行法规范，国际社会尚缺乏一致的认识。而且，"迄今为止，在特定规范的强制性方面，尚未发展出严格意义上的国家实践，以及伴随着的法律确信或需要确信。尤其是，针对特定规则的强制法属性，尚未发生过争端。一国或更多的国家在与其他国家间发生的争端中也没有坚持某一规则具有强制性，因而其他国家也未予以默认或提出反驳意见。没有一个国际性法庭，更遑论联合国国际法院，曾经审理过涉及特定规则是否被认为构成强行法规范的任何争端"。[①] 因此，国际法以约定法为基本形式的状况还将长期地持续下去。

第三节　国家为何会接受既存的国际经济秩序

一、国家对国际秩序的接受表现为对国际法的遵从

　　作为国际社会成员的国家在通常情况下会通过遵从国际法而接受既存的国际经济秩序。尽管国际法在其制定和实施等方面与国内法有所不同，但在当今的国际社会中，国家承受着某种规则的约束却是客观事实，这种规则就是国际法。[②]

　　"二战"结束以来，国际法所覆盖的领域不断拓展。随着生产力的发达，特别是科学技术的进步，国家间的联系已不再是偶然的、零散的现象，国家之间的彼此约束也就随之扩展与加深。原先可由一国独立决定的事项现已受到国际法（主要体现为国际条约）的约束。以各国的进出口贸易管理为例，在历史上，一国可自行确定其进出口管理政策和措施。而自"二战"结束以来，多数国家的对外贸易政策都处于《关税与贸易总协定》和世界贸易组织的各类规则之下。一国已不能随意决定其关税水平，也不能任意行使配额、许可等进出口管理措施，除非其

[①] 　[意] 安东尼奥·卡塞斯：《国际法》，蔡从燕等译，269页，北京，法律出版社，2009。

[②] 　有些学者已明确指出：虽然国内法的特征可提供一种测定其他社会、特别是国际社会的规则是否具有法律性质的标准，然而，一些规则的总体，即使可能在发展的某些阶段不具备国内法的一切特征，仍然可以是严格意义上的法律。见 [英] 詹宁斯、瓦茨：《奥本海国际法》第一卷第一分册，王铁崖等译，6页，北京，中国大百科全书出版社，1995。

准备承担由此所产生的违反国际义务的后果。一些国家可以在区域化、一体化方向上走得更远。欧盟成员国之间已取消了商品、资本和人员流通上的限制；一些成员国甚至已将货币发行权托付给国际组织。①

虽然一直有人对国际法的作用和国际秩序的法律基础抱怀疑和悲观的情绪，但我们可以看到，国际法依然在现实中发挥着作用，是确立和维系国际秩序的基本手段。在实践中，国际秩序的存在是国际法发生作用的常态。无论是在国内社会还是在国际社会，法律发生作用的常态是未被"触及"或得到遵守，其表现就是秩序的存在。在国内社会，每天有成千上万的合同被顺利履行、绝大多数的财产处于安全状态之下、绝大多数人的行为不会相互冲突，这些现象表明法律正在发挥着作用。在"绝大多数"情况下法律不会被"触及"，应该是判断法律的正当性的标准之一。如果在多数情况下法律得不到遵守，那么，这种法律大概可以归入"恶法"的范畴；如果不遵守法律的情况几乎不会发生，那么，这种法律将是毫无意义的。国际法在国际社会中的情况也是如此。国家间的关系能够基本上处于稳定的状态，其主要的支撑力量是国际法的力量。无论是在国际贸易领域、国际投资领域，还是在国际金融领域，人们对国家的行为是可以有所预期、有所判断的，这个预期的依据或判断的标准就是国际法。对于这样一套通过习惯积累起来的，或者是通过条约加以明确的国际法规则，无论你是否愿意承认它是一套可称之为法律的规则，还是仅仅把它看作是一套道德规则，这套规则的实际作用都是存在的。在秩序存在的情况下，你可以忽视这套规则的存在；但如果没有这套规则，你无法想象国家间关系可能处于一种怎样的混乱状态。因此，置身于正常的国际秩序之中而否认国际法的作用的观点是不可取的。

二、国家为什么会选择遵从国际法

国家为什么会选择遵从国际法从而接受既存的国际秩序呢？理论上有不同的回答。"同意理论"认为，国家遵守国际法规范是由于国家对这一规范先前的同意；"合法性理论"认为，国家遵守国际法规范是由于规范与"正当程序相符"；

---

① 根据欧洲货币统一计划，欧元已于1999年1月1日开始实施。自2002年1月起，欧元现钞投入流通领域，2002年7月1日，各成员国货币终止流通，完全被欧元取代。

"跨国法律过程理论"认为，各种跨国主体（不仅是国家）的相互作用，使其行为方式和规范被内化到国内法律制度中，从而得到遵守；"管理学派"则认为，国家遵守国际法是因为遵守可节约遵守国的交易成本，可服务于遵守国的利益，而且，明确清晰的规则促进了国家在具体条件下的遵守行为。[①]

美国学者安德鲁·古兹曼（Andrew T. Guzman）将国家遵守国际法的原因归结为三个 r，即：reputation（声誉）、reciprocity（对等）和 retaliation（报复）。古兹曼认为，一个国家在遵守国际法方面的声誉包含了对其过去的所作所为的评判和对其未来能否遵守国际法的预期。遵守国际法会带来好的声望，增强一个国家的可信度，使未来的国际合作更加容易。对等是指当一个国家不遵守国际法的时候，对方国家也会停止自己的义务的履行。报复则是采取报复措施的国家对不遵守国际法的国家的制裁，包括经济制裁、外交制裁乃至军事制裁。[②]

与其他学者不同，安德鲁·古兹曼将"免受制裁"作为国家遵守国际法的重要原因。尽管多数理论不强调"制裁"在国际法得以遵守上的作用，但违反国际法还是会遭到制裁。同国内法的情形一样，违反国际法所遭受的制裁也表现为某种外来的强制。传统上，违反国际法所遭受的外来强制主要表现为受到违法行为不利影响的国家的报复行为。第二次世界大战之后，使用武力或以武力相威胁，已被《联合国宪章》和相应的国际习惯所禁止，因此，"报复"在多数情况下应为非武力的，除非是面临武力而采取的武力自卫。

应该看到，违反国际法会承担对己不利的后果，这应该是国家选择遵从国际法的首要原因。如前所述，法律规则的一个重要特征是违背它就要承担强制性的不利后果。在国内社会中，法律的这一特征非常明显，其强制力有国家机器的保障。在国际社会，经常会出现违反国际法的行为未受到强制的情形。就这个问题应该看到：第一，国际社会中的违法者在多数情况下还是会受到法律强制的，这种强制可以表现为受到不法行为侵害的国家的自卫或反报，也可以表现为国际社会的集体制裁；第二，即使在某些情况下，违反国际法的国家没有受到法律强制，它也会承担某种不利的后果，其主要表现是声誉的减损。其实，广义的法律强制

---

① 唐颖侠：《国际气候变化条约的遵守机制研究》，84～94页，北京，人民出版社，2009。
② ANDREW T. GUZMAN, *How International Law Works, A Rational Choice Theory*, Oxford University Press, 2008，pp.33-34.

或法律责任是可以包括"谴责"这种形式的。从这个意义上说，违反国际法而不受到法律强制或免予法律责任的情况是罕见的。随着国际法规范更多地表现为多边条约，以及多边条约关于争端解决机制的强化，违反国际法（条约）的行为越来越多地被专门的争端解决机构所裁判。违反国际法的国家可以被要求停止违法行为、恢复原状、赔偿损失。受到不法行为影响的国家可以被授权施加报复。我们可以期待国际法的"制裁"特征逐渐增强，从而促使各国更好地遵守国际法。

与"制裁"这种刚性机制并存的还有某些"柔性"机制，以引导国家遵守主要以条约为表现形式的国际法。许多国际环境条约所设立的"遵约机制"在这方面具有代表意义。这里的"遵约机制"特指引导、帮助和促使缔约国履行条约义务的机制。遵约机制可由缔约国或条约所设立的特定机构所启动，随后，由相应的机构（"遵约机构"）对有关缔约国的遵约状况进行判定。一旦判定所涉缔约国不遵约情事确实存在，遵约机构就会在考虑其所涉缔约国的遵约能力、遵约困难的原因、类型、程度和频度等因素的基础上，以提供资助和技术援助等方式，要求和协助有关缔约国制订履约计划并定期检查计划的执行情况。① 可见，这种遵约机制淡化了违约方和受约方的冲突，柔化了普通争端解决机制中的直接对抗，不以惩罚和救济为主要目的，而是通过引导和促进的方式来达到条约义务得以履行的目的，更符合合作的理念。当然，在缔约国之间的利益冲突比较严重的情况下，这种机制的可行性就值得怀疑了，这也是为什么这种机制目前只存在于环境保护这类特定领域的原因。

沿着上述思路，在考察国家为什么会遵守国际法的时候，条约保留制度的贡献不应该被忽视。条约保留制度使得相关国家可以就特定事项在最大范围内达成一致，不会因为个别问题上的立场分歧，导致整个条约安排的无法确立。也就是说，因为有了条约保留制度，国家就某一套规则体系的选择不再是"接受"或者"不接受"，而是增加了"部分接受"，从而增加了国家之间达成协议的可能性。同时，从国家为什么会遵守国际法这个角度来看，正因为国家已经通过条约保留拒绝了那些它不愿意、不准备遵守的规范，所以，增大了国家遵守国际法的可能性。这也是与前面所提到的"同意理论"相一致的。

可以发挥与条约保留制度类似作用的是条约中的例外条款。例外条款授权缔

① 高晓露：《国际环境条约遵约机制研究》，载《当代法学》，2008（2）。

约方可以基于某种情形而摆脱某些条约义务的约束，基于"国家安全"（national security）的例外就属于这种情况。《关税与贸易总协定》为缔约方设定了许多具体的义务，但该协定的第21条规定："本协定的任何规定不得解释为：……阻止任何缔约方采取其认为对保护其基本国家安全利益所必需的任何行动。""国家安全"例外，看起来似乎对条约的整体效力是一个重大的潜在威胁，但实际情况并非如此。从GATT/WTO的历史来看，很少出现缔约方援用"国家安全"例外来规避自己的条约义务的。[①] 这也使我们可以对国家遵守国际法持乐观态度。

国家看重国际法的遵从的一个重要表现，是最近几十年的国际条约实践中所出现的由条约所创设的对缔约方的履行条约义务的情况予以监督的机制。传统上的条约通常并不专门规定如何监督条约义务的履行。只有在违反条约义务的情况出现时，有关缔约方才会通过启动争端解决机制来恢复条约所确定的权利义务关系。然而，"二战"之后所缔结的许多条约都规定了对缔约方的履行条约义务的情况进行日常的监督。例如，世界贸易组织的贸易政策审查制度即是监督各缔约方履行其条约项下义务的一种监督。国际环境条约经常确立此种机制。与其他类型的条约相比，国际环境条约的"缔约方之间权利义务具有非相对性。一缔约方不履行条约义务，并不直接损害另一缔约方的权利，不直接导致与另一缔约方之间的争端；国际环境条约中没有强制性的、唯一的争端解决机制。以及，由于环境问题的复杂性，导致国际环境条约的缔约方不遵守条约的后果具有长期性、累积性和复杂性，一般要经过相当长的时间才能显现。但是一旦显现，后果往往是巨大的、灾难性的、不可逆转的，而且难以将特定的后果归因于一个或几个国家的作为或不作为等"。[②] 国际条约所设立的这种监督机制与传统的以争端解决（包括违约救济和反报等）为形式的条约履行保障机制相比，更主动、更积极、更常规化，从而，更有利于保证国家对国际法规范的遵守。

可以以世界贸易组织为例来考察一下国际法律规则得到遵守的情况。

世界贸易组织是当今世界上最重要的政府间国际组织之一，承担着协调各成员方政府的国际贸易管理的职能。世界贸易组织成立以来的实践表明，该组织的运作总体上是成功的。世界贸易组织成员对WTO规则的遵守主要表现在两个层面

---

① SYDNEY M. CONE. *The Development of The World Trade Organization and The International Criminal Court*, New York Law School Law Review, 2003/2004，pp.745-754.

② 高晓露：《国际环境遵约机制研究》，载《当代法学》，2008（2）。

上：一是对 WTO 规则自身的遵守；二是对 WTO 争端解决机构作出的裁决的遵守。

从第一个层面上看，世界贸易组织的各项规则基本上得到了遵守。世贸组织规则主要是关于国际贸易管理的规则，因此，成员方对世贸组织规则的遵守，首先是要保证其贸易管理规则与 WTO 规则的一致性。新成员在加入世贸组织时，会通过与原有成员的谈判来明确其现有法律中与 WTO 规则不一致的地方，并允诺在特定期间内实现与 WTO 规则的一致；原有成员则应保证其未来的法律规则不与世贸组织规则相冲突。尽管世贸组织成员之间就 WTO 规则是否得到遵守的问题不断出现争端，但与每时每刻发生的国际贸易的数量相比，与每时每刻发生的政府对进出口的管理相比，争端的数量应该说是微不足道的，也就是说，成员方基本上遵守了世贸组织的规则。

从第二个层面上看，世贸组织规则的遵守情况也是令人满意的，因为世贸组织专家组和上诉机构的绝大部分裁决得到了相关成员的尊重和履行。世界贸易组织的争端解决机制在 WTO 规则的遵守方面起着十分重要的作用。一方面，它是判断成员方是否遵守了 WTO 规则的一种机制。当世贸组织成员就一方或数方成员是否遵守了 WTO 规则不能达成一致意见的时候，它们可以将争议提交 WTO 争端解决机构，由后者来判断 WTO 规则被遵守的情况。另一方面，WTO 争端解决机制自身也成了衡量世贸组织规则是否得到遵守的试金石。在世贸组织争端解决机构就成员方之间的纠纷作出裁决之后，成员对裁决的尊重程度即是对世贸组织规则的尊重程度。由于在绝大多数情况下，有关成员方都能接受争端解决机构的裁决而不论该项裁决是否对自己有利，因此，我们可以确定地说 WTO 规则得到了成员方的遵守。

第四节　国际经济秩序的发展阶段

一、国际经济秩序是一个发展的过程

如果说有国际经济交往就会有由规则所确立的国际经济关系，从而就应该有以不同方式存在的国际经济秩序，那么，国际经济秩序的形成及发展过程可回溯到很久以前。罗马帝国时期的万民法、中世纪后期出现的欧洲某些城市国家之间缔结的重要商约，作为萌芽状态的国际经济法都在一定范围和层面上调整国际经济关系，从而形成一定范围和程度的国际经济秩序。但比较发达的国际经济秩序的出现则应该是最近一百多年的事情。[①] 第二次世界大战结束后所缔结的《联合国宪章》《关税与贸易总协定》及《国际货币基金协定》构建起前所未有的国际秩序的基础性法律框架。

受到 WTO 创设及一段时期成功运行的鼓舞，许多人将现今的国际经济秩序称作是"规则导向"（rule-oriented）的国际经济秩序，[②] 对国际经济秩序持乐观立场。实际上，"规则导向"的国际经济秩序与"实力导向"的国际经济秩序相比虽有所进步，但这种起"导向"作用的"规则"依旧是相关国家实力博弈的结果，因而只能更多地满足部分国家的利益诉求，而并不一定符合国际社会的整体价值目标。更加合理的国际经济秩序有赖于国际社会整体价值目标的确立以及依此所确立的国际经济法律制度。

可依据不同的标准对国际经济秩序的发展阶段加以划分，例如，有学者将20 世纪初以来的国际经济秩序划分为"古典自由主义"的国际经济秩序，"嵌入式自由主义"的国际经济秩序和"新自由主义"的国际经济秩序三个发展阶段。[③] 这里则从更加宏观的视角将国际经济秩序的发展历程划分为"实力导向"的国际经济秩序、"规则导向"的国际经济秩序和"公平价值导向"的国际经济秩序三个发展阶段。

二、"实力导向"的国际经济秩序

如果我们将"二战"之后所形成的国际经济秩序称作"规则导向"的国际经济秩序，那么，相应地，此前的国际经济秩序可总体上称作"实力导向"

---

① 以 19 世纪末诸多双边经济条约的陆续出现为特征。可参见 JACK L. GOLDSMITH & ERIC A. POSNER. *The Limits of International Law*. New York: Oxford University Press, 2005, p.140.

② 对于这种规则导向的国际经济体制，约翰·杰克逊等学者均给予高度评价。参见 JOHN H JACKSON, *The Jurisprudence of GATT & the WTO*，8 页，北京，高等教育出版社，2002。

③ 黄琪轩：《国际秩序始于国内——领导国的国内经济秩序调整与国际经济秩序变迁》，载《国际政治科学》，2018（4）。

（power-oriented）的国际经济秩序。在相当长的历史时期内，国际经济秩序基本上是由相关国家的实力对比来决定的。贸易与战争经常交织在一起。17 世纪初荷兰东印度公司的总督曾经如此表述贸易与战争不可分割的关系："没有无贸易的战争，也没有无战争的贸易（we cannot make war without trade nor trade without war）。"① 进入 19 世纪之后，自由贸易的主张开始盛兴，但贸易依旧与武力相连。两次鸦片战争（1840—1842，1856—1860）和拿破仑战争（1792—1815）都是英、法等大国争夺世界市场的战争。

在"实力导向"的国际经济秩序之下，约束私人之间的交易关系的法律规则是存在的，约束政府与私人之间关系的规则也是存在的，但缺少对国家构成约束的国际法规则。在缺少条约和国际习惯规则约束的情况下，一国对国际经济交往的管理可完全依据国内法进行。以国际货物贸易为例，当今由 WTO 所约束的普通关税和特别关税的征收、检验检疫、原产地确认、配额与许可证管理等事项，在 GATT 出现之前并无统一的规则，因此无法形成今天所说的"规则导向"型的国际经济秩序。

为了克服各行其是的局面，一些发达国家开始缔结双边条约。1862 年，英国与法国签订了具有引领意义的双边自由贸易协定——《柯布敦－舍瓦利埃条约》（*Cobden-Chevalier Treaty*）。随后，在欧洲出现了一系列双边自由贸易协定。而且，由于"最惠国待遇"条款的适用，"非歧视待遇"在欧洲成为一项盛行的法律原则。然而，以国际协定约束国家经贸管理行为的做法并没有持续太久。19 世纪 70 年代欧洲出现的经济衰退，动摇了欧洲各国对自由贸易原则的信心。1879 年，德国大幅度提高其进口关税，与自由贸易原则分道扬镳。德国的做法被英国之外的其他一些欧洲国家所效仿。1892 年，法国终止了其与英国签订的《柯布敦－舍瓦利埃条约》。② 进入 20 世纪之后，连续两次世界大战使得 20 世纪的前 50 年无法为多边国际经济规则的创设提供现实条件。

如果说欧洲国家的上述实践只是说明了"二战"结束之前以条约为依托的国

---

① Francine Mckenzie, Introduction: The Intersection of Trade and Conflict Since 1500, Lucia Coppolaro and Francine Mckenzie （Edited）, A Global History of Trade and Conflict Since 1500, *Palgrave Macmilan*, 2013：1.

② 参见 MICHAEL J. TREBILOCK, ROBERT HOWSE. *The Regulation of International Trade*, Routledge, 1995.pp.17-19.

际经济秩序的脆弱性，那么，各列强国家以条约为武器迫使弱小国家接受其贸易制度与理念的行为则更明显地带有"实力导向"的色彩。以中国清末的相关实践为例，史学家王尔敏曾尖锐地指出，"自鸦片战争起，所有政治条约签订之后，一定是在指定时段之内另行议定通商约章。贯通晚清70年的中外关系史，并无一次例外……所以必须如此，主要是政治条约系外国一方做主。外国一方，比如常见战胜国之英国、日本，会在政治条约中规定一些有商务特权的要求……俱是外国勒逼中国在商约中一一载述的大国特权"。[①] 西方列强还善于利用各种时机逼迫晚清政府作出经贸领域中的让步。例如，迫使中国进一步对外开放的中英《烟台条约》的签订即是由一起刑事案件所引发的。1875年初，在我国云南境内发生了英国翻译马嘉里被杀案。中英两国就此进行了一年半的交涉，重点在于惩凶、谢罪、赔恤死者，本与商务无涉。然而，英国代表却借此要求中国进一步开放通商口岸。虽有中方代表据理力争，而英方代表"屡表决裂，出京两次，胁迫开战"，[②]最终迫使中方与英方签署了《烟台条约》。根据该条约，中国增开四个口岸，其中的芜湖、宜昌两口岸位于长江水域；更有安庆等六个长江河道内未开口岸亦允许外国轮船停泊并上下客货；外国在各口岸的租界地内，华官不能抽税。

这种强国可以将其意志强加给弱国并以条约加以确认的情形表明，虽然那时的国际经济秩序也有其规则依据，但从本质上看，支配这种秩序的依旧是"丛林法则"。

三、"规则导向"的国际经济秩序

尽管多数关于规则导向的国际经济秩序的著述围绕着世界贸易组织体制的建立而展开，但事实上，规则导向的国际经济秩序的出现应追溯到20世纪40年代末，其标志就是有关国际经济秩序的三项重要的国际法律文件，即《联合国宪章》《关税与贸易总协定》及《国际货币基金协定》的制定。上述三个文件确立了战后国际经济秩序的法律原则，同时也创设了国际贸易和国际金融领域的基本制度。此后被不断充实的国际经济法律制度使得国际经济秩序更具"规则导向"色彩。

---

① 王尔敏：《晚清商约外交》，12～13页，北京，中华书局，2009。
② 王尔敏：《晚清商约外交》，126页，北京，中华书局，2009。

规则导向的国际经济秩序的基本特征是国家的经济贸易管理行为受到普遍、系统的国际法规则的约束。所谓普遍是指相同的法律规则同时约束多数国家，所谓系统是指相应的法律规则已经从零散状发展到体系化。

在讨论国际经济秩序的法律文件时，人们通常会忽略《联合国宪章》（以下简称《宪章》）的作用。其实，《宪章》不仅是在政治上维持国际和平与安全的最为重要的国际法律文件，同时也是确立"二战"之后国际经济秩序的重要法律文件。《宪章》的序言部分即明确宣布，为达到建立联合国之目的，将"运用国际机构，以促成全球人民经济及社会之进展"。《宪章》的第1条将"促成国际合作，以解决国际间属于经济、社会、文化及人类福利性质之国际问题"作为联合国的四项宗旨之一。联合国被一些人比喻为"三条腿的凳子"。这"三条腿"分别是：国际安全措施、重建世界经济和加深人类对政治与文化的理解。[①] 之所以将促进世界经济的发展作为联合国的一项重要功能，是因为人们意识到，"撇开经济进步而单纯依靠军事力量换来的和平是短暂的，并且也是徒劳的"。[②] 只有消除失业、贫穷以及各种社会不公，才有可能铲除社会动荡的土壤并建立持久的世界和平。《宪章》所确立的国家主权平等、不干涉内政、和平解决国际争端等原则，无异构成了当今国际经济秩序的基础性的法律规则。

《关税与贸易总协定》及其继任者世界贸易组织是当今世界上最重要的政府间安排之一，承担着协调各成员方政府的国际贸易管理的职能。尤其是世界贸易组织成立以来，其确立的各项制度得到有效遵守，国际贸易秩序持续稳定。世贸组织规则主要是关于国际贸易管理的规则，因此，成员方对世贸组织规则的遵守，主要是要保证其贸易管理规则与 WTO 规则相一致。新成员在加入世贸组织时，会澄清其现行法律中与 WTO 规则不一致的地方，并通过新成员与现有成员间的谈判，尽可能地消除其中的差异。世界贸易组织的争端解决机制在 WTO 规则的遵守方面起着十分重要的作用。一方面，它是判断成员方是否遵守了 WTO 规则的一种机制。当世贸组织成员就一方或数方成员是否遵守了 WTO 规则不能达成一致意见的时候，它们可以将争议提交 WTO 争端解决机构，由后者来判断WTO 规则被遵守的情况。另一方面，WTO 争端解决机制自身也成了衡量世贸组

---

① ［美］保罗·肯尼迪：《联合国过去与未来》，卿劼译，28 页，海口，海南出版社，2008。
② ［美］保罗·肯尼迪：《联合国过去与未来》，卿劼译，29 页，海口，海南出版社，2008。

织规则是否得到遵守的试金石。在世贸组织争端解决机构就成员方之间的纠纷作出裁决之后，成员对裁决的尊重程度即是对世贸组织规则的尊重程度。WTO 成立以来的实践表明，其成员方遵守 WTO 规则的情况是令人满意的。

"二战"结束后所签订的《国际货币基金协定》及由此所创设的国际货币基金组织，是国际货币体系的主要支柱。根据《国际货币基金协定》第 1 条的规定，国际货币基金组织的宗旨是：通过设置一常设机构，便于国际货币问题的商讨与协作，以促进国际货币合作；便于国际贸易的扩大与平衡发展，以促进和维护高水平的就业和实际收入，以及所有会员国生产资源的发展，作为经济政策的首要目标；促进汇价的稳定，维持会员国间有秩序的外汇安排，并避免竞争性的外汇贬值；协助建立会员国间经常性交易的多边支付制度，并消除妨碍世界贸易发展的外汇管制；在充分保障下，以基金的资金暂时供给会员国，使其有信心利用此机会调整其国际收支的不平衡，而不致采取有害于本国的或国际的繁荣的措施；依据以上目标，缩短会员国国际收支不平衡的时间，并减轻其程度。尽管《国际货币基金协定》历经多次修改，当今的国际货币体系与协定订立时相比也已发生了很大变化，但《国际货币基金协定》及国际货币基金组织在监管和协调成员国的货币政策、通过融资稳定国际金融秩序等方面始终发挥着重要作用。

与"实力导向"的国际经济秩序比较起来，"规则导向"的国际经济秩序当然是一种进步。正如杰克逊教授所指出的那样，"'规则导向'使得争端方的注意力集中于规则以及对公正的裁判者适用规则所可能得出的结论的预期，由此，又可使得各方更加关注条约体系中的各项规则，并带来对国际事务，特别是基于成千上万企业参与的分散决策的市场导向的经济事务来说是至关重要的更大的确定性和可预见性"。[①]

规则导向的国际经济秩序使得国际经济交往出现了前所未有的稳定与安全。"'二战'之后，国际货币基金组织、世界银行、世界贸易组织的出现，国际商法的普及与对接，编制了一套国际经济管制网络，大大改善了国际投资、贸易的安全与稳定程度，减少了各国的经济交易成本，也使得世界市场的容量大大增加。在 1913 年，全球海外投资历年总额以 2012 年的美元计，在 10000 亿美元左

---

① JOHN H JACKSON, *The Jurisprudence of GATT & the WTO*，8 页，北京，高等教育出版社，2002。

右。而在 2005 年至 2019 年间，几乎每一年的海外直接投资额（FDI）都会大于 10000 亿美元。"① 规则导向的国际经济秩序在保障和推动国际贸易和投资自由化便利化的同时，给世界带来前所未有的发展繁荣。

规则导向的国际经济秩序具有稳定性的特点。但这种稳定性只是相对的。无论是哲学原理还是生活经验都告诉我们，任何事物都处于发展和变化之中。对国际经济秩序起导向作用的法律规则的变化也是经常发生的。同时，由于除强行法之外的国际法规范本质上都是国家间的"约定法"，其约束力取决于国家的接受，因此，并不存在对整个国际社会统一适用的国际法规则，当然也难以形成整齐划一的国际经济秩序。前面所讨论过的"国家主权豁免"和"外资征收补偿"方面法律规则的变化已经为我们提供了很好的例证。尤其值得关注的是"近年来，个别西方国家动辄以本国利益受损为由推行单边主义，对国际规则采取实用主义态度，合则用、不合则弃。这种将一己之私凌驾于国际规则之上的行径，最终将害人害己"。② 对此必须高度警惕。

四、"公平价值导向"的国际经济秩序

规则导向的国际经济秩序中的规则不是从天上掉下来的，而是相关国家博弈的产物。秩序背后是规则，规则背后依旧是国家间的力量对比。"条约并不仅仅反映缔约各方的意志，它很可能常常是强制或压力的结果。"③ 而且，"法律仅仅依靠自身是无法获得强制性的力量的，它的强制性来自它所表现的经济和政治权力"。④ 因此，从某种意义上说，现今的规则导向的国际经济秩序依旧是以国家间的实力对比为基础的。既然是以实力为基础，那么就必然会更多地反映强国的意志，从而更加符合强国的利益。虽然这些强国所主导制定规则通常以增进全世界人民的福祉为托辞，实际上主要是着眼于这些强国的利益。正如有学者所指出的那样，"只要规则能服务于美国的利益，美国就全力支持全球贸易规则、有

---

① 郑非：《燃烧的世界：国际秩序与失控的市场》，载《经济观察报》，2021 年 2 月 22 日，第 033 版。
② 赵小卓：《维护国际秩序的历史启示》，载《人民日报》，2019 年 10 月 17 日，第 002 版。
③ [阿尔及利亚] 穆罕默德·贝贾维：《争取建立国际经济新秩序》，欣华、任达译，89 页，北京，中国对外翻译出版公司，联合国教科文组织出版办公室，1982。
④ [阿尔及利亚] 穆罕默德·贝贾维：《争取建立国际经济新秩序》，欣华、任达译，99 页，北京，中国对外翻译出版公司，联合国教科文组织出版办公室，1982。

效的国际机构和可执行的制裁方式"。^① 关于美国对 WTO 的影响，有学者曾尖锐地指出，美国以其价值观胜利地操纵了世界贸易组织，并将产生为美国大公司接管别国经济的支柱产业提供便利、使商业和富人获益以及为美国进一步干涉别国内政提供新的证据的后果。^②

因此，当我们为进展到规则导向的国际经济秩序而多少有些沾沾自喜的时候，也要意识到，规则导向的秩序并不意味着公平合理的秩序，因此，也并非是理想的国际经济秩序。

如果规则导向的国际经济秩序仍非理想的国际经济秩序，那么，我们可期盼它下一步向何种方向发展呢？未来的国际经济秩序应该是一种公平价值导向的国际经济秩序。这种秩序首先必须是规则导向的，同时，这种规则也应该是具有公平价值的。

公平价值导向的国际经济秩序的建立并不是一种主观臆想，从 20 世纪六七十年代起，广大发展中国家即开启了建立国际经济新秩序的努力，而这种新秩序恰是公平价值导向的国际经济秩序。

国际经济新秩序的概念，在 1964 年举行的第二次不结盟国家首脑会议上首次提出。在发展中国家的推动下，1974 年 5 月 1 日，联合国大会第六届特别会议通过了《建立新的国际经济秩序宣言》和《建立新的国际经济秩序行动纲领》。1964 年，发展中国家的努力促成了联合国贸发会议的召开，该会议随后成为发展中国家推动实现其在国际贸易领域中的主张的主要组织。1968 年，发展中国家成功地说服了发达国家在贸发会议主持下实施普惠制，从而给予原产于发展中国家的产品更优惠的进入发达国家市场的条件。随后不久，GATT 缔约方给予了普惠制最惠国待遇的豁免，为期 10 年。在 1973 年开始的东京回合谈判中，缔约方明确承认了发展中国家应该得到差别和优惠待遇的原则，被称为"授权条款"。该条款规定发展中国家的产品可在非互惠、非歧视基础上以更优惠的市场准入条件进入发达国家市场，并且把普惠制的 10 年豁免期改为永久性豁免，涵盖了优惠市场准入、非互惠以及在履行 GATT 规则时的灵活性等重要内容。

---

① ［英］菲利普·桑斯：《无法无天的世界——当代国际法的产生与破灭》，单文华、赵宏、吴双全译，103 页，北京，人民出版社，2011。
② ［美］诺姆·乔姆斯基：《新自由主义和全球秩序》，徐海铭、季海宏译，51～55 页，南京，江苏人民出版社，2000。

如果说 20 世纪 70 年代是"属于国际经济新秩序的十年"的话，那么，20 世纪 80 年代可被称作"失去的十年"。[①] 由于石油输出国组织集体石油涨价给发达国家带来的经济危机被发达国家逐步化解，而石油涨价给一些发展中国家的非产油国所带来的困难无法有效克服，同时，由于部分发展中国家出现的债务危机使其无法对作为债权国的发达国家强硬起来，并不得不接受国际货币基金组织的各种改革方案，而此时的美英两大西方强国分别在里根政府和撒切尔政府的领导下，对发展中国家的诉求采取了强硬的对抗立场，致使通过南北对话来协调国际经济秩序的变革的进程得以终结。1986 年开启的乌拉圭回合谈判似乎预示着以发展中国家为主要力量、以联合国为主要场所、以联大决议为主要规则形式的建立国际经济新秩序的程序，要被转为以发达国家为主导力量、以条约谈判为基本形式的新的国际经济贸易规则的制定。

随后，以"华盛顿共识"为旗帜的新自由主义思潮成为 20 世纪 90 年代国际经济体制的主导思想。一些发展中国家也认为在新的世界局势面前，建立国际经济新秩序已经成为过时的口号，并自愿按照"华盛顿共识"的药方进行国内的制度改革，包括实行贸易与投资的自由化、削弱政府的经济管理职能、充分依赖市场的作用以及实行企业和公共事业的私有化等。

从总体上看，广大发展中国家建立国际经济新秩序方面的努力并没有取得预期的效果。分析其原因，主要有三点：第一，在实力对比方面，发展中国家不具优势。尽管发展中国家在数量上占据优势，但由于国家主权原则仍旧是国际社会的法律基础，无法形成国内社会中的"多数裁决"规则，因此多数国家不能强迫少数国家接受其规则。第二，发展中国家选择以"软法"创设国际经济规则难以短期发生效力。在缺少国家同意的情况下，无法确立新的国际法渊源（如联大决议）。在相当长的时间里，广大发展中国家试图以联合国大会和贸发会为场所，以各种宣言、决议为形式来创设新的国际经济规则，推动新的国际秩序的建立。但由于这些国际组织或国际会议所通过的文件的法律属性很难被确认，所以，这些文件所确立的种种原则和规则无法取代或超越以条约和习惯所表现出的国际法规则。第三，"公平"的安排很少在地位平等的当事人之间自发形成，而通常需

① BRANISLAV GOSOVIC：《联合国内外南北发展合作与冲突之六十载——发展中国家为国际经济新秩序而集体抗争之概述与介绍性政策分析》，载陈安主编：《中国国际经济法学刊》，55～67 页，北京，北京大学出版社，2008。

要第三方的强力介入。在国内社会，政府以及法院对"公平"的实现发挥着重要作用。在国际社会缺少中央权威的情况下，所谓"公平"很难成为一种硬约束。

如果说国际规则的制定取决于相关国家的实力对比的话，那么，凭什么可以期待规则导向的国际秩序可以逐渐走向公平价值导向的国际经济秩序呢？理由主要有两点。

首先，各国之间的相互依赖将不断加深，这就使得各国在参与国际经济规则的创建或改革时不能只考虑自身的利益，这自然会使得新创设的规则更具公平性。国际贸易规则中普惠制和国际环境规则中的"共同但有区别的责任"等具有公平性质的规则、制度或原则的出现，都是因为相关国家意识到，关照其他国家的利益即是在关照自己的长远利益。正如有学者所说："发展中国家之所以能够推动多边贸易制度、国际金融制度、国际海洋制度实现阶段性改革，其根本原因在于随着经济全球化的深入发展，发展中国家和发达国家在国际经济领域存在广泛的利益交融和相互依赖，离开了发展中国家，发达国家亦将失去经济发展和稳定的空间。在此前提下，发达国家才愿意部分地接受规则改革和制度发展。"[1]

其次，某些共同的价值观正在国际社会中形成。按照英国著名学者赫德利·布尔（Hedley Bull）的观点，国际社会的构成需要有四大因素：一是成员之间存在着紧密的、日常的联系；二是成员们承认某些共同的行为规范；三是成员们通过某种方式参与共同机制的运作；四是成员们具有共同的价值取向。[2] 显然，共同的价值是发达的国际社会的集中表现。如果没有共同的价值，就难以形成共同的规则和共同的运作机制，也就难以维系正常的国家间关系。国际社会的共同价值首先表现为国际道德规范，如灾民应该得到援助。逐渐地，某些道德规范会转化为国际法律规范。当某项价值被法律规范所接纳时，那么它就获得了更大的确定性。在国际道德规范转化为法律规范的过程中，来自民间的力量不容忽视。人民的游行示威、公司的社会责任规范的制定与推行、各种 NGO 在环境保护等方面所采取的行动等，都有助于推动各国政府形成共同的价值观，从而促进以这些价值为导向的国际经济规则的确立。

从以上分析可以看出，国际经济秩序的发展脉络大体上是从实力导向的秩序

---

[1] 舒建中：《战后国际秩序的演进与启示：制度改革的视角》，载《国际问题研究》，2021（1）。

[2] HEDLEY BULL. *The Anarchical Society, A Study of Order in World Politics*（《无政府社会——世界政治秩序研究》），Third Edition，13 页，北京，北京大学出版社，2007。

进化到规则导向的秩序，再进化到公平价值导向的秩序。前一个转化的重点是法律规则成为秩序的主要支撑，后一个转化的重点则是实力决定的法律规则向以公平为目标的法律规则的转化。如果说现今的国际经济秩序是属于有"法"之"治"的话，那么，下一阶段的国际经济秩序就应该是"良法善治"。只有通过"良法"，才能达到"善治"。

第五节　本章小结

法学意义上的国际秩序是指由法律所确认的国家之间的稳定的关系。

国际经济秩序则为经济领域或经济方面的国际秩序。从法学角度看，国际经济秩序是国家之间的关系；是国家之间在经济领域或就经济问题所结成的关系；这种关系基于法律的调整而具有稳定性；国际经济秩序的内容是国家之间依法确立的权利义务关系。

第二次世界大战结束以来，经法律调整的国际经济秩序的范围不断扩展，但国际经济秩序仍非整齐划一。由于除强行法之外的国际法规范本质上都是国家间的"约定法"，其约束力取决于国家的接受，因此，难以存在对整个国际社会一体适用的国际法规则，当然也难以形成整齐划一的国际经济秩序。

国家对国际经济秩序的接受表现为对国际法的遵从。违反国际法会承担对己不利的后果，这应该是国家选择遵从国际法的首要原因。随着国际法规范更多地表现为多边条约，以及多边条约关于争端解决机制的强化，违反国际法（条约）的行为越来越多地被专门的争端解决机构所裁判。与"制裁"这种刚性机制并存的还有某些"柔性"机制，以引导国家遵守主要以条约为表现形式的国际法。

虽然现今的国际经济秩序可称作是"规则导向"（rule-oriented）的国际经济秩序，而"规则导向"的国际经济秩序与"实力导向"的国际经济秩序相比虽有所进步，但这种起"导向"作用的"规则"依旧是相关国家实力博弈的结果，因而只能更多地满足某些强国的利益诉求，而并不一定符合国际社会的整体价值目标。更加合理的国际经济秩序有赖于国际社会整体价值目标的确立以及依此所确立的国际经济法律制度。

第二章

国际经济秩序的主体

如前所述，国际经济秩序的研究需要明确三个基本命题，即构建国际经济秩序的主体、构建国际经济秩序的目标以及构建国际经济秩序的途径，分别回答"由谁来构建国际经济秩序""构建一个什么样的国际经济秩序"以及"如何来构建这样一种国际经济秩序"三个根本性的问题。本章将从法学角度考察国际经济秩序的主体问题。

根据历史唯物主义的观点，国际经济秩序的产生和演变是一个客观的历史过程。然而，作为一种社会现象，它又不可能是一个完全自发的过程，必须要有人的参与。在世界范围内，会有多种实体对国际经济秩序产生影响，然而，对国际经济秩序产生决定性作用的只能是国家。

从法学角度看，任何主体都是特定法律关系之中的主体，称为法律关系主体。因此，国际经济秩序的主体也即国际经济法律关系的主体。作为国际经济法律关系主体，国家具有双重地位或身份。一方面，作为法律适用主体，国家之间彼此承担义务和享有权利，从而保障国际经济秩序的稳定性和可预见性；另一方面，作为法律制定主体，国家通过自身或共同的造法行为来创设或变更国际经济秩序。

第一节　国家作为国际经济秩序主体的含义

一、国家对国际经济秩序的重要性

由于国际社会在可以预见的未来仍将是以国家为基本成员的社会，所以，国际经济秩序建设的主导力量必将是国家。

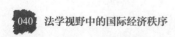

在当今国际社会中，能够对国际事务产生影响的，除国家之外，还有个人、公司及其他各种社会组织。这些实体对国际经济秩序虽然也会产生一定的作用，但它们的作用远远小于国家的作用，而且，它们的作用将受到国家的限定，或需要通过国家的行为来加以实现。

首先，国际经济秩序的本质决定了国家必然是国际经济秩序建设的主导者。国际经济秩序的本质是在经济领域中实现稳定的国家间关系，有能力塑造国家间经济关系的当然首先是国家。国家自然要主导国际经济秩序的建设，而不会将这种主导权交给其他主体。

其次，国家的主权者身份决定了其他实体在国际经济秩序建设中的作用必然要受到国家的限定。尽管当今的国际社会已发生了很多的变化，国家已受到多方面的约束，但国家的主权者的身份并没有发生变化。也就是说，国家与国家之间的关系、国家与其他实体之间的关系都没有发生实质性的改变。国家与个人、公司和其他非政府组织的关系，仍然是一种管辖者与被管辖者的关系。因此，其他实体究竟可以在何种程度上参与以及以何种方式参与国际经济秩序建设，从根本上说，是由国家限定的。

再次，国际经济秩序的实现方式决定了其他实体必须要通过国家才能发挥作用。国际经济秩序的实现方式首先是法律制度的创设，而法律制度的创设只能通过国家来进行，因此，其他实体参与国际经济秩序的建设必须通过国家发生作用。无论是个人、公司还是其他社会组织，它们的意志若想在国际经济秩序建设中有所反映，就必须推动国家实现相应的造法。

中国政府一贯重视国家在构建国际经济秩序方面的作用。中国政府对国家地位的重视首先表现为始终不渝地强调国家主权原则。由中国倡导确立的和平共处五项原则将尊重国家主权放在首位。在中华人民共和国成立以来的 70 多年的历程中，中国尊重其他国家的主权，也全力捍卫自己的主权，但凡涉及国家主权问题，中国政府从不让步。习近平于 2015 年 9 月 28 日在第七十届联合国大会一般性辩论所做的题为《携手构建合作共赢新伙伴，同心打造人类命运共同体》的讲话中深刻指出："主权原则不仅体现在各国主权和领土完整不容侵犯、内政不容干涉，还应该体现在各国自主选择社会制度和发展道路的权利应当得到维护，体现在各国推动经济社会发展、改善人民生活的实践应当受到尊重。"①上述讲话阐明了我国政府在主权问题上的一般立场，也揭示了国家在国际经济秩序构建中的主导作用。

许多学者也都充分肯定国家在国际经济秩序中的核心地位。例如，美国学者吉尔平即指出："与现代许多论述全球经济的著作不同，我认为民族国家依然是国内经济事务和国际经济事务中的主要角色。""尽管经济活动日益全球化，但大多数经济活动仍在各国国内进行。每个国家制定决定商品和其他要素流进和流出本国的规则，政府通过法律、政策和对经济的不断干预，试图操纵和影响市场，使本国公民得益于市场，并且增进国家的利益。"②吉尔平的判断是符合现实情况的。

"人类命运共同体"理念的提出，使一些学者认为国家的地位不再重要，"人类"或"人"的价值应该更为突出。其实，"人类命运共同体"的理念并没有在任何程度上削弱国家的地位，人类命运共同体的构成者仍是国家，而并非"人"。

首先，从这一概念的倡导者习近平的一系列讲话中可以看到，他所说的"人类命运共同体"指的是演进中的"国际社会"。例如，在2014年6月28日举行的和平共处五项原则发表60周年纪念大会上的讲话中，习近平提到"国际社会日益成为你中有我、我中有你的命运共同体"。可见，"人类命运共同体"是当今国际社会在演进中所表现出来的一种状态，而国际社会的成员只能是国家。

其次，从现实生活看，尽管国家的基本构成要素之一是其人民（居民），但在国际社会中是国家在代表其人民表达意志。面对事关全人类命运的问题，诸如贫富分化、地区冲突、恐怖主义、网络安全、气候变化、重大传染性疾病等，都是由国家来为其人民表达立场、磋商对策并实施相关措施。当今国际社会应对国际性问题的基本手段是通过谈判的方式缔结条约并加以遵守，而无论是条约的缔结还是条约的实施，其主体均为国家。正因为如此，世界范围内的事务中更被关注的是"国际事务"，世界范围内的各种关系中更被看重的是"国际关系"。相比之下，尽管公司及各种其他非政府组织也在全球范围内扮演着重要角色，但它们毕竟须依一国法律设立，须遵循相关国家法律行事，须接受相关国家的司法管

① 《习近平在联合国成立70周年系列峰会上的讲话》，15～16页，北京，人民出版社，2015。
② ［美］罗伯特·吉尔平《全球政治经济学——解读国际经济秩序》，杨宇光、杨炯译，2页、118页，上海，世纪出版集团、上海人民出版社，2006。

辖并可能被相关国家强制承担法律责任。

由于"人类命运共同体"是国家的共同体，因此，在"人类命运共同体"的构建过程中不会弱化国家的地位或作用。恰恰相反，在这一过程中，国家的作用需要增强。

二、国家作为国际经济秩序主体的双重身份

作为国际经济秩序主体的国家具有双重身份，即：法律适用主体和法律制定主体。

法律适用主体和法律制定主体的上位概念是法律关系主体，而法律关系主体是指能够以自己的名义参加特定法律所调整的社会关系，并能够独立地依法享有权利和承担义务的实体。法律关系主体、法律关系客体和法律关系内容（权利义务）是法律关系的三大构成要素。所谓法律关系，是指经法律调整的社会关系。从法学角度观察，国家之间会在经济领域或就经济问题结成关系，当这种关系受到法律调整时则形成国际经济法律关系。国家以自己的名义参加这种关系，并依据相关法律规定独立地享有权利并承担义务，因而成为法律关系主体。这种经法律调整所形成的相对稳定的国际经济关系的外在表现即为国际经济秩序。

在实践中，国家通常是以法律适用主体的身份出现的，即在依法履行自己的义务的同时，依法实现自己的权利。在法律得到遵守的同时，国家的权益得以实现，国际经济秩序也得以维护。当我们说国际经济秩序得以扩展时，其实是在说国家间的权利义务关系覆盖了更广泛的经济领域；当我们说国际经济秩序处于稳定状态时，其实是在说国家依法享有的权利得以实现，国家依法承担的义务得以履行；而当我们说国际经济秩序遭到破坏时，其实是指国家未能履行其法律义务，从而妨碍了其他国家依法享有的权利的实现。

除了法律适用主体这个身份之外，国家还是国际经济秩序所赖以存在的法律的制定者。与国内社会不同，国际社会中没有超越社会成员（国家）地位的立法者。虽然某些政府间国际组织也可以制定约束其成员的规则，但这种造法来自各会员国的同意。作为国际组织成员的国家随时可以采取不合作的立场（例如美国政府近年来对 WTO 上诉机构成员任命的阻挠），直至退出国际组织（例如英国

退出欧盟）。因此，约束国家间关系的国际法总体上是国家之间商定的法律，具有"约定法"的属性。

国家的上述双重身份决定了国际法制订和遵守的现状。由于法律是国家之间约定的，约束国际经济秩序的法律只是国家选择的结果，因此，不能期待国家去接受"高标准"的法律；与此同时，由于国家所接受的法律是与其履约能力大体适应的法律，因此，国家间权利义务的实现在通常情况下不是很困难。

第二节 国际经济秩序约束下的国家主权

国际经济秩序的构建和维持过程中，国家间的彼此约束的程度会不断加深，范围会逐渐扩展。基于这样一种现实，有人提出了"主权弱化""主权有限"甚至"主权消亡"等理论，质疑甚至否认传统的国家主权原则。因此，有必要考察国际经济秩序的构建和维持对国家主权究竟产生了什么样的影响，否则难以正确认识国家的国际经济秩序主体地位。

一、主权是国家的身份

人们通常将主权看作是国家的权力。周鲠生先生曾明确概括："从国际法的实践来看，主权总是被认为国家的最高的、对外独立的权力。"[1] 然而，从主权这一概念的内涵看，与其说主权是国家的权力，不如说主权是国家的身份。

权力与身份是两个不同的法律概念。权力通常是指某主体从事某项可以产生法律效力的行为的能力；[2] 而身份则是指某一个体与共同体的其他成员的法律关系。[3] 当我们谈论国家主权的时候，我们所关注的通常并不是国家的某项行为是

---

[1] 周鲠生：《国际法》，175 页，北京，商务印书馆，1976。
[2] 依据 *The Oxford Companion to Law* 的解释，权力（power）是 "the legal concept of entitlement to do something of legal force and effect"，见 *The Oxford Companion to Law*, by David M. Walker, Clarendon Press, Oxford, 1980: 973.
[3] 依据 *Black's Law Dictionary* 的解释，身份（status）是 "the legal relation of individual to rest of the community"，见 *Black's Law Dictionary*, by Henry Campbell Black, Fifth edition, West Publishing Co., 1979: 1264.

否会产生法律效力，我们关注或强调的是国家与其他国内社会成员或国际社会成员之间的关系，因此，我们关注的其实是国家的身份。[①]

国家在国内社会中的身份与其在国际社会中的身份是有区别的两个问题。当我们在国内社会的框架下谈论国家主权的时候，我们意欲强调的是没有任何其他社会成员的意志会高于国家的意志，任何其他实体的权力或权利都在国家的主权之下。因此，国家主权的概念这时所表达的含义其实是代表国家的那一部分人或机构与其他社会成员的关系。当我们在国际社会的框架下来谈论国家主权的时候，我们意欲强调的是所有国家的法律地位都是平等的，没有任何一个国家可以将自己置于其他国家之上。这时，国家主权所表达的含义是国家之间的关系，至于是哪些人或机构代表一个国家则可以在所不问。

国家主权的概念应该是后来所创设的，而国家的身份则是与国家同时出现的。由于主权的概念比较好地概括了国家在国内社会与国际社会的身份，因此，虽然也有"国家法人说"等诠释国家身份或地位的理论，[②]但都没有像国家主权学说那样获得普遍接受。而且其他关于国家身份或地位的理论也都无法脱离国家主权理论。正因为主权是国家的身份，所以"国家主权与主权国家具有同体性特征，在本质上存在一致性，与时俱来，同时而灭。"[③]

国家的身份应该首先出自国内社会。按照历史唯物主义的观点，国家是阶级分化的结果。在经济上占优势地位的阶级为了维护自己的利益、巩固自己的地位，创设出军队、监狱、法庭等国家机器。虽然统治阶级将自己的意志表述为国家意志，或将其解释为全社会的意志，但国家的本质特征是和人民大众分离的公共权力。这种与人民大众相分离并且必须由人民大众予以服从的"公共权力"即是主权，行使这种"公共权力"的机构即是国家机器。

除了历史唯物主义的解释之外，其他一些著名的思想家也就国家主权的产生依据作出了自己的解释。布丹（Jean Bodin）被公认为近代主权理论的创设者，

---

① 已有学者指出：主权的概念一直被用来标明国家的总体功能。见：INGRID DETTER. *The International Legal Order*, Dartmouth Publishing Company Limited , 1998, p.44.

② 关于国家法人说理论，可参见王天华：《国家法人说的兴衰及其法学遗产》，载《法学研究》，2012（5），及吴铃：《"天皇机关说"论争与西田哲学国家观——兼论日本近代国家理论的特征》，载《社会科学战线》，2012（6）。

③ 刘志云：《国际经济法律自由化原理研究》（增订版），266 页，北京，法律出版社，2015。

他认为主权是从人民中分离出来的，并超越人民。[①]洛克（John Locke）是议会主权理论的倡导人，他把一个国家中的议会作为国家主权的承担者。洛克认为议会主权的理论基础是自然法。人们为了避免自然状态下的战争，便订立社会契约，把在自然状态中由个人行使的权利交给一个社会性的权威机构去行使，这个机构就是一个立法机构。[②]卢梭（Jean-Jacques Rousseau）也认为国家是契约的结果，但他认为国家主权属于人民全体。卢梭的"主权在民"的思想作为资产阶级进步思想的重要组成部分，在许多国家的宪法里都有所体现。

从国内社会看，无论是议会主权、人民主权还是在此之前的君王主权理论，都不能掩盖一种事实，即主权的承担者与他人是分开的。分开的主体又存在着某种约束关系，于是人们自然会想到以契约理论对此加以说明。如果说契约理论不能科学地解释国家权力最初与人民大众相分离这一过程，那么，它至少可以在一定程度上说明现代民主社会中代表国家行使主权的政府（包括立法、行政与司法机构）与人民的一种相互制约的关系：政府必须在人民授权的范围内行事；对政府在人民授权范围内所发布的指令，人民必须服从。在这个意义上，我们可以说，在国内社会，主权是产自于契约的特定机构的身份。

在国际层面，当国家间的交往尚属偶然的情况下，不会产生国家主权的概念；当国家之间的弱肉强食不仅是一种实践，而且还被某些理论所支持的时候，[③]也不会产生国家主权的概念。国家主权的呼声一定是首先出自于相对弱小的国家；而国家主权的概念能够被普遍接受，一定是国家间的交往已成为日常现象，个别国家对其他国家的任意行事不仅不被其他国家所接受，更无法为这些个别国家带来长远的利益。事实也正是如此。被称作国际法之父的荷兰学者格劳秀斯（Hugo Grotius）是最早从国际关系角度来论述国家主权的。他之所以更强调"对外主权"，显然是为了反对西班牙对荷兰的侵略，争取荷兰在国际上的独立身份。他一再劝

---

① [奥]约瑟夫·A.凯米莱里、吉米·福尔克：《主权的终结？——日趋"缩小"和"碎片化"的世界政治》，李东燕译，22页，杭州，浙江人民出版社，2001。
② 程虎：《国家主权及其当代命运——一种全球化的分析范式》，载高鸿钧主编：《清华法治论衡》（第二辑），418页，北京，清华大学出版社，2002。
③ 例如，某些西方学者曾在国界的确定方面提出过"自然国界说"，认为各国应该以自然赋予它们的天然屏障，诸如高山、大河、海洋作为国界。没有这种天然屏障的国家有权寻求和取得这种天然屏障作为自己的国界。这种学说显然在为强国的地理扩张提供理论依据。见高树异、吴琦、李春福：《国际法讲义》（上册）（内部教材），188～189页，1981。

告世人，即使是最强有力的民族，也只是在一个法律社会中才感到安全。如果谁为了暂时的利益而违反法律，谁就是自我毁坏了自己未来的太平城堡。[①] 另一位著名的早期国际法学者瓦特尔（Emeric de Vattel）也是以国家主权来阐释国家的平等地位的，他说："侏儒和巨人都是人，小小的共和国和最强大的王国同样是主权国家。"[②]

各国主权平等这一国际法中的基本原则在当代国际法律文件中一再得到重申。《联合国宪章》第 2 条明确规定，各会员国"主权平等"。联合国大会1970 年 10 月 24 日通过的《关于各国依联合国宪章建立友好关系及合作之国际法原则之宣言》规定："各国一律享有主权平等。各国不问经济、社会、政治或其他性质有何不同，均有平等权利与责任，并为国际社会之平等会员国。主权平等尤其包括下列要素：（a）各国法律地位平等；（b）每一国均享有充分主权之固有权利；（c）每一国均有义务尊重其他国家之人格；（d）国家之领土完整及政治独立不得侵犯；（e）每一国均有权利自由选择并发展其政治、社会、经济及文化制度；（f）每一国均有责任充分并一秉诚意履行其国际义务，并与其他国家和平相处。"[③] 显然，该宣言对国家主权原则的阐述也着眼于国家的地位或身份的平等。

我国政府始终强调国家主权的重要性。我国所倡导的和平共处五项原则的第一项就是"互相尊重主权"。2014 年 7 月 16 日，习近平在巴西国会发表演讲时指出："维护和弘扬国际公平正义，必须坚持主权平等。主权是国家独立的根本标志，也是国家利益的根本体现和可靠保证。"2017 年 1 月 18 日，在联合国日内瓦总部所作的题为《共同构建人类命运共同体》的演讲中，习近平再次强调："主权

---

① 转引自赵建文：《关于国家主权的性质和地位的理论演进》，载《郑州大学学报》，2000（6）。
② 转引自赵建文：《关于国家主权的性质和地位的理论演进》，载《郑州大学学报》，2000（6）。
③ 依据《联合国章程》，联合国大会所通过的决议，一般而言，并不具有法律效力，但联大决议可以表述出国际习惯法规则。这一段规定的英文表述为："All states enjoy sovereign equality. They have equal rights and duties and are equal members of the international community, notwithstanding differences of an economic, social, political or other nature. In particular, sovereign equality includes the following elements:（a）States are juridically equal;（b）Each state enjoys the rights inherent in full sovereignty;（c）Each state has the duty to respect the personality of other states;（d）The territorial integrity and political independence of the state are inviolable;（e）Each state has the right freely to choose and develop its political, social economic and cultural systems;（f）Each state has the duty to comply fully and in good faith with its international obligations and to live in peace with other states."

平等，是数百年来国与国规范彼此关系最重要的准则，也是联合国及所有机构、组织共同遵循的首要原则。主权平等，真谛在于国家不分大小、强弱、贫富，主权和尊严必须得到尊重，内政不容干涉，都有权自主选择社会制度和发展道路……新形势下，我们要坚持主权平等，推动各国权利平等、机会平等、规则平等。"

国家因享有主权而地位平等，主权的概念确立了各国在国际社会中的平等身份。"各个国家按照它们的性质在权力、领土等方面肯定不是平等的。但是，作为国际社会的成员，它们在原则上是平等的，尽管它们可以有任何差异。这是它们在国际范围内的主权的结果。"[①] 主权是国际法对国家的根本属性高度抽象的结果。

二、国家受到约束不一定是主权受到限制

在国际社会，由于主权的概念着重强调各国法律地位平等，因此，国家具有主权并不意味着国家不受外来限制。在实践中，国家受到限制的情形是很多的，从某种贸易管理措施被要求取消，到对外国资本开放本国市场，以至放弃货币发行权。这些现象有时被不加区分地一概视作"主权限制"，这其实并非准确。国家受到约束不等于国家主权受到限制。

我们可以把国家受到的限制分为自愿限制和非自愿限制。国家可以通过国内立法等单方行为和与其他国家订立条约等双方或多方行为，自愿地接受约束，放弃一个主权国家原本可以从事某项行为的权利。例如，一国可以单方面地限制本国政府对外贸易实施监管，一国也可以通过与其他国家签订条约而在关税税率、进出口配额方面接受约束，或就武器出口承担义务。当国家自愿作出上述选择时，不应将这种选择视为"主权限制"，恰恰相反，这正是国家自主行使主权权利的表现。

在另外一些场合下，国家行为受到某种限制并不是自愿接受的，而是外来的、强迫的。例如，一些国家对某一实行种族歧视政策的国家实行禁运或其他形式的经济封锁。由于这种限制违背了受限制国家的意志，剥夺或部分地剥夺了该国在

---

① ［英］詹宁斯、瓦茨：《奥本海国际法》第一卷第一分册，王铁崖等译，275 页，北京，中国大百科全书出版社，1995。

国际社会中与其他成员的平等身份，因而应视为是对国家主权的限制。非自愿的主权限制应有合法与违法之分。简单说来，被国际法所承认的对他国主权的非自愿限制应同时符合下列条件：第一，被限制主权的国家违反了国际法，未能履行其国际义务；第二，实施限制的国家或国际组织的限制行为遵循了正当的程序，例如，依据联合国安理会的决议行事；第三，实施的限制与被限制主权的国家所从事的不法行为相称，即实施限制不应超过纠正不法行为和恢复正常状态所需的程度。如果一项外来的主权限制不具备上述条件，则属于对他国主权的非法限制，是侵害他国主权的违法行为。

三、契约性约束并不减损国家的主权者身份

有学者以很多例子来说明国家主权的衰落，例如：国家受到的约束越来越多；国际组织从国家手中拿走了许多权力；跨国公司在迫使国家让步；个人正在逐渐成为国际法的主体，从而可以对抗国家；环境等跨国问题需要国家承受约束等。上述现象的一个共同特征就在于：在越来越多的情形下，单个的国家已经不能独立地作出决策，而在几十年之前，国家独立决策是一种常态。于是，人们开始以"主权萎缩""主权让步""主权消亡"等言语来概括这种现象。但事实上，似乎没有哪个国家认为自己的主权已经开始"萎缩"或"消亡"。因此，我们不得不怀疑上述学者的阐释是否正确。事实上，前面所列举的主权受到限制的现象多是国家间契约性安排的结果，而国家间契约性约束并未减损国家的主权者身份。

（一）国际条约是否在限制国家主权

"二战"结束以来所缔结的国际条约已深入国际社会的各个领域，尤其是经济领域的方方面面。国际条约的大量产生及其覆盖领域的扩大使得国家不能再像先前一样独立地进行决策，因为它必须考虑已经通过条约所承担的国际义务。但能否就此认为国际条约在限制或剥夺国家主权呢？回答应该是否定的。这是因为：

首先，如前所述，对外签订条约是国家主权的一项具体内容。正因为主权使各国在国际社会中地位平等，国家才拥有对外订立条约的资格。前常设国际法院于1923年即曾声明："法院拒绝承认，国家在缔结任何承允采取或不采取某种

特定行动的条约时是放弃了它的主权……参加国际协定的权利，是国家主权的一种属性。"①

其次，条约对国家的约束是国家之间的彼此约束，而不是其他实体对国家所施加的强制。通过缔结条约，国家虽然承受某种新的约束，但同时也获得它先前不曾有的利益。

再次，条约对国家的约束并非是绝对的，且不说每个条约都可能包含例外条款、免责条款，即使是那些条约所要求的必须履行的义务，也并没有一种外来的力量可强制国家实际地履行这一义务。国家可以选择实际地履行某一条约义务，或者不履行义务而接受他国的报复或向其他国家提供补偿。

最后，国家既然可以缔结和加入条约，也就可以在其认为适当的时候退出条约。当国家认为它参加条约所获得的利益小于它基于条约所付出的代价时，它自可以依照条约所设定的程序退出该条约。

（二）国际组织是否在弱化国家主权

"二战"之后的一个新的国际现象就是国际组织的增多及其作用的增大。当今世界存在着数以千计的国际组织，大概每个国家都具有某一国际组织成员的身份。毋庸置疑，政府间国际组织对成员国的影响通常甚于国际条约对缔约国的影响，但这种影响似乎已被有意或无意地夸大。例如，有人把国家主权和国际组织的关系比作一张带有大小不同洞孔的白纸，其中纸好比国家主权，原本是完整的；大大小小的洞孔则如同被各种全球的和区域的国际组织所侵吞的主权成分。②其实，这种看法并不正确。

首先，尽管政府间国际组织通常均具有国际法主体资格，但这种国际法主体资格是成员国政府通过条约方式予以设定的，因此，国际组织尽管在主体资格方面可以同成员国的资格相分离，但它毕竟是成员国的合意的产物，成员国不会因为创设了国际组织的人格而使其自身的人格受到减损。

其次，成员国让渡给国际组织的只是主权者的某些权力或权利，而不是主权

---

① 转引自 [美]M. 阿库斯特：《现代国际法概论》，汪暄等译，19 页，北京，中国社会科学出版社，1981。

② 见曾令良：《论冷战后时代的国家主权》，载《中国法学》，1998（1）。

本身。① 如前所述，国家主权其实指的是国家的身份、国家的人格；只要国家正常存在，主权就不容许有任何减损。但主权者的权力或权利，或者说主权性权力或权利是可以转让的。许多国际条约对主权（sovereignty）和主权权利（sovereign right）这两个概念加以区别，正说明主权这一概念虽然在汉语中隐含着"权力"或"权利"的概念，但它有别于法律意义上的"权力"或"权利"。

再次，即使是欧盟这种高度发达的国际组织，也没有产生销蚀成员国主权的后果。虽然欧盟的成员国（并非全部）已经将货币发行权这种最能体现国家主权的权力都交给了欧盟组织，但也只能将此理解为成员国选择了别样的行使货币发行权的方式。不是每个欧盟成员国都必须选择欧元，而且，即使加入欧元货币体系，成员国仍有退出的权利。2016年6月，英国通过全民投票决定脱离欧盟，提供了一个主权国家退出一个高度发达的国际组织的最新例证。正如有的外国学者所指出的那样，对于国际组织，既然有加入和退出的自由，就不能说是对主权的限制。②

（三）其他契约型安排是否在损害国家主权

有学者还从国际环境保护、国际金融危机的应对以及危险性技术的扩散等问题的研究，论证国家主权所受到的限制或侵蚀。的确，国家在上述各个领域中的合作已变得日益频繁和普遍，在这些合作中，国家之间的约束也会日益加深，但是，只要这种合作是国家自愿参与的而不是外来强制的结果，那么就很难将其看作是主权的弱化，或主权被侵蚀。因为这种自愿的合作或者是通过条约进行的，或者是通过国际组织进行的，而国家通过缔结国际条约或参加国际组织的方式行使某种权力正是主权的表现。③

"二战"结束以来，国家间的联系日益频繁紧密，而频繁和紧密的联系需要

---

① 有学者指出：国家可以向国际组织让渡某些主权功能（sovereign functions），但这绝不意味着主权的任何部分的永久出让。见：INGRID DETTER. *The International Legal Order*, Dartmouth Publishing Company Limited.

② ［日］寺泽一、山本草二：《国际法基础》，朱奇武、刘丁等译，148页，北京，中国人民大学出版社，1983。

③ 例如，国家在可持续发展方面所接受的约束基本上来自条约所确立的原则，这些原则包括：睦邻与国际合作原则、共同而区别责任原则、风险预防原则、污染者承担原则等。见 Philippe Sands, International Law in the Field of Sustainable Development: Emerging Principles, In: Winfried Lang, edited. *Sustainable Development and International Law*. Graham & Trotman / Martinus Nijhoff, 1995, pp.62-66.

有明确的规则，① 于是，国际条约与国际组织便承担起确立规则的任务。当人们发现国家日益受到条约和组织的制约时，便简单地将其概括为"主权弱化""主权销蚀"和"主权让渡"等。美国学者吉尔平曾批评了那种看到全球化对政府有所约束即认为国家主权受到严重约束的论点，他指出："全球化问题缺乏从历史的角度加以考察。认为全球化严重地约束了经济主权的那些人似乎相信本国政府曾经在经济事务中拥有过无限的自主和自由。他们以为民族国家享有决定经济政策和管理本国经济的无限能力，还以为政府要不必服从或受制于跨国市场力量，因而可以自行其是。全球化的支持者在对 21 世纪的经济政策与这些人过去所想象的经济政策进行比较后，总结出一点，民族国家破天荒地第一次由于贸易、金融流动和跨国公司活动所引起的各国经济日益一体化而受到了制约。实际上，在国家曾经拥有完全的经济自由这种假设下，这些人把国家和经济之间实际的根本关系搞错了。如果真正从历史角度去看，现代国家和市场的关系既不是特别令人惊讶，也不是发生了翻天覆地的变化。"②

事实上，由于主权其实是国家的身份，而不是某种特定的权力，因此，主权是无法"让渡"的，可以让渡的只能是主权权利或主权者的权利；主权也并没有被"弱化"或"消逝"，实际发生的只是主权行使方式的改变。因此可以说，在国际经济秩序之内，国家只是承受着更多的契约义务的约束，而其主权者的身份并没有出现任何改变。

无论是在缔结国际条约的时候，还是在参加国际组织的时候，国家都无意出让自己的主权，而只是改变了主权的行使方式。国家承受了更多的条约义务的约束，但其主权者的身份并没有出现任何改变。"全球治理和国际秩序建设不是否定主权，而是巩固和发展主权。""主权制度同全球治理和国际秩序发展不是矛盾与对立的。"③ 所谓"主权弱化""主权消亡"只不过是一些学者的一面之词。最不喜欢主权这一概念的学者大概在美国，但美国也是对自己的主权看护得比较紧的国家。在美国决定加入世界贸易组织的时候，美国国会专门制订了《乌拉圭回合协议法》

---

① 美国著名国际法学者路易斯·亨金在其代表作《国家如何行为》的导言部分即开宗明义地指出："在国际关系中，文明的演进表现为从力量走向外交，从外交走向法律。"见：LOUIS HENKIN. *How Nations Behave*. Columbia University Press, 1979, p.1.

② [美]罗伯特·吉尔平：《全球政治经济学——解读国际经济秩序》，杨宇光、杨炯译，338～339页，上海，世纪出版集团、上海人民出版社，2006。

③ 苏长和：《互联互通世界的治理和秩序》，载《世界经济与政治》，2017（2）。

（*Uruguay Round Agreement Act*），以防止世贸组织运行对美国国家主权可能产生的伤害。依照该项法律，当 WTO 规则与美国法冲突时，美国法优先；而且，"除美国之外的任何人都不得基于《乌拉圭回合协议》或国会对该协议的批准而提起诉讼或抗辩，也不得在依法提起的诉讼中以与协议不符为由而对美国、州或州的任何政治区划的任何部门或机构的任何作为或不作为提出质疑"。在国家们对自己的主权如此看重的情况下，谁能逼迫国家交出主权或引导主权"消亡"呢？

针对 WTO 可以作出对其成员具有约束力的裁判这一现象，有学者指出，为了保障其长远目标的实现，世界贸易组织必须在遵从 WTO 规则与尊重其成员的管理自主权（national regulatory autonomy）之间寻求平衡点。而且，与早期的案件相比，WTO 上诉机构已表现出更明显的意愿去尊重成员的管理自主权，从而使得"钟摆"更偏向于给 WTO 成员更大的政策空间。[①] 因此，"我们不可因'冷战'后的某些国际特殊现象而渲染国家主权危机。其实，'国家主权并未怎么了'"。[②] 无论国际经济秩序如何发展，无论各国之间经济的相互依赖达到什么程度，无论人权多么重要，只要国家存在，国家主权就不会消失。主权国家作为国际法和国际秩序核心的格局在可预见的将来是不会改变的。"在这个根本理论前提上一旦出现认识偏差，全球治理和国际秩序建设很可能走向其反面。"[③] 这种担心并非没有道理。

第三节　国家间的经济合作与冲突

一、国家间的经济合作

（一）国家间经济合作的必然性

国际经济秩序需要国家间的经济合作。参与合作的国家可以从合作中获得更大的利益应该是各有关国家寻求经济合作的根本原因。

---

① Michael Ming Du. The Rise of National Regulatory Autonomy in the GATT/WTO Regime, *Journel of International Economic Law* 2011, 14（3）：639-975.
② 曾令良：《论冷战后时代的国家主权》，载《中国法学》，1992（1）。
③ 苏长和：《互联互通世界的治理和秩序》，载《世界经济与政治》，2017（2）。

人类命运共同体理念的提出，为国家间的经济合作提供了一个更为完整而厚重的理论基础。人类命运共同体理念揭示出人类社会目前所面临的一荣俱荣、一损俱损的客观现实，在强调国家间合作可以为各国带来利益的同时，也可通过合作为各国减少风险和损失。自 20 世纪末以来，世界进入了一个高风险、多危机的时期。亚洲金融危机、全球性金融危机、网络安全、气候变化及新型冠状病毒肺炎疫情等非传统安全威胁突然暴发并持续蔓延，构成了对全人类的共同威胁。这些威胁不以地理位置、社会制度、文化传统等因素的不同而有所差别，并且，"没有哪个国家能够独自应对人类面临的各种挑战，也没有哪个国家能够退回到自我封闭的孤岛"。[①] 正因为全人类面临共同的风险，具有共同的利益，因此，国家间有必要开展包括经济合作在内的各种合作。

当然，国家在筹划国际合作时，首先想到的可能还是各国的自身利益，而不一定是人类社会的共同利益。《条约法公约》第 53 条规定："条约在缔结时与一般国际法强制规律抵触者无效。就适用本公约而言，一般国际法强制规律指国家之国际社会全体接受并公认为不许损抑且仅有以后具有同等性质之一般国际法规律始得更改之规律。"可见，国际法并不要求条约须以国际社会利益为追求目标，而只是确立了条约不得违背"国际法强制规律"这样一个消极标准。因此，在不违背"国际法强制规律"的前提下，各缔约国可以自行确立条约的内容。

然而，人类命运共同体的理念则有可能促使开展经济合作的各国更多地考虑国际社会的整体利益。其原因在于，人类命运共同体的理念将引导各国普遍接受安危与共的意识，从而脱离完全根据本国利益进行决策的传统模式。2015 年 10 月 21 日，习近平在伦敦金融城市长晚宴上所发表的演讲中指出："当今世界，相互联系、相互依存是大潮流。随着商品、资金、信息、人才的高度流动，无论近邻还是远交，无论大国还是小国，无论发达国家还是发展中国家，正日益形成利益交融、安危与共的利益共同体和命运共同体。"这里，他特别使用了"安危与共"的概念。"安危与共"的基本内涵是共享安乐，共担危难。其中，共享安乐的积极含义是指各方共同努力以增进大家的福祉，其消极含义则在于不损人利己；共担危难的积极含义是指齐心协力化解共同面临的危难，其消极意义则是要求不从事危及他人的事情。

---

① 《习近平在中国共产党第十九次全国代表大会上的报告》，第十二部分。

（二）国家间经济合作的法律属性

有学者认为，国家间合作已经成为一项国际法上的义务，或国际法的原则。[1]这一观点值得商榷。国家是否担负着与他国合作的一般国际法上的义务，对于国际经济秩序的研究是一个前提性的问题。

现实告诉我们，国家的确承担着大量的法律意义上的合作义务。例如，不得单方面提高货物进出口关税、不得对进出口货物实行数量限制等。那么，国家的这些合作义务是如何产生的呢？

一项法律义务的产生无非基于两种情况：法律规定和符合法律规定的当事人之间的约定。国家的合作义务也只能基于国际法的规定或国家之间的符合国际法的约定而产生。

国际法是否一般地规定了国家具有同他国合作的义务呢？对此很难给出肯定的判断。如前所述，由于国家都是平等的主权者，因此，并不存在着超越国家的政府和立法机关。除非存在国际强行法规则，国际法规则只能基于国家之间明示或默示的约定产生，每个国家只接受自己所愿意接受的规范的约束。我们目前还无法证明存在着这样一条国际强行法规则：每个国家都必须与其他国家合作。因此，国家如果承担着合作义务，那么，这种合作义务应该是出自有关国家之间的约定，条约是国家间合作的法律基础。从这个意义上说，国际合作是一项约定义务，而不是法定义务。因此，国际合作也难以称作国际法的基本原则。

国际条约为缔约国所设立的合作义务，不仅是指条约中已经列明的具体义务，而且还包括条约所规定的进一步合作的义务。许多条约在明确了缔约国在特定事项的合作上已取得的进展的同时，还为以后的合作建构出基本的框架。在这种情况下，各缔约国的合作义务就包括了为未来的合作而进行合作的义务。世界贸易组织、欧盟和其他一些区域性政府间国际组织的实践已证明了这一点。当然，未来的合作究竟能否实现，仍由各缔约国自主决定。世界贸易组织成员同意就竞争规则进行谈判，并不意味着（事实上也没有使得）统一竞争规则的如期确立。

---

[1] 许多学者认为国际合作已成为国家的法律义务，或者已成为国际法的一项基本原则。可参见邵沙平、余敏友主编：《国际法问题专论》，75页，武汉，武汉大学出版社，2002；曾华群：《国际经济法导论》，214页，北京，法律出版社，1997；屈广清、陈小云：《现代国际海洋环境保护法之基本原则》，载于张乃根主编：《当代国际法研究》，416页，上海，上海人民出版社，2002。

在另外一些情况下，我们所说的"国际合作义务"可能只是一种国际道德义务，而非法律义务。同国内社会一样，国际社会中的各种社会关系也同时需要法律规范和道德规范的调整。国际道德规范也要求国家之间进行合作。国际道德规范的一个古老的例子是：在其他民族发生饥馑的情况下，有予以救助的义务。[①]自2020年年初新型冠状病毒肺炎疫情蔓延以来，中国政府向其他国家和地区提供了大量的抗疫援助。中国向其他国家和地区提供的这些援助并非基于国际法上的义务，而是基于国际道德的要求。由于道德标准通常高于法律标准，因此，如果某种国际道德规范已转化为国际法律规范，则表明国际法的进步。然而，法律意义上的合作义务要比道德意义上的合作义务更加确定和更易于履行。例如，从1964年第一届联合国贸易和发展会议开始，国际社会即呼吁发达国家排除不利于发展中国家的贸易障碍，给予来自发展中国家的商品以普遍的、非互惠的和非歧视的关税优惠待遇。由于这不是法律意义上的合作义务，因此，如果发达国家愿意自觉履行这种义务，那么这其实是在履行一种道德义务。在1973年开始的东京回合谈判中，《关税与贸易总协定》的缔约方明确承认了发展中国家应该得到差别和优惠待遇的原则，规定发展中国家的产品可在非互惠、非歧视基础上以更优惠的市场准入条件进入发达国家市场。由此，一项弹性较大的道德义务转变成更具确定性的法律义务。

二、国家间的经济冲突

（一）国家间经济冲突的类型

如果说国家间经济合作是国际经济秩序的正面表现形式的话，那么，国家间的经济冲突则是国际经济秩序的负面表现形式。前者是秩序得到了遵守，后者则是秩序遭遇到挑战。

国家间经济冲突可依据不同标准加以分类，例如，以冲突发生的领域为标准，可以将冲突分为国际贸易冲突和国际投资冲突等；以冲突所涉及的国家的数量为标准，可以将冲突分为双边冲突和多边冲突等。近年来，国家间的许多经济冲突

---

① ［奥］阿·菲德罗斯：《国际法》，李浩培译，41页，北京，商务印书馆，1981。

是由于政府对国际经济交往的当事人及其行为实施管理或管制所产生的，可称之为政府管制冲突。例如，美国政府以国家安全审查的形式限制中国企业到美国投资，以及禁止美国企业与中国企业进行贸易往来，从而引发两国之间的经济冲突。其实，历史上的许多国际经济冲突都属于此类冲突。当年，英国为迫使中国打开国门对中国所发动的鸦片战争就是这样一种冲突的极端的表现。当时中国清政府对鸦片进口施加限制，强迫英国商人交出鸦片并加以焚毁；而英国政府则认为中国政府的贸易管制行为侵害了英国商人以及英国政府的利益，因此，以大兵压境，迫使中国政府与其签订使中国走向半殖民地半封建社会的《南京条约》。[①] 如今WTO体制下各成员方之间所发生的冲突也多围绕着政府对商人的交易的管理而展开，无论是非歧视待遇问题，还是反倾销、反补贴或保障措施问题都是如此。

政府管制冲突又可分为管辖冲突和非管辖冲突。所谓管辖冲突是指不同的国家对同一国际经济交往同时实施管辖所产生的冲突，其特点是两个或两个以上的国家对同一国际经济交往都享有管辖权，所以这种冲突的实质为权力行使上的冲突；非管辖冲突是指一国行使政府管制并未对他国的管辖权构成妨碍，但却影响他国的实际利益，从而引起国家间的对抗。不同的政府管制冲突有其不同的产生原因，因而也需要不同的解决方法。

（二）管辖冲突及其解决

管辖是指国家机关依法强使他人，通常是私人服从自己的指令。这里的国家机关既包括司法机关，也包括行政机关，但不包括立法机关。有人认为管辖包括立法管辖、司法管辖和行政管辖，这看起来条理清楚，却并非现实情况。一国的立法机关并不直接对私人行使管辖权，而是为司法机关和行政机关对私人行使管辖权提供法律依据。

---

① 据史学家们的研究，鸦片战争开始前，英国派华代表义律即已将英商手中的鸦片转变为英国政府的鸦片。王尔敏先生曾写道："林则徐为了强迫英商缴烟，却不加分判把烟商与善良英商一并围困于夷馆，义律赶来营救同样禁其出入，义律乃通告英商各把所藏鸦片交出，并出具会单交换鸦片，令英商到英国领取烟价，合共出会单十七张，换得鸦片二万零二百八十三箱。并通知林则徐，指定缴烟地点，林则徐指定虎门，由是连日运送缴齐。鸦片终被销毁。""原来林则徐只是要向英商收缴鸦片，殊不知经过义律之手，此鸦片已成英政府之鸦片。此一转折，势必走上中英两国官方之对垒局面，而非独对英商那种单纯情况。"引自王尔敏：《弱国的外交——面对列强环伺的晚清世局》，18～19页，桂林，广西师范大学出版社，2008。

管辖意味着：第一，行使管辖权的国家机关有权要求私人进入某一程序，即可能是司法程序（例如侵犯知识产权诉讼），也可能是行政程序（例如反倾销调查）；第二，行使管辖权的国家机关有权就私人行为的合法性作出裁判（司法判决或行政决定）；第三，行使管辖权的国家机关有权强制私人执行自己作出的判决和决定。

由于日常的国际经济交往都处于政府的监管之下，而各国政府的监管都是依据本国法律进行的，所以，政府管辖冲突就成为一种常见的国家间的经济冲突。例如，一国对其海外投资者的投资所得要行使税收管辖权，而资本输入国对同一投资者的同一项所得也要行使税收管辖权，这就产生了两个国家在税收管辖权方面的冲突。

20世纪80年代初发生于欧美之间的有关苏联的天然气管道工程的冲突是一起典型的管辖权冲突。当时，西欧的一些国家支持本国公司参加苏联的天然气管道工程，但美国却从自身利益考虑竭力反对西欧国家的公司参与这项工程。1981年末，美国商务部下令，禁止以美国的设备和技术参与苏联的天然气管道工程。1982年6月，美国商务部又进一步规定，禁止美国私人和公司所拥有或控制的外国公司，以及根据同美国公司签订的许可协议或生产协议而进行生产的外国公司向苏联提供石油和天然气设备。这是美国第一次禁止美国公司的外国子公司转出口源于美国的货物以及使用了美国的元器件或技术而在其他国家制造的货物。根据美国的上述规定，即使美国股东并非一个外国子公司的控股股东，这家外国公司也要处于美国法的管辖之下；而且，美国的这些法规不仅约束准备与苏联达成的有关天然气管道工程的协议，同时也约束已经同苏联方面达成的有关协议。

在美国公布了上述规定后不久，一些西欧国家就作出强烈反应。法国政府要求 Dresser France 公司（一家美国公司的法国子公司）履行已同苏联方面签订的设备供货合同。英国政府则援引其《贸易利益保护法》（*Protection of Trading Interests Act*）要求 John Brown Engineering 公司（一家同美国通用电气公司有生产协作关系的英国公司）拒绝执行美国的上述规定。意大利政府总理在访问美国时声称，美国的这种管制措施将损害西方国家的商业信誉。当时的欧共体也公开批评美国的做法，指责美国在采取如此重大的措施之前未同盟国协商，并指出欧共体规范其国民和公司的行为的利益要高于美国外交政策的利益。

在美国管辖与本国管辖的冲突之下，西欧国家的公司当然选择遵从本国的管辖。于是，美国政府便开始对不听从管辖的外国公司实施制裁。Dresser France 等公司被列入抵制名单，禁止其从美国进口货物。后来，这种制裁有所松动，改为禁止这些公司从美国进口源于美国的与石油和天然气的勘探以及开采有关的设备和技术。美国的制裁进一步引起西欧国家的不满。在西欧国家的集体压力之下，美国政府于 1982 年底取消了其所实施的制裁措施，但同时宣称，美国已从西欧国家得到允诺，后者将加强战略物资的出口管理，并不再与苏联签订新的与石油和天然气管道工程有关的供应合同。但英、法等国却随后声称，这仅是美国单方面的意愿。①

天然气管道工程事件表现出的美国与部分西欧国家之间的管辖冲突产生了广泛的反响。许多西欧国家的公司开始考虑同美国公司建立资本和技术合作关系是否有益，因为它们感到这种合作关系会因为美国政府的出口管制政策而变得难以依赖。

从法律角度看，国家间管辖冲突的产生主要源自国家管辖权的类型的不同。在国际法上，国家管辖权有两种基本类型，即属人管辖权和属地管辖权。基于属人管辖权，一国可对本国人（包括自然人和法人）实行管辖，而不管其位于何处；基于属地管辖权，一国可对本国领域内所有的人行使管辖，而不管其是本国人还是外国人。② 如果各个国家对特定种类的国际交往行使同一类型的管辖权，那么在多数情况下就不会产生管辖冲突。例如，对于跨国投资所得，如果每个国家都基于属地原则来行使管辖权，那么，跨国投资者就会在税收方面仅接受东道国的管辖，而不会产生投资者母国与东道国之间的税收管辖冲突。但事实上，每个国家几乎都是对各种形式的国际经济交往同时主张属人管辖权和属地管辖权，这就会不可避免地产生政府管制方面的管辖冲突。例如，对于跨国投资所得，几乎每个国家都同时主张居住国税收管辖权和收入来源税收管辖权。基于前一种管辖权，一国将就本国纳税居民的全部所得征税，而不管这种所得是在本国取得还是在外国取得；而基于后一种管辖权，一国将就所有在本国取得的收入征税，而不管取

---

① 有关"天然气管道事件"的详细情况，可参阅 GARY K BERTSCH, STEVEN ELLIOTT-GOWER. *Export Controls in Transition*，Duke University Press,1992.

② 见 [英] 詹宁斯、瓦茨：《奥本海国际法》，王铁崖等译，292 页，北京，中国大百科全书出版社，1995。

得收入者是本国人还是外国人。① 其他领域的管辖冲突也基本上是由于两个或两个以上的国家同时主张不同类型的管辖权的结果。例如，对于一项国际技术转让活动，技术输出国可基于技术的供方为本国公司这一因素，对这一交易行使属人管辖权；而技术输入国则可基于技术转让合同是在本国履行的这一事实，对这一交易行使属地管辖权。如果技术输出国要求技术的供方必须对技术需方使用技术的范围加以限制，而技术输入国禁止技术供方对需方的技术使用加以限制，那么就会不可避免地出现政府管制的管辖冲突。

即使各国对同一国际经济交往行使同一类型的管辖权，也不能完全排除管辖冲突的可能性。例如，就一项国际货物买卖合同而言，合同双方当事人所属的国家都可依据属人管辖权对合同关系加以控制。于是便很可能出现这样一种情况：根据一方当事人所属国的法律，合同是有效的，当事人必须予以履行；而根据另一方当事人所属国的法律，合同是无效的或者说合同是不允许被履行的，由此，当事人就没有义务履行合同，甚至有义务不履行合同。在前面所假设的技术转让活动中，也可以由于技术输出国与技术输入国同时基于属人原则主张其管辖权，从而产生管辖冲突。

属人管辖与属地管辖的并存已经使得管辖冲突成为不可避免的事情，而保护主义管辖权的出现则使得国家间的管辖冲突更为复杂。所谓保护主义管辖权，是指一个国家基于某项活动对本国利益产生了或即将产生重大影响这一事实所行使的管辖权，也称效果主义管辖权。保护主义管辖权不考虑行为人的国籍，也不考虑行为人的所在地或行为发生地，而仅以行为的效果是否及于本国作为考虑的因素。它的出现是因为传统的属人管辖和属地管辖原则不能满足国家最大限度地维护自身利益的需要。保护主义管辖原则在刑事管辖方面早已得到确立，但将保护主义管辖权引入国际经济交往领域，就会经常地出现政府管制的管辖冲突。在天然气管道事件中所出现的美国与西欧国家之间的管辖冲突，主要是西欧国家的属人主义管辖权与美国的保护主义管辖权的冲突。西欧国家要求本国的公司履行其已经同苏联方面签订的有关合同，是在行使属人管辖权；而美国政府禁止某些西欧公司同苏联进行与天然气管道工程有关的贸易活动，既缺少属人管辖的基础（因为这些公司并不是美国公司），也缺少属地管辖的基础（因为这些公司所从事的

① 高树异主编：《国际经济法总论》，367～371页，长春，吉林大学出版社，1989。

活动是在美国领土之外），所以，美国政府对这些西欧公司实施控制，实质上是在主张保护主义管辖权。

保护主义管辖有时被解释成属地管辖的一种特殊的形式。依据这种理论，属地管辖中的"地"包括行为发生地和效果出现地。因此，即使一项行为是外国人在国外所为，但只要行为的效果及于本国，那么，本国对此项行为所行使的管辖也是一种属地管辖。实践中，人们对保护主义管辖权的常用称谓是"域外管辖权"（extraterritoriality），或"长臂管辖"（long-arm jurisdiction）。各国对保护主义管辖持矛盾的立场。几乎每个国家都反对其他国家以保护主义的管辖来妨碍本国的属人管辖权或属地管辖权的行使，但几乎每个国家又都不愿意放弃自己的保护主义管辖权。一些国家一方面反对美国在外贸管制、反垄断等领域实行保护主义管辖；另一方面却在本国的有关法律中确立了保护主义的管辖原则。

由于政府管制所引发的管辖冲突产生于不同国家对同一国际经济交往同时行使管辖权，所以这类冲突只能通过国家之间协议划分管辖权，或一国对他国的管辖优先的确认或默认来加以解决。

第一，管辖权的协议划分。国家之间通过协议来划分各自对某类国际经济交往的管辖权是解决政府管制冲突的最为理想的方式，因为这种方式体现了国际法中的国家主权原则和平等互利原则；而且由于协议划分管辖权是有关国家通过国际协议的方式对彼此的权利义务关系的确认，所以也容易得到实现。各类国际税收协定的基本作用是确定各缔约国在税收方面的管辖权范围。例如，对于一般营业所得，税收协定通常规定收入来源国的税收管辖权优先行使，但需要按照限制税率征税，从而给居住国留下一定的征税空间。通过税收协议来划分有关国家的税收管辖权是一种解决税收方面的政府管制冲突的成功方法。它带来三个方面的积极后果：一是确认了缔约各方的税收管辖权的范围，减少了政府管制方面的冲突，表现出缔约各方对对方主权的尊重；二是比较合理地划分了缔约各方的税收利益；三是使得国际投资者的税负趋向合理，便利了国际投资和相关国际经济交往的发展。通过协议来划分管辖权的做法在其他领域也取得了一定的进展。例如在国际投资保护方面，在订有投资保护协议的国家之间，其实是肯定了东道国的属地管辖优先原则。只有当东道国对外国投资者的管辖违背了国际法原则或规范，投资者的属国才可以依据属人管辖原则，向东道国提出权利主张。协议划分管辖权的方式也可以适用到其他一些领域。例如可以考虑在竞争领域中也确立属地管辖优先的原则，由不正当竞争行为的发生地所在国来受理和解决纠纷。

第二，管辖让步。在国家之间无法或尚未就管辖权的划分达成协议的情况下，应倡导管辖让步原则。所谓管辖让步不是指有关的国家均放弃管辖，而是指在两个或两个以上的国家对同一国际经济交往均有管辖权的情况下，承认某一国家的管辖权的优先地位，其他国家则放弃管辖权的行使。

英美法中有所谓的"不方便法院"（forum non convenience）原则，是指一国法院根据其国内法或有关国际条约的规定对国际民事案件有管辖权，但从当事人与诉因的关系以及当事人、证人、法院的方便或费用方面来看，审理案件是极不方便的，而由同样具有管辖权的外国法院审理更为合适时，放弃管辖权的一种制度。[①] 埃比底德沃案（The Abidin Daver，1984）是英格兰法院适用不方便法院原则的一例。在该案中，古巴船主 X 所有的船舶与土耳其船舶在土耳其领海内发生相撞事故。X 在英格兰海事法院提起了诉讼。土耳其船主 Y 也立即在土耳其的一家法院向 X 提起了损害赔偿诉讼。事故发生后经过了 3 个月，X 在英格兰扣押了 Y 的另一艘船舶，并在英格兰高等法院提起诉讼。X 以土耳其法院诉讼并不能保证其反诉的权利为由，在土耳其法院没有应诉。Y 以保障 X 的反诉权利为由要求英格兰法院中止诉讼。英格兰法院认为土耳其法院是更方便的法院，是诉讼的"自然的法院"，所以英格兰法院应该中止本案诉讼。X 上诉到上诉法院，上诉法院撤销了原审法院的判断。贵族院又全体一致否定了上诉法院的判断，接受了 Y 的主张。[②]

其实，比是否"方便"更为合理的原则应该是"最密切联系"原则，即考虑哪个国家与特定的国际经济交往有更为密切的联系。在国际合同的准据法的确认方面存在着国际公认的最密切联系原则，即当合同当事人未就合同的准据法作出选择时，或当事人对准据法的选择被认定无效时，由合同争议的处理机构选择与该合同有最密切联系的国家的法律作为合同的准据法。确立这一原则的基本假设就是每一国际合同关系都在某一特定的法律的支配之下，如果合同的当事人对这

---

① 李旺：《美国联邦法院关于国际诉讼竞合的法律规制》，载《清华大学学报：哲学社会科学版》，2001（6）。
② 李旺：《英格兰法院关于国际诉讼竞合的法律规制》，载《比较法研究》，2002（3）。

一法律没有明确指出，那么它就应该是与该合同有最密切联系的那个国家的法律。这一原理也应同样适用于政府管制领域。当两个或两个以上的国家同时对某一实体或行为具有管辖权时，应该由与该实体或该行为有最密切联系的那个国家来行使管辖。

美国曾在《反托拉斯法》的实施方面实行简单的"效果原则"，即：只要某项行为损害了美国的商业利益，美国就有权对其加以管辖。但从 20 世纪 60 年代起，美国开始强调，只有当一项被指控的行为对美国的商业利益造成实质性（material and substantial）的影响时，美国的反托拉斯法才应主张域外效力。在 20 世纪 70 年代的一起著名的案件（Timberlane Lumber Co. v. Bank of America）的审理过程中，美国第九巡回法院法官乔伊（Choy）进一步提出了在主张美国的反托拉斯法的域外适用时所应考虑的因素。他指出，由于国际事件的特殊性，应将美国的利益与其他国家的利益加以比较，以考察某一事件对美国利益或与美国的关联是否如此重要，以致使美国有理由主张其域外管辖权。由于乔伊法官的这一主张不仅要求考虑被指控的行为对美国利益的影响，也要求考虑这一行为对其他国家的影响，并通过对美国和外国的影响程度的比较来确定是否行使域外管辖权，因而具有合理的成分，被称作"管辖上的合理原则"（与美国反托拉斯法的实体法上的"合理原则"相对应），受到美国司法界的普遍重视。美国法院在适用管辖上的合理原则时，通常会考虑：行使域外管辖权与外国法律或政策的冲突程度；当事人的国籍或从属；公司的地址或主营业所的位置；不同国家行使管辖权对当事人的有效约束程度；被指控的行为对美国的影响及对其他国家的影响的比较；当事人故意损害或影响美国的商业的范围以及这种影响的可预见程度；等等。[①]

美国在反托拉斯法的域外适用方面从简单的"效果原则"到"合理原则"的转变，表明在政府管制上有一种客观要求，即一国不应该在任何情况下都无条件地主张自己的管辖权。当由其他的国家行使管辖权更为合理时，一国应尊重其他国家的管辖权的行使，而放弃自己的管辖权。在确定由哪个国家行使管辖权更为合理时需要考虑多种因素，但这些因素的地位不应该是等同的，也就是说，不应该简单地以关联因素的多少来认定到底应由哪一国家来行使管辖权。有的因素，

---

① A. D. NEALE, D. G. GOYDER. *The Antitrust Law of the U.S.A.*, Cambridge University Press, 1980, p.351.

例如"行为地"，由于对有关国家的利益会产生重大影响，所以应该比其他因素具有更重的分量。同时，在比较一项被管制的行为对不同国家的影响时，不仅应考虑该行为本身对不同国家的不同影响，而且还要考虑当一个国家对该行为行使管辖后对其他国家的影响。仍以天然气管道事件为例，如果仅考虑西欧国家的公司参与苏联的天然气管道工程这一行为自身，那么应该承认，这些行为对美国的国家安全利益或外交利益可能构成影响；而对西欧国家来说，这些商业行为对其国家安全或外交政策利益没有什么特别的影响。但是，如果就此确认美国对这些西欧国家的公司的管辖，则将导致对这些西欧国家的利益的伤害，而这种伤害可能要大于西欧公司同苏联的商业交往所可能对美国利益带来的伤害。西欧国家对美国单方面行使管辖权的坚决抵制就表明了这一点。

一国是否愿意在管辖方面作出让步，显然是与被管辖的对象对本国利益的影响程度相关的。避免在影响程度方面产生误解是一国在管辖让步问题上作出正确选择的基础。在适当的时候作出管辖上的让步，并不简单地意味着一国权利或利益的丧失，就如同四处主张管辖权并不一定带来权利或利益的增大一样。有效的规则的确立不仅会带来国际社会总体利益的增长，也会带来各个成员国家的利益的增长。

第三，实行属地管辖优先原则。如果国家之间无法或尚未就管辖划分问题达成协议，而且又都不肯作出管辖让步，那么当国家间的管辖冲突出现时，就只能实行属地管辖优先的原则，即：当两个或两个以上的国家对同一国际经济交往的当事人的同一行为同时主张管辖权时，依属地原则行使管辖权的国家可优先行使管辖。

承认属地管辖优先，主要有两方面的理由：首先，一项行为通常对行为地产生的影响最大；其次，行为地所属国家对行为人的管辖通常最为有效。这里所说的行为地指的是行为发生地。当一项行为的结果地与发生地不一致时，应该是存在着两个或两个以上的行为结果地。因为一项行为对发生地总是有影响的，所以，行为发生地也总是行为结果地或结果地的一部分。如果以行为结果地作为属地管辖的标准，那么，某一行为结果地不一定是受该项行为影响最大的地域；该地域所属的国家也不一定能对该项行为或行为人行使最为有效的管辖。

属地管辖优先也许是各国所必须接受的现实。一个国家可以对他国的属人实行管辖，却很难对他国的属地行使管辖。属地管辖应该是最初的管辖原则。领土是国家存在的物质基础，又是国家权力的行使空间。在国际交往不很发达的时候，国家管辖权的含义应该等同于一国在其疆域之内的最高权力。即使在今天，从各国的立法和司法实践也可以看出，属地管辖占据主要地位，而属人管辖则是辅助性的。一国对其位于国外的国民的管制同该国民所在国的管制比较起来只能是居于第二位的。所以，当政府管制方面的管辖冲突出现时，属地管辖优先是比较易于实现的，这甚至不需要有太多的理论支持。

（三）非管辖冲突及其解决

国家间的非管辖冲突是指并非因管辖冲突所引起的利益冲突。在这种情况下，只要一国在行使其管辖权时没有违背其承担的国际义务，那么，即使这种管辖权的行使对其他国家的利益带来不利影响，其他国家也不能依据国际法来主张其权利。例如，当一国制定的反倾销制度没有违背该国所承担的条约义务，也不违反一般的国际法规范时，该国政府责令本国的进口商就某项货物的进口缴纳一定数额的反倾销税，就完全是正当的，尽管征收反倾销税的结果会带来出口国的利益损失。同样，如果一国政府依据其出口管理法而禁止某类技术的出口，尽管与技术进口国的利益发生冲突，只要限制出口国并未违反国际义务，那么，利益受到影响的国家也无法就此提出法律上的主张。

对货物的出口，各国通常持鼓励的立场，但也有例外。为了国家安全、外交政策和保有稀缺资源，一国也会对货物出口予以限制甚至禁止出口。我国前些年对稀土出口的限制就是一例。稀土具有优良的光电磁等物理特性，能与其他材料组成性能各异、品种繁多的新型材料，可大幅度提高产品的质量和性能，例如大幅度提高用于制造坦克、飞机、导弹的钢材、铝合金、镁合金、钛合金的战术性能。我国的稀土产业虽经几十年的发展，却基本上仍停留在较低水平的出售资源的程度。与此同时，稀土储量占世界第二位的美国，早早便封存了国内最大的稀土矿芒廷帕斯矿，钼的生产也已停止，转而每年从我国大量进口。西欧国家稀土储量本就不多，所以倍加珍惜本国稀土资源，也一直是我国稀土行业的重要用户。以制造业和电子工业起家的日本、韩国稀土资源短缺，我国稀土出口量的近70%都去了这两个国家。就此，专家指出，如果任凭这种趋势发展，中国出口的稀土有朝一日将构成对中国国家安全以及世界和平严重的威胁。因此，中国应立即禁止稀土出口。① 事实上，我国政府对稀土的出口也采取了限制措施。如前所述，对于没有承担相应的国际义务的国家，当然可以自行决定对货物出口施加限制，包括禁止出口。但由于我国是世界贸易组织的成员国，在进出口管理方面承担着若干条约义务，因此，尽管许多人认为根据《关税与贸易总协定》第 20 条第 7 款的规定，② 我国政府有权对稀土出口施加限制，但世界贸易组织最终还是裁定我国政府对稀土出口的限制违反了 WTO 的规定。③

国家间的非管辖冲突不是有关国家的权利上（法律上）的冲突，而是利益上的冲突，它产生于国家之间的利益的不一致。既然非管辖冲突是不同国家之间的利益冲突，因此，解决这类冲突的途径就应该是不同国家的利益的协调。可供选择的冲突解决方式包括以下几种：

第一，取消不必要的政府管制。对国际经济交往实施政府管制的目的是维护本国的利益，因此，如果某项政府管制无助于这一目的的实现，那么这项政府管制就应该予以取消。所以，问题的关键在于如何确认某项政府管制是否可以真正起到维护本国的利益的作用。在这方面有以下两个问题需要考虑。首先，实施政府管制与不实施政府管制，究竟怎样做才能最大限度地维护本国的利益。以美国

① 青岩：《中国应立即禁止稀土出口》，载《南方周末》，2008 年 9 月 4 日，第 31 版。
② 《关税与贸易总协定》第 20 条通常被称为"一般例外"条款。该条规定，如果下列措施的实施在条件相同的各国间不会构成武断的或不合理的歧视，或者不会形成对国际贸易的变相限制，不得将本协定说成是妨碍任何缔约方采取或实行下列措施：共 10 项，分别为：（1）为维护公共道德所必需的措施；（2）为保障人民、动植物生命健康所必需的措施；（3）有关输出或输入黄金或白银的措施；（4）为保证某些与本协定的规定并无抵触的法令或条例的贯彻执行所必需的措施（其中包括保护专利权、商标及版权等所必需的措施）；（5）有关监狱劳动产品的措施；（6）为保护本国具有艺术、历史或考古价值的文物而采取的措施；（7）为保护可能用竭的天然资源的有关措施；（8）为履行缔约方全体未提出异议的国际商品协定所承担的义务而采取的措施；（9）国内原料的价格被压低到低于国际价格水平，为了保证国内加工工业对这些原料的基本要求，有必要采取的限制原料出口的措施；（10）在普遍或局部供应不足的情况下，为获取或分配产品所必须采取的措施。
③ 2012 年 3 月 13 日，美欧日提出磋商请求将我国稀土等三种原材料出口限制措施诉诸世贸组织争端解决机制。当年 6 月 27 日，美欧日就诉中国稀土、钨、钼三种原材料出口限制争端案正式向世贸组织争端解决机构提起设立专家组请求。2014 年 3 月 26 日，世界贸易组织公布了美国、欧盟、日本诉中国稀土、钨、钼相关产品出口管理措施案专家组报告，初步裁决中方涉案产品的出口管理措施违规。2014 年 4 月 17 日，我国商务部在新闻发布会上宣布，中国决定就中国稀土出口政策案向世贸组织争端解决机构提出上诉。2014 年 8 月 7 日，世界贸易组织公布了该案的上诉机构报告，维持了专家组关于中方涉案产品的出口关税、出口配额措施不符合有关世贸规则和中方加入世贸组织承诺的裁决，但在世贸规则部分条款的法律解释上支持了中方的上诉请求。

对某些国家长期实施的出口管制来看，立法者考虑问题的出发点是：某些特定的国家的存在对美国的利益构成威胁，因此必须管制对其出口，特别是那些具有军事用途的物品和技术的出口，这样才能扼制这些国家，维护美国的国家安全。但也有一些西方人士对此持不同的观点。例如，他们认为，对社会主义国家不应该扼制，而应该融合。应使这些国家的经济与西方国家的经济联系到一起，并保证这些国家的政局的稳定。这样，才能使这些国家在国际社会中成为有责任感的成员，才能避免发生剧烈的国际冲突。[①] 因此，应扩展同社会主义国家的国际经济贸易交往，而不是过多地限制这种交往。如果从我们的观点出发，不同社会制度的国家完全可以和平共处；不应该基于意识形态的差别而实施出口管制；平等的国际经济交往可以增进各国的利益并有助于维护国际和平。其次，实施政府管制所期待的利益与可实际获得的利益，究竟以哪一种利益为着眼点。由于各种因素的卷入，一国实施政府管制所期待的利益往往与实际所获得的利益存在着差距。在这种情况下，实施政府管制的国家更应该着眼于可实际获得的利益。如果期待利益与可实际获得的利益相距较大，而可实际获得的利益与实施管制的代价相比并无明显的效益，那么就应该放弃这种管制。在前面所列举的天然气管道工程事件中，美国禁止其本国公司向苏联方面提供与石油和天然气的勘探、开采有关的技术和设备，是期待着西欧国家能采取合作的立场，期待着其出口管制能对西欧国家的公司构成约束，从而阻止苏联获得有关的技术和设备。但其实际效果却是美国公司的出口利益受到损害；苏联从西欧公司获得了所需要的技术和设备；西欧盟国对美国的政策表示出强烈不满；外国公司对于同美国公司的合作产生怀疑。对于这样一种实际的后果，无论美国政府是否有所预见，都表明其决策的失误。

第二，确立统一的国际标准。确立政府管制的国际标准可以使政府管制的实施条件趋于一致，可以对各个国家的利益予以平衡，从而减少政府管制方面的利益冲突。例如，通过确立实施反倾销措施的条件，就可以使各国的反倾销实践大体相同，当一国实施其反倾销法时，利益受到影响的国家就不会感到受到挑战。

确立国际标准的最为理想的方式是缔结国际公约，通过公约来使众多的缔约国接受某项标准，再通过缔约国的反复、经常的实践扩展这些标准的影响范围，

---

① China Policy for the Next Decade, *Report of the Atlantic Council's Committee on China Policy*. Oelgeschlager, Gunn & Hain, 1984，p.314.

最终使其成为普遍接受的国际法规范。国际社会在通过公约方式确立国际标准方面已取得了一定的成功。《关税与贸易总协定》以及乌拉圭回合多边谈判所达成的新的协议在有关政府管制的国际标准的确立方面都取得了很大的进展，其主要表现可归纳为两个方面：

一是确立了国民待遇原则和最惠国待遇原则。《关税与贸易总协定》的最初文本即已在国际货物贸易方面确立了国民待遇原则和最惠国待遇原则。其第 3 条规定："一缔约国领土的产品输入到另一缔约国领土时，不应对它直接或间接征收高于对相同的国内产品所直接或间接征收的国内税或其他国内费用"；"一缔约国家的领土的产品输入到另一缔约国领土时，在关于产品的国内销售、兜售、购买、运输、分配或使用的全部法令、条例和规定方面，所享受的待遇应不低于相同的国内产品所享受的待遇"。这些规定可保障外国进口产品在进口国的经销过程中免遭歧视待遇。《关税与贸易总协定》第 1 条规定："一缔约国对来自或运往其他国家的产品所给予的利益、优待、特权或豁免，应当立即无条件给予来自或运往所有其他缔约国的相同产品。"这一规定旨在消除缔约国之间以及缔约国与非缔约国之间在进出口贸易管制方面的差别待遇，使所有缔约国都获得同等的贸易条件和机会。乌拉圭回合谈判所达成的《与贸易有关的知识产权协议》和《与贸易有关的投资措施协议》也都在不同的范围确立了国民待遇和最惠国待遇原则。例如，《与贸易有关的知识产权协议》第 3 条规定：除了某些例外情况，"每一成员国在知识产权保护方面对其他成员国的国民所提供的待遇不得低于对其本国国民所提供的待遇"；第 4 条规定："就知识产权的保护而言，一个成员国向任何其他国家的国民所给予的任何利益、优待、特权或豁免都应立即无条件地适用于所有其他成员国的国民。"通过确立国民待遇和最惠国待遇标准，可使得一个缔约国的国民和产品，在特定范围内，在另一缔约国获得不歧视待遇，这也意味着在政府管制方面，外国人和外国产品不会受到歧视，从而在一定程度上减轻政府管制方面的利益冲突。

二是在一些具体的管理措施方面确立了相应的标准。确立国民待遇和最惠国待遇标准可在政府管制方面获得一种公平，但这种公平是比较有限的。因为它只能达到"非歧视"这一水平。如果一个国家在货物流通管理、知识产权保护和投资行为的规范方面实行的是较低水准（以是否有利于国际经济交往为标尺，并同多数国家的实践相比较），那么，国民待遇和最惠国待遇原则并不能使得国际经济交往的政府管制水平趋向一致；相反，国民待遇原则和最惠国待遇原则的适用倒可能带来不公平的后果。如果一个国家对专利权的保护期限是20年，而另一国家的保护期限是10年，那么，后一国家的国民的专利权在前一国家可获得20年的保护，而前一国家的国民的专利权在后一国家却只能获得10年的保护。为此，许多国际条约在确立国民待遇和最惠国待遇原则的同时，也对某些政府管理措施制定了具体的标准。这类标准可称作最低标准，满足这些标准是各缔约国的义务，但各缔约国自可实行更高的标准。例如，《与贸易有关的知识产权协定》就知识产权的保护确定了一系列具体的标准，但同时又在第1条规定："成员国可以在其国内法中规定比本协议所要求的更为广泛的保护，其条件是这样的保护不违反本协议的规定，但成员国没有义务一定要这样做。"最低标准的确立可在一定程度上统一各国的实践（包括对国际经济交往所实施的政府管制），减少由于各国标准不同所引起的国家之间的利益冲突。《与贸易有关的知识产权协定》所确立的最低标准包括知识产权的保护范围、保护期限和保护方式，等等。在保护范围方面，知识产权协议明确将"未公开的信息"列为知识产权的范畴；在保护期限方面，协议对每一类可确定保护期限的知识产权都规定了最低的保护期限；在保护方式上也作了许多具体的规定。例如，协议的第21条禁止对商标实行强制许可；第31条对专利权的强制许可规定了严格的适用条件。乌拉圭回合谈判所通过的其他一些协议，例如《反倾销协议》《反补贴协议》《政府采购协议》等也都为某些政府管制措施的实施条件规定了具体的标准。相信这些协议的实施会在一定程度上减轻国际经济交往的政府管制方面的利益冲突。

第三，通过磋商来协调彼此的利益。前面已经提到，一国对国际经济交往所实施的管制如果没有违背其国际法上的义务，即使给他国利益带来不利影响，在国际法上也是无可指责的。但这并不表明实施管制的国家可以对其他国家的反应不予理会，因为其他国家通常会就此采取相应的举措，国家之间的利益冲突会由此引发为国家之间的对抗。任何一种对抗都意味着彼此的利益损失，所以通过磋商来协调彼此的利益就成为必要。

第四，推进区域经济一体化进程。区域经济一体化是指同一区域内的数个国家通过缔结条约而协调各成员国的经济贸易政策，逐步消除成员国之间的贸易和非贸易壁垒，从而形成一个超越国界的商品、资本、人员和劳务等自由流通的统一的经济区的过程。从政府管制角度来看，区域性国际经济组织的主要作用在于消除成员国之间的贸易和非贸易壁垒，便利成员国之间的各种经济交往，这就意味着各成员国对区域内的国际经济交往的政府管制的削弱，由个别国家的政府管制转向区域性经济组织的集体管制。区域性经济组织通常采取自由贸易区的形式，而自由贸易区的特点是：成员国之间相互减免关税，取消非关税壁垒，实行贸易自由化；相互提供投资方面的优惠措施，减少投资障碍，追求投资的自由化。

区域性国际经济组织的建立，可在组织内部减少政府管制方面的利益冲突和管辖冲突；但与此同时，也应警惕由此而产生出新的政府管制冲突，即区域性国际经济组织与其他国家在国际经济交往的政府管制方面的冲突。许多国家组建区域性国际经济组织的主要目的之一是增强国际竞争能力，对付贸易保护主义。在这种情况下，就容易出现不合理的政府管制，从而出现新的冲突。

综上所述，国家间的经济合作与经济冲突是国际经济秩序中的两种常见形态。国家间的经济合作是国际经济秩序的正面形态，表明国际经济秩序得到了维持，获得了进展；而国家间的经济冲突则是国际经济秩序的负面形态，表明国际经济秩序受到威胁甚至破坏，需要尽早予以修复或消除已出现的威胁。近年来，美国不仅终止或中断了许多与他国的经济合作，还不断发起与他国的经贸冲突。如果美国政府意识到一个稳定的国际经济秩序更符合其整体利益的需要，那么，它就不应该为了一时之利而动摇甚至破坏当今的国际经济秩序，为这一秩序的建立和维护，美国也曾付出很多努力。

第四节　国家与非国家实体的关系

一、非国家实体对国际经济秩序的影响

除国家之外，公司以及其他一些实体也在不同范围和不同程度上对国际经济秩序产生着影响。特别是现有的几万家大型跨国公司，已有足够的力量影响世界经济的走向和国际经济规则的制定。据统计，在 20 世纪末，跨国公司的年生产

总值已占西方发达国家总产值的 40%，跨国公司内部贸易和跨国公司之间的贸易约占全世界贸易总额的 60%。跨国公司还控制着 75% 的技术转让、80% 以上的对外直接投资。全世界 100 个最大的经济实体中，有一半以上是公司，而不是国家。[1] 为了追求最大的商业利润，各大公司力求冲破各种自然的和人为的限制，将其货物、服务、技术和资本推向全球。正如一位外国学者所说的那样："全球化是一个将近 1000 年前始于地中海，并随着 15、16 世纪的地理大发现而取得了决定性大发展的过程的继续。它不过是重新恢复了资本主义那既是国际的，更是跨国的原始使命，这就是把疆界和国家，传统和民族统统踩在脚下，迫使一切更加服从唯一的价值规律。"[2]

除公司之外的各种非政府组织也已成为国际社会中的一种重要力量。《联合国宪章》即已对非政府组织予以关注，该《宪章》第 71 条规定："经济暨社会理事会得采取适当方法，俾与各种非政府组织会商有关本理事会职权范围内之事件。此项办法得与国际组织商定之，并于适当情形下，经与关系联合国会员国会商后，得与该国国内组织商定之。"经过"二战"后 70 多年来的发展，非政府组织对社会生活的影响不断扩展和加深。例如，一些国家的工会组织为增强本国企业在国际市场上的竞争能力，一直在推动各国政府实行最低劳工标准，并已促成新的法律制度的产生。与此同时，这也在一定程度上引发了国家之间的利益冲突。有学者指出：在今后几十年，以世界贸易组织为核心的世界贸易体制所面临的"一项重要的挑战将是遏制在环境和劳工标准问题上保护主义的操控"。[3]

虽然各种非国家实体对国际经济秩序的影响日渐增强，然而，它们总体上仍处于国家的统辖之下。无论在国内社会还是在国际社会，非国家实体都无法取得与国家平等的地位。正如有学者所言："在当代，全球治理的任何一个问题，从经济、贸易、金融、会计、知识产权、跨国公司、劳工，到公民的政治、经济、文化权利、与反人类罪、腐败、恐怖主义的斗争，到保护文化多样性、跨境信息流动、信息公开、跨境人口流动、公共卫生和环境，离开国家的作用是根本不可

---

① 纪玉祥：《全球化与当代资本主义的新变化》，载于俞可平、黄卫平主编：《全球化的悖论》，35 页，北京，中央编译出版社，1998。

② ［法］雅克·阿达：《经济全球化》，何竟、周晓幸译，74 页，北京，中央编译出版社，2000。

③ ［荷兰］伯纳德·霍克曼，迈克尔·考斯泰基：《世界贸易体制的政治经济学》，刘平、洪晓东、许明德等译，275 页，北京，法律出版社，1999。

想象的。"①那么，在国际经济秩序构建过程中，国家与非国家实体之间的关系如何呢？我们可以集中考察一下国家与跨国公司的关系。

二、国家与跨国公司的关系

（一）跨国公司的两面性

如今，每个人的生活可能都离不开跨国公司。公民的衣食住行常常会与某跨国公司有某种联系。例如你工作的企业可能就是一家跨国公司，或者与某家跨国公司有关联。与此同时，你对跨国公司可能又经常心存不满：你对跨国公司的有缺陷的产品的投诉可能会石沉大海；你在接受这些公司的服务的同时可能不得不接受一些不愿意接受的条件；你的公司在跨国公司的巨大竞争优势面前，订单在逐渐减少，工时在逐渐增长，无法给员工提高薪酬或福利待遇，甚至濒临倒闭。

政府也经常怀着这种矛盾的心理来面对跨国公司。一方面，政府需要跨国公司。跨国公司的货物进出口带动着各国 GDP 的增长；跨国公司的投资还会弥补东道国建设资金的不足，为东道国创造新的就业机会，带来财政收入的增长，推动产业的更新换代。另一方面，跨国公司的行为又可能扭曲一国的产业结构，加重一国的贫富分化、污染环境、浪费资源，还有可能逃避税负，②有的跨国公司甚至可能插手东道国的政治事务，激化当地的社会矛盾。

作为经济实体的跨国公司常以最大限度的赢利为目标。在实现其目标的过程中，跨国公司的行为在客观上会为各相关国家带来利益。与此同时，跨国公司的追逐利益的行为也会给相关国家，特别是其所投资的东道国带来各种不利的影响。政府的立法决策过程也会受到跨国公司的影响。有学者曾详细分析了日本财界是如何影响日本政府参与《跨太平洋伙伴关系协定》（TPP）谈判的，其指出：由日本经济界精英构成的利益集团"在其推行的新自由主义政策与实施的亚太战略的长期政策目标指导下，成功地推进了日本政府参加《跨太平洋伙伴关系协定》

---

① 朱景文：《全球化是去国家化吗？》，载《法制与社会发展》，2010（6）。
② 例如，公司所得税在德国已经从相当重要的税种降格为一个微不足道的税收种类，其分量与犬只抱有税相差无几。见 [德] 德班·许乃曼：《经济全球化进程中的法律》，王莹译，载《中外法学》，2011（3）。

（TPP）的谈判。在推进过程中，财界改善了与执政党的关系，并采用了接触政府与媒体宣传的战略，最终成功地促成日本加入 TPP 的谈判之中。"① 当我们知晓了日本的朝日电视台、东京电视台、日本电视台以及富士电视台所在企业均为日本经济团体连合会（"经团连"）的成员，而纸媒中的每日新闻、产经新闻和朝日新闻等也都与"经团连"有着千丝万缕的联系时，我们就不会奇怪，当日本财界游说政府参加 TPP 谈判时，日本的媒体为何会一边倒地与日本财界站在一起。②

一位美国学者也曾谈到美国商界对克林顿政府的对华贸易政策的影响。在中国加入世界贸易组织之前，美国国会每年都要基于总统的提议来审查来年是否继续给予来自中国的产品最惠国待遇。克林顿政府时期将是否延长中国的最惠国待遇与所谓人权问题挂钩。美国商界对美国政府的这一立场提出广泛的批评。1993 年 5 月，"美中贸易商业联盟"提交给克林顿一封由 298 家公司和 37 个贸易协会署名的信函，表示反对在中国的最惠国地位问题上提出任何条件。1994 年 3 月，美国政府就此问题与中国政府进行交涉时，美国商界再次呼吁美国政府延长给中国的最惠国待遇。最终，考虑到商界的利益，政府不得不向国会建议延长给中国的最惠国待遇，同时宣布把人权问题与是否延长中国的最惠国待遇问题脱钩。③

（二）跨国公司成长壮大的法律环境

跨国公司的成长壮大有多方面的原因。从根本上看，跨国公司的扩张是资本主义生产方式发展的必然结果。列宁在 1916 年完成的《帝国主义是资本主义的最高阶段》一书中即已深刻指出，作为资本主义发展的最高阶段的垄断资本主义时代，生产已经达到巨大规模，以至垄断代替了自由竞争。由此，他得出了那个著名的判断："帝国主义是资本主义的垄断阶段。"④ 垄断的基本表现形式就是

---

① 田凯、邵建国：《日本财界的政治影响力分析——以日本的 TPP 政策制定过程为例》，载《辽宁大学学报：哲学社会科学版》，2015（5）。
② 田凯、邵建国：《日本财界的政治影响力分析——以日本的 TPP 政策制定过程为例》，载《辽宁大学学报：哲学社会科学版》，2015（5）。
③ ［美］J. 戴斯勒：《美国贸易政治》，王恩冕、于少蔚译，210～212 页，北京，中国市场出版社，2006。
④ 列宁在《帝国主义是资本主义的最高阶段》一书中对帝国主义特征的更为全面的概括是：帝国主义是发展到垄断组织和金融资本的统治已经确立、资本输出具有突出意义、国际托拉斯开始瓜分世界、一些最大的资本主义国家已把世界全部领土瓜分完毕这一阶段的资本主义。

资本的集中。为了赚取更多的利润，资本家一定要努力将自己的企业做大；为了在市场上应对竞争对手，资本家也必须将企业做大。因此，通过追加投资和并购其他企业的方式，一些企业迅速发展起来。与此同时，许多企业在竞争中失败，不得不退出市场，资本就越来越集中到少数大企业手中。企业的竞争最早是在国内市场上展开的，随后，这种竞争就向全世界扩展。当商品输出发展为资本输出的时候，就开始了跨国公司的时代。可以说，跨国公司是与垄断资本主义相适应的企业组织形式。

与此同时也应看到，"二战"以来跨国公司的迅速成长也得益于对其有利的法律环境。"二战"结束以来，以重构战后国际经济秩序为契机，以国际条约和国际组织为手段，自由主义的立法自上而下地从条约渗透到国内立法。其中，GATT/WTO法律体系最具代表性。

世界贸易组织可以说是当今世界贸易自由化的推进器和维护者。它所要建立的是一个"确认以往贸易自由化努力结果"的"完整的、更可行和持久的多边贸易体制"。为了实现上述目的，世界贸易组织制订了庞大的规则体系，并主要从五个方面来推动贸易自由化。一是进一步推动关税减让。从GATT到WTO都一直致力于削减关税。乌拉圭回合谈判之后，关税总水平进一步降低，一些国家还承诺取消某些领域的所有关税。二是通过采取"逐步回退"办法，逐步减少配额和许可证；从取消数量限制向取消其他非关税壁垒延伸；把一般的取消量限制原则扩大到服务贸易领域。三是严格管理措施透明方面的纪律，要求各成员将有效实施的有关管理对外贸易的各项法律、法规、行政规章、司法判决等迅速公布。四是扩展非歧视待遇原则的适用领域。WTO将最惠国待遇原则写进许多新的协议，如《服务贸易总协定》和《与贸易有关的知识产权协定》中，国民待遇原则也在特别承诺的情况下加以适用。五是要求不得采取不公正的贸易手段，进行或扭曲国际贸易竞争，尤其不能采取倾销和补贴的方式在他国销售产品。上述规则的确立，使得跨国公司在进出口贸易方面处于前所未有的宽松环境。

世界贸易组织不仅要求各成员方放松进出口贸易的管制，还将其管辖范围渗透到国际投资领域。《关税与贸易总协定》并不规范投资事宜。在启动乌拉圭回合谈判时，美国提议有必要将扭曲贸易的投资措施纳入《关税与贸易总协定》纪律约束，并建议谈判应包括影响外国直接投资流动的政策问题。美国的建议得到了一些发达国家的支持，但发展中国家对此议题并不感兴趣或持谨慎立场。上述分歧导致谈判被限定在"与贸易有关的投资措施"这一相对狭窄的范围，并最终达成《与贸易有关的投资措施协议》（TRIMS）。TRIMS 第 2 条规定，在不影响《关税与贸易总协定》规定的其他权利和义务的情况下，成员国不得适用任何不符合《关税与贸易总协定》第 3 条或第 11 条规定的与贸易有关的投资措施。根据 TRIMS 附件的规定，不符合《关税与贸易总协定》第 3 条国民待遇原则的投资措施包括当地成分（含量）要求（要求外商投资企业生产的最终产品中必须有一定比例的零部件是从东道国当地购买或者是当地生产的）和贸易（外汇）平衡要求（要求外商投资企业为进口而支出的外汇，不得超过该企业出口额的一定比例）；不符合《关税与贸易总协定》第 11 条取消进口数量限制原则的投资措施包括贸易（外汇）平衡要求（对外商投资企业的进口作出一般的限定，或规定不得超过该企业出口量或出口值的一定比例）、进口用汇限制（规定外商投资企业用于生产所需的进口额应限制在该企业所占有的外汇的一定比例内）和国内销售要求（规定外商投资企业要有一定数量的产品在东道国销售）。这些要求使得相关成员有义务修改自己与 TRIMS 规定不一致的立法，为跨国公司的海外投资进一步消除了障碍。

在 WTO 体制下，与投资有关的协定还包括《服务贸易总协定》（GATS）。虽然 GATS 是规定各成员方在服务贸易管理方面的权利义务关系的，但由于 GATS 所界定的"服务贸易"包括通过"商业存在"所提供的服务，而"商业存在"必须通过投资加以实现，因此，GATS 也在一定范围为国际投资管理设定规范。虽然 GATS 为成员方所规定的"市场准入"义务和"国民待遇"义务，都属于成员方"具体承诺"的义务而非一般义务，但由于谈判力量悬殊，有实力的成员方尽可以使对方"自愿"地"具体承诺"开放其服务市场，并赋予进入其市场的服务提供商以国民待遇。而且，GATS 第 16 条第 2 款还规定，各成员方除了在具体承诺减让表中列明的限制条件外，对其他成员的服务和服务提供者不得再采取其他限制措施，包括：不得限制服务提供者数量；不得限制服务交易或资产的总值；不得限制服务交易的总数或以指定数量单位表示的服务产出量；不得限制特定服务部门或提供者为提供具体服务而需雇用自然人总数；不得采取措施限制或要求服务提供者通过特定类型法律实体或合营企业提供服务；不得限制外国股权最高比例或限制外国投资总额等。

由于 WTO 只规定了"与贸易有关的"投资问题，而没有提供一揽子的有关国际投资的法律框架，所以，美国等西方发达国家又试图以双边投资协定（Bilateral Investment Treaty，BIT）的方式来推进投资的自由化。其主要表现为：第一，投资与投资者的范围被扩大，以使更多的投资和投资者被纳入投资保护机制；第二，国民待遇和最惠国待遇从营运阶段延伸适用于市场准入阶段，使外资可以更容易地进入东道国；第三，禁止东道国对外资施加业绩要求的范围逐渐扩大，使外资所受到的限制逐步减少。[①]

为了与其承担的条约义务相一致，许多原先对外资采取限制性政策的国家开始根据投资自由化的原则对其外资法进行修改。在外资准入方面，多实行原则上自由，禁止和限制属于例外，并以"消极清单"列出例外的方式。在外资进入审批上，则减少审批环节，缩小审批范围，由所有项目的无条件审批转向部分项目的有条件审批。

在投资自由化立法的宽容下，跨国公司有时还会挑战东道国对外资的管理，而这种挑战又会得到其母国的支持。2010 年年初谷歌公司[②]退出中国就是一例。2010 年 1 月 12 日，谷歌（Google）高级副总裁和首席法律顾问 David Drummond 在谷歌官方博客上发文表示，谷歌集团考虑关闭"谷歌中国"网站以及中国办事处。1 月 20 日，谷歌向美国国务院提交对中国政府就网络自由与安全提出"指控"。次日，美国国务卿希拉里发表关于"网络自由"的讲话，批评中国对网络信息进行管制。又过了一天，美国总统奥巴马表态，希望中国政府对事件作出解释说明。针对谷歌公司和美国政府的不负责任的表态，我国外交部强调，中国政府鼓励并支持互联网发展，欢迎国际互联网跨国公司进入中国开展业务，并努力为互联网的健康发展营造良好的环境。中国政府依法对互联网进行管理，其行为符合国际通行做法。3 月 23 日谷歌将搜索服务由中国内地转移至中国香港。

谷歌在进入中国市场时，是同意接受中国政府的管理与审查的。时至今日，谷歌又提出中国法律对于网络审查制度的规定与谷歌的企业理念"Don't be

---

① 陈安：《国际投资法的新发展与中国双边投资条约的新实践》，20～21 页，上海，复旦大学出版社，2007。

② 谷歌于 1998 年 9 月创立于美国加利福尼亚州，目前是全球用户最多、影响最广的搜索引擎。

evil"相悖。[①] 事实上，谷歌在其他国家也面临网络审查问题，例如，土耳其曾阻止对本国创立者凯末尔内容不恭的视频及相关信息；印度曾要求谷歌过滤具有政治煽动性的网站；韩国政府曾要求审查谷歌的视频游戏；法国和波兰则禁止任何支持纳粹的信息在网络上出现。面对这些国家对互联网的管控，谷歌均表现出服从，唯独对我国政府的管控措施表现出不能容忍的态度。谷歌的本意很可能是想以牺牲其原本不大的中国市场为代价来换取其在全球市场的好形象，以获得更大的利益，而美国政府对谷歌事件的干预，使得单纯的商业性冲突变成了带有政治色彩的事件。也许谷歌也希望借此次事件在一定程度上成为带有政治色彩的国际品牌。无论谷歌的真实意图是什么，它此次退出中国内地的举动，顺应了某些西方国家要挟中国政府改变自身立场的用意，是跨国公司凭借母国政府支持挑战东道国政府的意识形态和外资监管政策的一次试探。

（三）跨国公司对国家的要求

可以预见，在未来相当长的一段时期里，各大公司将继续从以下几个方面来给政府施加压力，从而对国际经济秩序形成影响。

一是要求政府赋予其更为优惠的投资条件。那些大的跨国公司不仅有能力影响发展中国家赋予其更为优惠的投资条件，"即使在北方，政府也无法控制跨国公司。如果某项法律有碍于他们的扩张，他们就威胁要离开，而且立即付诸行动。他们跑遍整个地球，自由选择到最好的地方去，那儿有最便宜的劳力、几乎不受法律保护的环境、最低的税收、最多的资助"。[②] 在跨国公司的这种撤走资本的压力之下，政府经常会作出让步。前几年，诺基亚公司曾宣布将关闭其位于德国波鸿市的手机厂，将生产转至人工成本较低的罗马尼亚。这一消息在德国引起轩然大波：工人抗议、政府谴责，就连欧盟领导人也出面讲话。但诺基亚公司明确表示，该公司不会改变这一经过慎重考虑所作出的决定。波鸿工厂的关闭将直接导致德国 2300 名员工失业，加上相关供货商雇员，整个德国将可能有 4000 多人

---

① 谷歌声称，中国网民享有对开放的互联网信息的知情权和言论自由权，其提供的搜索结果不应进行人工过滤，因为一旦在中国实行这样的特别处理，其他国家的用户便会质疑谷歌是否为了牟取经济利益而放弃了坚持多年的不向权威妥协的企业理念。

② 转引自 [美] 阿兰·伯努瓦：《面向全球化》，载于王列、杨雪冬主编：《全球化与世界》，17 页，北京，中央编译出版社，1998。

失业。这给正在力求降低失业率的德国政府造成了不小压力。德国政府官员纷纷对此事表示不满，财政部长施泰因布吕克甚至将诺基亚的做法称作"随时开溜的资本主义"。诺基亚决定将生产工厂从德国迁到罗马尼亚，并非由于公司财务方面存在危机。诺基亚管理层称，关闭波鸿工厂的重要原因之一是德国的"人工成本太高"。德国每小时人工成本为27欧元。而罗马尼亚的诺基亚公司员工每月工资开始时仅为170～238欧元，仅为德国工人月工资的1/10。德国科隆经济研究所专家谢菲尔还指出，人工成本并非诺基亚迁厂的全部原因，因为人工成本只占单个手机成本的5%。他认为，德国的劣势在于产品的"全部成本"，其中包括能源和运输成本、税收负担等。这使德国在全球化竞争中处于明显不利地位。自20世纪90年代以来，在经济全球化浪潮的冲击下，德国作为重要的西方工业国已感受到前所未有的挑战。资料显示，德国钢铁业、纺织业、消费电子业以及家具业等都受到严重冲击。德国各界人士不断呼吁，德国必须正视全球化挑战，加快改革步伐。[①]跨国公司经常以撤走投资的方式迫使当地政府改善投资环境，而这种改善经常是以法律的修改来实现的。

二是要求政府进一步放松对商品、资本和人员流动的限制。尽管在《关税与贸易总协定》和世界贸易组织框架之下，商品国际流通的限制已大大降低，但无论在关税方面还是在非关税措施方面，政府的管制依然存在，所以，公司们将继续对政府施加压力，以使商品进出口的政府限制进一步减轻。与商品的国际流通相比，资本的国际流通所受到的政府限制可能更为严格，特别是在直接投资领域，绝大多数国家都规定了产业领域的限制，对于关系到国家安全的产业领域，通常都禁止外国资本的进入。然而，由于资本全球化是经济全球化的核心，所以，对于商人来说，对资本流通的限制是最不能容忍的。因此，在可以预见的未来，商人将以推动政府削减资本流通障碍作为主要的努力方向。事实上，世界贸易组织有别于原先的《关税与贸易总协定》的一个重要特征，就在于将资本市场的准入问题纳入多边谈判领域。《服务贸易总协定》在确立各成员国管理国际服务贸易的一般规则的同时，还开启了相关领域的资本准入的谈判；《与贸易有关的投资措施协议》更是直接涉及了直接投资问题。尽管这两个协议还都不是从总体上专门规定国际直接投资问题的协议，但是，这两个协议的签署已传达出明确的信息，

---

① 胡小兵：《诺基亚迁厂逼德国正视全球化》，载《经济参考报》，2008年1月28日，第3版。

即资本市场的准入问题已经纳入世界贸易组织的决策范围。

三是要求政府对本国公司的海外利益给予更为严格的保护。公司所要求的对其海外利益的保护体现在货物贸易、技术转让、直接投资等各个领域。例如，随着《世贸组织知识产权协议》的实施，商人的知识产权的国外保护将成为一个重要问题。其他发达国家很可能步美国的后尘，以类似"301"条款之类的机制来保护本国知识产权权利人的利益。又如，认为在外国受到"不当的"反倾销、反补贴指控的商人，也可能会求助本国政府通过外交手段寻求"公平的"或更好的结果。此外，在一些传统问题上，商人也会推动本国政府迫使外国政府作出新的让步，以使自己的利益得到更好的保护。众所周知，在外资国有化的补偿标准问题上，已有越来越多的发展中国家在越来越多的场合接受了发达国家的"充分、即时、有效"的补偿标准。在其他方面，例如在外国国家及其财产的司法管辖豁免问题上，采取相对豁免主义的国家（主要是经济发达国家）也会迫使坚持绝对豁免主义的国家作出新的让步。

四是要求本国政府对来自国外的竞争加以限制。来自国外的竞争可分为正当竞争与不正当竞争两类。对于来自国外的不正当竞争，一国的公司自然可以要求本国政府依法加以保护。一国的反垄断法，世贸组织的反倾销、反补贴协议都可以提供这方面的法律依据。问题在于，对于来自国外的正当竞争，商人也可能寻求本国政府予以限制。在这里，我们需要将商人加以区分。有国际竞争力的商人希望市场不受国界的限制，他们不怕来自国外的竞争，并希望能够不受限制地竞争于其他国家的市场；而不具备国际竞争力的商人则希望以国界挡住外来的竞争。他们将推动本国政府在各种借口之下采取貌似合理、合法的措施（如环保措施），将强有力的竞争者挡在国门之外。

由于政府的利益在很多方面与大公司的利益是相重合的，因此，我们有理由相信大公司在未来的国际经济秩序构建中会对政府产生重要影响。

（四）跨国公司仍需接受国家的管制

面对实力日益强大的并在世界范围产生重要影响的跨国公司，许多人试图重新给跨国公司定位。有的学者将跨国公司看作"跨国政治中的重要行为主体"[1]，

---

[1]　宋新宁、陈岳：《国际政治学概论》，224页，北京，中国人民大学出版社，2000。

也有人认为，在跨国公司等非国家和超国家行为体兴起的同时，国家的作用正变得黯然失色。[①] 在法学界，也有人认为跨国公司已经成为国际法主体。[②] 当然，也有人认为，国家与跨国公司的关系没有改变，指出"全球化的程度和影响严重地言过其实，民族国家继续在制定跨国公司必须遵循的规则"。[③] 那么，在国际社会上，跨国公司与国家究竟是何种关系？在回答这个问题之前，还是要先界定一下什么是跨国公司。

通常认为，跨国公司是在一国设立总部，同时控制在多国的生产、销售及开发机构，并按照利润和效率最大化原则在全球范围统一协调配置资金、技术、劳务与资源，从而形成以总部为中枢的全球网络和集团。[④] 从法学角度看，此类定义忽视了两个要素：其一，跨国公司是以股权为联结纽带的公司群；其二，跨国公司的各个组成部分处于不同国家的管辖之下。

首先，跨国公司是以股权为联结纽带的公司群。跨国公司不是单一的公司，而是一群公司。当我们说丰田公司是"一个跨国公司"的时候，我们实际上是指包括设立在日本的丰田公司（母公司）在内的丰田投资于各个国家的丰田公司或不叫"丰田"的公司（子公司），当然也包括丰田设在各国的分公司（分公司无论在经济上还是在法律上都是总公司的一部分，因此并非严格意义上的公司）。这一群公司之所以可以区别于其他的公司，是因为它们可以按照母公司的旨意实施全球性的经营战略；而它们之所以可以做到这一点，是因为母公司由于直接投资而对子公司形成股权控制。美国学者吉尔平也认为，跨国公司应指"具有某一特定国籍的公司，在至少一个或一个以上其他国家的经济中，部分或全部地拥有子公司"。[⑤] 尽管从广义上说，也可以将那些基于特许权转让甚至长期供货关系而依赖于某跨国公司群的母公司的公司也看作是跨国公司群的成员，但最为典型

① 对这种被称作"新中世纪主义"的评判，可参见 [美] 罗伯特·吉尔平：《全球政治经济学——解读国际经济秩序》，杨宇光、杨炯译，353 ～ 358 页，上海，世纪出版集团、上海人民出版社，2006。

② 张磊：《跨国公司的国际法主体地位分析》，载《国际关系学院学报》，2001（4）。

③ [美] 罗伯特·吉尔平：《全球政治经济学——解读国际经济秩序》，杨宇光、杨炯译，264 页，上海，世纪出版集团、上海人民出版社，2006。

④ 见郑通汉：《经济全球化中的国家经济安全问题》，202 页，北京，国防大学出版社，1999。

⑤ [美] 罗伯特·吉尔平：《全球政治经济学——解读国际经济秩序》，杨宇光、杨炯译，251 页，上海，世纪出版集团、上海人民出版社，2006。

的成员公司应该是母公司持股的公司。从经济关系上看，子公司是母公司的一部分；但从法律关系上看，子公司与母公司彼此是相互独立的，每个公司都有自己独立的人格。如果母公司与子公司分设在不同国家，跨国公司的"群"的特征就更为明显。

其次，跨国公司的各个成员处于不同国家的管辖之下。尽管托马斯·杰斐逊曾说过"商人无祖国"[1]，而且也有人在说"'美国的'公司正在同美国脱钩"，"公司的国籍正在变得不重要"，[2] 但事实上，公司的国籍与自然人的国籍同样重要。在判断与公司有关的法律问题时，必须首先考虑公司的国籍。跨国公司在东道国设立子公司之后，该子公司即取得东道国的国籍，"子公司必须服从地方法律、地方当局的管制，以及根据地方环境改变它们的产品和广告"。[3] 其实，"东道国"（host state）一词本身即意味着：只有当投资者遵守当地的各种规则的时候，它才会受到欢迎（hospitality）。[4] 不但公司的国籍国有权对公司进行管辖，公司的所在地、行为地、行为影响地的国家也都有权对公司的行为加以控制。国家主权包含着属地优先权和属人优先权。根据属地优先权，一国可对发生于其境内的一切活动，包括外国人所从事或参与的活动加以管理，例如一国可以要求外国公司就其在该国境内的所得向其交纳所得税；根据属人优先权，一国可对本国人在国外所从事的各种活动加以管理，例如一国可要求本国人定期报告其位于国外的公司的外汇资金的收支情况。此外，许多国家还时常依据"效果原则"对某些国际经济活动主张管辖权，即只要某一国际经济活动可能会对本国利益带来一定程度的影响，则不管这一活动是否发生于本国境内，也不管这一活动是否有本国人的参与，该国都可对其行使管辖。

可见，跨国公司与国家间关系的本质特征在于跨国公司经营行为的全球性和法律从属上的国别性。一方面，跨国公司的行为突破了国家的疆界，母公司可以

---

[1] 转引自［美］罗伯特·赖克：《国家的作用》，上海市政协编译组和东方编译所译，136 页，上海，上海译文出版社，1998。

[2] 转引自［美］罗伯特·赖克：《国家的作用》，上海市政协编译组和东方编译所译，12 页、153 页，上海，上海译文出版社，1998。

[3] ［美］爱德华·M. 格莱汉姆：《全球性公司与各国政府》，胡江云、赵书博译，40 页，北京，北京出版社，2000。

[4] CYNTHIA DAY WALLACE. *The Multinational Enterprise and Legal Control*, Martinus Nijhoff Publishers, 2002, p.327.

按照自己的总体经营目标控制成员公司的行为，在全球范围内实现货物、资金、人员和其他生产要素的配置，而忽视相关国家的利益；另一方面，跨国公司的各个成员又必须服从相关国家的法律控制。这一基本状况表明跨国公司与相关国家的利益冲突是不可避免的。国家与跨国公司的博弈主要表现为国家的政治力量与跨国公司的经济力量的博弈。一般地说，国家的政治力量应该强于公司的经济力量。"在所有权力主体中，国家无疑具有压倒一切的重要性，任何其他权力主体均不足以与国家相提并论。国家仍然牢牢地控制着立法权、创制权、战争权、外交权、移民权、警察权和武装力量的使用权等至关重要的政治权力。"[①] 然而，实力强大的公司也有可能迫使实力较弱的国家改变对公司的立场。[②] 由于各国的政治力量有所不同，各公司的实力也不一样，各公司对国家管制的态度也不一致，因此，国家与跨国公司的博弈也会呈现出不同的状况。此外，一国政府是奉行自由主义的立场还是凯恩斯主义立场，以及跨国公司完全是利润导向还是也兼顾其道义责任，也都会影响国家与跨国公司之间的博弈。奉行自由主义的国家显然会对跨国公司采取更为宽容的立场；而具有道义责任感的跨国公司也会更倾向于顺从相关国家对跨国公司所施加的管制。

跨国公司有能力同国家博弈是当今的现实情况，但是否可以说跨国公司在国际社会中已经取得了与国家相同的法律地位呢？回答应该是否定的。这不仅是因为国家力量在总体上要大于跨国公司的力量，更主要的是，在谈到法律地位的时候，重要的不是看相关实体之间的力量对比，而是看法律对相关实体的资格的赋予。讨论跨国公司在国际社会中的法律地位，核心问题是要看跨国公司是否已经具备国家那样的国际法主体资格。

一些人看到了跨国公司可以向国家主张权利，便以为跨国公司已经具备了国际法主体资格。这个推断是不能成立的。关于国际法主体构成要件的理论，有学者归纳成"二要件说""三要件说"和"四要件说"。"二要件"是指"直接承担国际法上义务的能力"和"直接享有国际法上权利的能力"；"三要件"则加上"独立参加国际法律关系的能力"；"四要件"则再加上"构成国际社会中地

---

①　俞可平：《全球化与主权》，46 页，北京，社会科学文献出版社，2004。

②　IGNAZ SEIDL-HOHENVELDERN. *International Economic Law*, Martinus Nijhoff Publishers, 1992, p.14.

位平等的实体"。① 关于国际法主体资格问题，李浩培先生曾经简明扼要地说道：
"国际法主体是其行动直接由国际法加以规定因而其权利义务直接从国际法发生
的那些实体。"② 这大概是多数人所接受并与现实情况相符的国际法主体的定义。
实际上，我们还可以用一个更简便的方法来检验某一实体是否构成国际法上的主
体，即看它是否可以依据国际法向国家主张权利。

在现代社会，跨国公司（以及其他类型公司和自然人等非国家实体）有机会
向国家主张权利。跨国公司向国家主张权利当然是跨国公司具备某种法律地位的
体现，但必须区分跨国公司是依据国内法向国家主张权利，还是依据国际法向国
家主张权利。只有当跨国公司可以自主地依据国际法向国家主张权利的时候，才
可以认为跨国公司已经具备了国际法主体资格。

公司依据国内法向国家主张权利的现象早已存在。由于国家通常由政府（行
政机关）所代表，所以公司向国家主张权利通常表现为向政府主张权利。公司既
可以基于私法上的关系（如买卖关系）而依据国内法向国家主张权利，也可基于
公法上的关系（如行政管理关系）而依据国内法向国家主张权利。公司基于私法
关系而依据国内法向国家主张权利属于民事诉讼，这种民事诉讼并不能使得公司
成为国际法主体；公司基于公法关系而依据国内法向国家主张权利通常为行政诉
讼，这种行政诉讼也同样不会使公司成为国际法主体。上述两种情况既可以发生
在国家与本国公司之间，也可以发生在国家与外国公司之间。因此，不能仅仅因
为跨国公司可以向国家主张权利就认为跨国公司已成为国际法主体。如果跨国公
司向国家主张权利的依据为国内法，那么，跨国公司所具备的只是国内法中的民
事主体资格或国内法中的行政相对人资格。

跨国公司有机会依据国际法向国家主张权利吗？原则上没有。

国际法的渊源主要有两类，即：国际条约与国际习惯。国际习惯是基于国家
实践所产生的，并不调整国家与公司间的关系，因此可以推断跨国公司无法依据
国际习惯向国家主张权利。国际条约是约定国家间权利义务关系的书面协议，因
此，原则上也排除了公司援用国际条约向国家主张权利的可能性。问题在于目前
许多条约的内容包含了"公司"和"个人"的字眼，可否依此认为公司可以依据

---

① 蔡从燕：《私人结构性参与多边贸易体制》，42～47页，北京，北京大学出版社，2007。
② 李浩培：《国际法的概念与渊源》，5页，贵阳，贵州人民出版社，2004。

条约向国家主张权利呢？回答也应该是否定的。其道理在于：条约是国家之间的约定，当条约就公司事宜作出约定时，公司只不过是国家的权利义务所指向的客体。当缔约一方违反条约义务而使公司的利益受到损害时，公司无法援用条约规定向违反条约义务的国家主张权利，因为那不是公司与国家的条约，国家并没有向公司作出任何承诺。国家违约是国家向其他缔约国的违约，有权依据条约向违反条约义务的国家提主张的只能是其他缔约国。例如，世界贸易组织的许多协议都涉及公司，但并非由此认为公司就可以依据世贸组织规则向有关国家主张权利。当一国的反倾销规则与世贸组织规则不一致，从而损害了某公司的利益时，该公司是无权要求该国按照世界贸易组织规则去修改其反倾销规则的。可以提出这种主张的只能是其他缔约方。虽然从法理上已经可以得出这样的结论，但在美国加入世界贸易组织时，美国国会仍旧不太放心，因此，在其制订的《乌拉圭回合协议法》（*Uruguay Round Agreements Act*）中明确规定："除美国之外的任何人都不得基于乌拉圭回合协议或国会对该协议的批准而提起诉讼或抗辩，也不得在依法提起的诉讼中以与协议不符为由而对美国、州或州的任何政治区划的任何部门或机构的任何作为或不作为提出质疑。"

为跨国公司创造了依据国际法向国家主张权利的机会的是 ICSID 机制。依据 1965 年 3 月 8 日由国际复兴开发银行提交各国政府在华盛顿签署的《解决国家与他国国民间投资争议公约》（*Convention on the Settlement of Investment Dispute Between States and National of Other States*）所创设的解决投资争议国际中心（International Center for the Settlement of investment Dispute, ICSID）可基于缔约国和另一缔约国国民的协议裁决它们之间因投资而产生的法律争端。关于解决争端所适用的法律，该《公约》第 42 条第 1 款规定："仲裁庭应依照双方可能同意的法律规则对争端作出裁决。如无此种协议，仲裁庭应适用作为争端一方的缔约国的法律（包括其冲突法规则）以及可能适用的国际法规则。"但不能认为，投资者由此即取得了国际法主体资格，因为投资者依据国际法向国家主张权利受到了国家的双重限制。首先，如果没有国家的同意，投资者就没有机会通过"中心"（国际机构）向国家主张权利，因为国家的同意是"中心"就相关争端获得管辖权的前提条件；其次，如果没有国家同意，投资者也没有机会依据国际法向国家主张权利，因为国家可以将适用本国法律作为同意将争端提交"中心"的前提条件。可以看出，无论是"中心"的利用，还是国际法的适用，都以国家的同意为前提条件；在这种情况下，就不能一般地认为跨国公司已经具备了依据国际法向国家主张权利的身份。

三、国家对私人的商事活动的限制

在一国之内，国家是地位至高的主权者，因此，有权对私人的商事活动施加任何合理的限制。这种限制主要表现为对市场准入的限制和对市场准出的限制。

（一）国家对市场准入的限制

市场准入是指一国政府允许外国商品（包括服务）和资本进入本国市场。有了市场准入，才会有国际贸易、国际投资和其他国际经贸活动。

从国家主权及属地管辖原则出发，一国政府有权完全禁止外国商品和资本进入本国市场，或规定市场准入条件。也就是说，从国际法角度看，一国政府并不当然承担市场准入方面的法律义务。中国政府在接触现代西方国际法规则和理念的最初时候即已得知："各国皆有禁止外国货物，不准进口的道理。"[1]一国政府之所以会在市场准入方面承担法律义务，是因为该政府通过条约而对他国政府作出了允诺。

如果市场准入已成为一项法律义务，那么它的含义应包括：第一，它是一项政府的义务，而不是其他任何实体的义务，其他任何实体都无权就市场准入问题对外作出承诺；第二，它是一国政府对外国政府的义务，而不是一国政府对外国公司或个人的义务，一国政府不必向外国的商人们作出市场准入的承诺，而只需向他们的政府作出这种承诺；第三，它是一项可由政府自己履行的义务，以政府制定和修改贸易和投资措施为基本表现形式；第四，它是一项基于国际条约所产生的义务，没有特别的承诺就不必承担此项义务。

正因为市场准入义务是通过条约而商定的义务，而不是依据一般国际法所产生的义务，所以，市场准入义务总是有特定的内容，而并不具有普遍标准。一个

---

[1]　此为林则徐的译员袁德辉为林则徐翻译的瓦泰尔（Emmerich de Vattel）《国际法》（*The Law of Nations, or Principles of the Law of Nature*）中的部分文句。转引自田涛：《国际法输入与晚清中国》，26 页，济南，济南出版社，2001。

国家究竟承担了什么样的市场准入义务，要看这个国家究竟对其他国家作出了什么样的承诺。我国在加入世界贸易组织时，是就市场准入问题向世贸组织的其他成员方作了承诺的，这些承诺不仅体现在《中华人民共和国加入议定书》的有关条款中，也体现在议定书的各项附件当中。①

（二）国家对市场准出的限制

与市场准入相对应的还有一个"市场准出"的问题。市场准出的含义是允许本国的商品和资本进入他国市场。虽然各国的贸易和投资管理制度都以"奖出限入"为基本特征，但事实上，许多国家在不同的历史时期都曾实施过宽严程度不同的"市场不准出"的政策和措施。我国历史上曾多次颁发"禁海令"，实行"海禁"，虽然采取这些措施的主要目的不在于限制国际贸易，②但其直接后果则是阻止了本国商品（也许还有资本）的输出。当今各国也大都实行某些禁止或限制商品或资本输出的措施。

从后果上看，市场准出措施与市场准入措施对国际经济交往的影响同样重要。如果政府不允许本国的商品和资本自本国输往他国市场，市场是否准入也就毫无意义了。但在实践中，人们似乎更关注市场准入问题。这是因为在各国的法律制度中，控制商品或资本的输入属一般措施，而限制商品或资本的输出属于特别措施；只是在特定情况下，政府才会禁止或限制商品或资本的输出。尽管如此，对市场准出的限制毕竟是实现贸易自由化的障碍，因此，自《关税与贸易总协定》制定以来，各相关国家在市场准出方面的政策和措施的实施已受到一定程度的限制和监督。例如，《关税与贸易总协定》关于国营贸易企业的规定，就是限制缔约方以外贸垄断的方式对市场准入和市场准出施加障碍。

政府就市场准入与市场准出所采取的限制措施不仅会影响到其他国家的利

---

① 《中华人民共和国加入议定书》只是对我国政府的市场准入义务作了一般性规定，具体承诺的义务则规定在《议定书》的各项附件当中。例如，关于非关税措施问题，《议定书》只是规定："中国应执行附件 3 包含的非关税措施取消时间表。在附件 3 中所列期限内，对该附件中所列措施所提供的保护在规模、范围或期限方面不得增加或扩大，且不得实施任何新的措施，除非符合《WTO 协定》的规定。"《议定书》附件 3（非关税措施取消时间表）则就各类产品所适用的进口许可证、进口配额和进口招标产品的取消时间做了明确的规定，并就各类相关产品进口配额的年增长率作出承诺。
② 例如，明初和清初所采取的海禁措施，分别针对"倭寇"骚扰和民间反抗。可参见中国对外贸易概论教材编写组：《中国对外贸易概论》，9 ～ 11 页，北京，对外贸易教育出版社，1985。

益，也会影响到本国人的利益，于是便产生了国家利益与私人利益的冲突问题，从法律角度看，就是国家的管制权与私人的交易权的关系问题。

交易权可被概括为与他人进行商业交往的权利。交易权有时被看作是一项人权，可解释为人权中的财产权的组成部分。可问题在于从来不存在不受法律限定的财产权。美国《宪法》第14条修正案第一款所规定的"非经正当法律程序，不得剥夺任何人的生命、自由或财产"既是保障财产权的条款，也是依法限制财产权的条款。私人之间的经济交往对国家利益的影响随着经济交往的数量增多和频率增快而日益突出，这一事实使得西方各国自19世纪末开始，普遍加强了对私人的经济活动的干预和控制。财产权神圣不可侵犯、契约自由等资产阶级革命后所确立的法律原则也被重新作出解释。国家主权首先意味着管辖权。一国可依据属地管辖权对本国领土上的一切财富和资源、经济活动及从事这些活动的主体进行管理，即使这些主体并非本国国民；一国又可依据属人管辖权对本国国民的各类活动实施管理，即使从事这些活动的国民位于国外。"二战"结束以来，从国家主权的概念中又细化出经济主权的概念。按照有关国际文件的解释，经济主权的基本内容包括：每个国家都可根据本国人民的意愿，选择本国的经济制度，不受任何形式的外来干涉、压制和威胁；各国对其境内的一切自然资源享有永久的主权。为了保护这些资源，各国有权采取适合本国情况的各种措施，对本国的资源及其开发事宜加以有效的控制管理，包括有权实行国有化或把所有权转移给本国国民；各国有权对其境内的一切经济活动进行管理。

有意思的是，不仅倡导自由贸易的人会从人权角度对政府的贸易管制措施提出质疑，反对自由贸易的人也会从人权角度对政府放松国际贸易管制的做法提出挑战。近年来，对WTO所推动的自由贸易的批评主要集中在以下几个方面：自由贸易会破坏公平；自由贸易会危害环境；自由贸易与提高社会及道德进程不相容；自由贸易会降低工人的实际工资。[①] 更有人指出：不加控制的自由贸易放任血汗工厂（sweatshops）的存在，从而损害了雇员的人权。当然，也有不少人反对以人权问题阻碍贸易自由化的进程。他们认为，GATT/WTO体制的目标就是使贸易跨越国界，实现自由化，追求"比较优势"经济理论所描述的利益。通过约束贸易限制的使用，贸易体制可以减少无效率和让市场在没有国家干预下运转，

---

① ［印度］贾格迪什·巴格瓦蒂：《现代自由贸易》，雷薇译，37页，北京，中信出版社，2003。

因而增进全球财富；而财富的增加便为人权保护奠定了坚实的基础。因此，贸易自然会促进人权，不应人为地把人权与贸易挂钩。① 应该看到，贸易与人权是两种可以协调的利益，并不存在此消彼长的关系。

四、国家对其国民海外利益的保护

一国在对本国国民行使管辖权的同时，也承担着保护其国民的利益的职责。当一国国民的海外利益受到侵犯时，一国可向有责任的国家主张外交保护权。

传统的国际法理论认为，外交保护权是国家的权利，而不是个人的权利。例如，《奥本海国际法》一书中即写明："按照国际法，一个国家没有保护其在国外的国民的义务，实际上各国对国外的国民往往拒绝行使保护的权利，这是每一个国家自由决定的事情。虽然它的国民的人身或财产在国外受到了侵害，它毫无疑问有权保护这样的国民，但是依据国际法，所在国外的国民没有权利要求其本国给予保护，尽管依据国内法他可能有这样的权利。"② 我国著名国际法学者王铁崖先生更是明确指出："如果一国国民受另一国违反国际法的行为的侵害而不能通过通常途径得到解决，该国民所属的国家有权对其实行外交保护，这是国际法的一项基本原则。国家为其国民采用外交行动，该国实际上是主张自己的权利——保证国际法规则受到尊重的权利。"③

然而，近年来，一些学者从强化保护人权、强调国际法的"人本化"出发，开始挑战外交保护的"国家特征"。"传统上那种认为外交保护是国家权利的观点在更加注重人权保护的历史背景下已受到了各国的质疑。国际法委员会在2000年第52届年会议上，一些对这一传统观点持反对意见的委员认为'这一立场是国际法中一个令人感到遗憾的地方……'"④

其实，强调人权的国际保护，没有必要，也不可能否认外交保护权的"国有"属性。人权与外交保护权虽然密切相关，但它们分属不同的主体，其法律依据不

---

① 参见王虎华等：《WTO 的法律框架与其他制度性安排的冲突与融合》，载《法学》，2003（7）。
② ［美］詹宁斯、瓦茨：《奥本海国际法》第一卷第一分册，王铁崖等译，332 页，北京，中国大百科全书出版社，1995。
③ 王铁崖：《中华法学大辞典》（国际法学卷），572 页，北京，中国检察出版社，1996。
④ 王秀梅、张超汉：《国际法人本化趋向下海外中国公民保护的性质演进及进路选择》，载《时代法学》，2010（2）。

同，主张对象也不尽相同。人权的权利主体是私人而不可能是国家。人权产生的法律依据主要是国内立法，权利人可依据国内法的规定向侵权人要求救济。在个别情况下，私人也可以基于国际条约向有关国家提出权利主张。当私人可以直接依据国际条约的规定向国家主张权利的时候，私人已经在某种程度上具备了国际社会成员的身份，成为特殊的国际法主体。然而，私人无论如何也不可能成为外交保护权的权利主体，因为私人不可能以国家的身份同其他国家进行外交交涉。只有政府才能以国家的名义向其他国家提出交涉，以保护本国国民的海外利益。外交保护权的请求对象只能是另外一个国家。一国向另一国家行使外交保护权的法律依据必须是国际法。

一些学者试图淡化外交保护权的"国家特征"，无非是希望在保护本国海外公民的人权方面给国家确立更为明确的义务。由于外交保护权是一项国家的权利，而既然是一项权利，就可以不予行使，因此，有学者才认为，为了使人权得到保护，必须给国家创设外交保护的义务。事实上，许多国家的法律都规定了政府有义务保护其海外国民的利益。外交保护可以既是权利又是义务吗？可以，只不过是在不同法律层面上。外交保护作为一项权利，是国际法层面上的权利，是一国基于条约或习惯国际法的规定向另一个国家提出主张的权利；而外交保护作为一项义务，则是国内法上的义务，一国政府有义务遵循国内法的规定对其位于海外的国民予以保护。现在似乎有人倾向于将外交保护确定为国家在国际法上的义务，对此，需要慎重考虑。首先，从法学理论上讲，权利与义务是两个内涵完全相对的概念。在同一项法律规范之下，一项作为或不作为不可能同时既是权利又是义务。如果法律关系的主体必须为或不为一项行为时，这只能是义务，而不能同时又是一项权利。反之亦然。[①] 如果我们将外交保护在国际法上同时确定为国家的权利和义务，那么，国家到底是有权利实行外交保护，还是有义务实行外交保护？如果是一项权利，国家可以放弃，如果是一项义务，国家则不能放弃。其次，从实践中看，如果将外交保护作为国家的一项国际法义务而规定下来，那么，权利

[①] 有学者认为，公民接受义务教育既是一项权利，又是一项义务，见王秀梅、张超汉：《国际法人本化趋向下海外中国公民保护的性质演进及进路选择》，载《时代法学》，2010（2）。其实，"义务教育"的本意是强制（mandatry）教育，即每位适格公民都有义务接受特定的教育，因此，规定义务教育的法律规范是一项义务性规范，基于此项规范，政府可向公民提出法律上的请求；而接受教育的权利是由其他法律规范所确认的。我们不可以说："我有义务接受教育，所以我有权利接受教育。"

的主体是谁呢？有两种可能：一是将国民作为权利主体，如果本国政府不行使外交保护权，除了可以依据国内法（传统的法律依据）向本国政府主张权利之外，还可以依据国际法向本国政府主张权利；二是其他国家作为权利主体，当一国发现另一国家没有行使外交保护时，向后者提出权利主张。可以推断，无论是哪种情形，各国政府目前大概都还很难接受。因此，在当今国际社会，外交保护只能是国家的一项权利。

正因为行使外交保护是国家的权利而不是私人的权利，因此，外交保护权也不可能由私人予以放弃。卡尔沃主义（Calvo doctrine）[①]与外交保护权的冲突可以很好地说明这个问题。卡尔沃主义是一些南美国家所坚持的一种主张。依据该主张，外国人在东道国的权利义务应根据东道国的法律予以确定；外国人应放弃寻求本国政府予以外交保护的权利。在一些南美国家与外国投资者所签订的投资协定中包含此种约定，被称作卡尔沃条款（Calvo clause）。对于这种由私人与东道国政府协议放弃本国政府对其进行外交保护的卡尔沃条款的效力问题，一直存在着争议。发展中国家及其学者通常会肯定尔沃条款的效力，其理由包括：第一，国家代表国民提出的国际请求是一种从私人请求中派生出来的请求，故若无私人的请求也就不应有国家的请求；第二，外交保护是以国家因其国民受到侵害而间接受到侵害的理论为依据，因此，如果私人投资者未受到侵害，其本国也就没有行使外交保护权的理由；第三，外交保护权是以东道国存在国家责任为前提，如果东道国无国家责任，投资者本国当然也不得行使外交保护权。[②]

其实，卡尔沃条款的真正效力在于使投资者承担了不向本国政府请求外交保护的义务，而不能剥夺投资者的本国行使外交保护的权利。首先，外交保护权是国家的一项权利，可以脱离私人意志而行使。国家是否行使、如何行使以及在什么情况下终止行使外交保护都不以受害人的意志为转移；其次，外交保护以国家利益受到间接损害为依据；国家是否受到损害不是可由本国国民同东道国协商确定的；再次，外交保护是以东道国存在国家责任为前提，但东道国有无责任也不是由投资者与东道国协商可确定的。

---

① 卡沃主义（Calvo doctrine）源自阿根廷外交官和历史学家 Carlos Calvo（1824-1906）的名字。他在 1868 年出版的一本书（*Derecho internacional teórico y práctico de Europa y América*）中首倡卡尔沃主义。

② 见余劲松：《国际投资法》，358～359 页，北京，法律出版社，1994。

在这个问题上，北美疏浚公司案（United States in behalf of North American Dredging Co. v. The United Mexican States）可以给我们以启示。1912 年，美国北美疏浚公司（North American Dredging Co.）与墨西哥政府签订了一项合同，由该公司承包疏浚墨西哥的萨利纳·克鲁斯港。合同第 18 条规定，有关合同的解释及适用，疏浚公司不得向美国政府提出任何行使外交保护权的请求。另外，合同第 1 条第 1 款还规定疏浚公司可以向本国政府提出请求的事项，对于这些事项，可以排除用尽当地救济的国际法规则。之后，北美疏浚公司以墨西哥毁约为由向墨美两国政府依 1923 年 9 月 8 日协定设立的总求偿委员会（General Claims Commission）提出赔偿请求。北美疏浚公司认为墨西哥政府违反合同，并应承担赔偿责任。墨西哥政府则认为根据合同中的卡尔沃条款，不履行合同的问题不应由总求偿委员会管辖。关于卡尔沃条款的效力问题，总求偿委员会认为，一国政府对其本国国民行使外交保护权是该国的权利，而卡尔沃条款的作用在于防止滥用外交保护权而侵犯当地国家的领土主权。因此，在私人与外国政府签订合同的情况下，该私人放弃请求本国政府行使外交保护权，并不等于该国政府不能对其本国国民的利益加以保护。当外国政府出现违反国际法的情况时，即使规定了卡尔沃条款，也不能排除该私人的本国政府行使外交保护权。总委员会最后裁定它对本案无管辖权，不是因为卡尔沃条款可以排除一国的外交保护权，而是因为北美疏浚公司的索赔请求不属于根据合同规定可以排除适用"用尽当地救济"原则的事项之列。因此，该公司应首先请求墨西哥政府给予国内救济，只有在墨西哥拒绝司法后，才能请求本国保护。[①]

第五节　本章小结

由于国际社会在可以预见的将来仍将是以国家为基本成员的社会，所以，国际经济秩序的主体必定是国家。国家的主权者身份决定了其他实体在国际经济秩序建设中的作用必然要受到国家的限定；国际经济秩序的实现方式决定了其他实

---

① United States in Behalf of North American Dredging Co. v. The United Mexican States，General Claims Com. Docket No. 1223（1926）.

体的作用必须要通过国家才能得以发挥。

在国际经济秩序当中，国家仍旧是完整的主权者。国家彼此约束的加强并不意味着国家主权的减损。由于主权其实是国家的身份，而不是某种特定的权力，因此，主权是无法"让渡"的，可以让渡的只能是主权权利或主权者的权利；主权也并没有被"弱化"或"消逝"，实际发生的只是主权行使方式的改变。在全球化趋势下的今天，国家只是承受着更多的契约义务的约束，而其主权者的身份并没有出现任何改变。

国家间的经济合作与经济冲突分别是国际经济秩序的正面表现和负面表现。虽然国家在很多情形下都承担了国际合作义务，但这种义务是源自国家间的约定，而并非是一般国际法上的义务。国家间的经济冲突经常表现为政府对私人间的国际经济交往实施管理或控制所产生的冲突。政府管制冲突从表现形式上看，可分为管辖冲突和非管辖冲突。不同的政府管制冲突有其不同的产生原因，因而也需要不同的解决方法。

除国家之外，公司及其他一些实体也在不同范围内和不同程度上对国际经济秩序发挥着影响。虽然各种非国家实体对国际经济秩序构建中的影响力日渐增强，然而，它们总体上仍处于国家的统辖之下。

跨国公司与国家间关系的本质特征在于跨国公司经营行为的全球性和法律从属上的国别性。一方面，跨国公司的行为突破了国家的疆界，母公司可以按照自己的整体经营目标控制成员公司的行为，而忽视相关国家的利益；另一方面，跨国公司的各个成员又必须服从相关国家的法律控制。这一基本状况表明跨国公司与相关国家的利益冲突是不可避免的。然而，跨国公司极少有机会依据国际法向国家主张权利。

从主权与人权的关系角度来看，私人的国际商事交易的权利由相关国家的法律所限定，但国家在限定私人的权利时须注意自己所承担的相应的国际义务。

第三章

国际经济秩序的价值目标

国际经济秩序研究的第二个基本命题是构建国际经济秩序的目标，即"构建什么样的国际经济秩序"的问题。任何社会秩序都不可能是"价值中立"的，"任何实际的世界秩序将反映其构建者和成员的价值观"。[1] 在讨论国际经济秩序的价值目标时，不仅要着眼于现状，更要放眼于未来，明确未来的国际经济秩序所应追求的价值目标。

第一节　国际经济秩序的价值目标与法律原则

一、国际经济秩序的价值目标

国际经济秩序的价值目标是指国际经济秩序所追求的价值。所谓价值，是指某种事物对主体的有用性。"从本原意义来看，价值经常被界定为客体满足主体需要的积极意义或客体的有用性。"[2] 例如，当我们说法律具有公平的价值，是指法律可为我们带来社会公平，从而满足我们对公平的需求。国际经济秩序本身可以说是人们的一种价值追求，即各国需要一种稳定的国际经济关系；而建立一种什么样的国际经济秩序，又是更高层面上的价值追求。例如，是建立和维系一个更易于实现经济发展的国际经济秩序，还是建立和维系一个更有利于可持续发展的国际经济秩序，就体现出不同的价值追求。显然，共同的价值目标将引导国际经济秩序的构建，而价值目标的差异则会妨碍国际经济秩序的构建。《关税与

---

① ［美］安妮-玛丽·斯劳特：《世界新秩序》，任晓等译，21页，上海，复旦大学出版社，2010。
② 张文显：《法哲学范畴研究》（修订版），192页，北京，中国政法大学出版社，2001。

贸易总协定》的制订和有效实施反映出各缔约方就贸易的自由化具有共识；而世界贸易组织近年来步履蹒跚，则表明一些主要成员之间就 WTO 的价值目标的解释出现了偏差。

有学者将"二战"后至 20 世纪 80 年代的国际经济秩序定义为"内嵌的自由主义"（embedded liberalism）的秩序。约翰·鲁杰（John Gerard Ruggie）提出这一概念的依据在于他认为，"二战"后所建立的国际经济秩序使放任的自由主义得到修正，西方发达国家一方面强调经济自由化；另一方面积极进行政府干预，采取各种经济或社会政策来缓解自由化给人们所带来的负面影响，以更好地体现社会公平与正义。所谓"内嵌"是指经济自由主义必须内嵌于社会共同体的意志之中，成为社会共同体的共同认知。[①] 但所谓"内嵌自由主义"在本质上仍是"自由主义"的。正如徐崇利教授所言："战后至 20 世纪 80 年代中期，国际经济秩序得以建立的根基是所谓的'内嵌的自由主义'。虽然这种自由主义承认各国政府以积极的角色干预经济和社会生活的必要性，但其本体仍然是自由主义，在此基础上建立的是'市场导向分配模式'的国际经济秩序。"[②]

即使从是否为"自由主义"的角度来观察战后国际经济秩序，完全"自由主义"的国际经济秩序也是不存在的。"自由主义"和"国家干预主义"的博弈始终存在。战后建立起来的以《国际货币基金协定》《国际复兴开发银行协定》和《关税与贸易总协定》为核心内容的布雷顿森林体系"无论是在协议过程中还是在运行过程中，自由主义与国家干预主义的纷争始终伴其左右，只要世界经济运行出现问题和困难，古典经济学倡导者都会借机对布雷顿森林体系的资本管制手段进行攻击，并将自由主义的因素植入国际经济秩序中。"[③] 而且，这种周期性的此消彼长还会长期延续下去。"如果说 20 世纪 60 年代之后，美国主导的经济全球化符合新古典经济学的理论体系的话，那么，随着保护主义对古典经济学的替代，美国再度放弃自由主义的国际经济秩序，选择逆全球化的对外经济政策，也可能成为再一次的周期性变动的新现象。"[④]

---

① 参见王彦志：《内嵌自由主义的衰落、复兴与再生——理解晚近国际经济法律秩序的变迁》，载《国际关系与国际法学刊》，第 8 卷。
② 徐崇利：《新兴国家崛起与构建国际经济新秩序——以中国的路径选择为视角》，载《中国社会科学》，2012（10）。
③ 雷达、马骏：《国际经济秩序演进与主流经济思想的周期性更迭》，载《江海学刊》，2018（6）。
④ 雷达、马骏：《国际经济秩序演进与主流经济思想的周期性更迭》，载《江海学刊》，2018（6）。

尽管"二战"结束后，包括美国在内的多数国家共同制订了《联合国宪章》《货币基金协定》《关税与贸易总协定》以及后来的《世界贸易组织协定》等基础性国际法文件，从而置身于同一套规则的约束之下，但就这套规则及据此所建立的国际秩序的核心理念有不同理解。虽然国际秩序应该包括"自由"这一价值追求，但我们并不认为"自由"是当今国际秩序的核心价值。"主权平等""共商共建"等理念也许更能反映战后国际秩序的基本特征及其理念基础。如果从历史角度加以观察，不仅着眼于国际秩序当下所显示的价值追求，也着眼于国际秩序未来的价值目标，那么"公平"与"包容"也许是国际秩序，包括国际经济秩序更为恰当的价值标识。

事实上，近年来西方国家也开始在处理国际经济问题时注重和强调政府的能动作用，从而与传统的自由主义拉开了一定的距离。正如有学者分析的那样："全球化带来的好处在发达国家国内未能形成有效的正向回馈，其中低收入阶层存在比较普遍的利益受损情况。""面对国内贫富差距拉大、社会矛盾突出的问题，美欧国家选民只能期待通过领导人更替和制度变革来改变国内困境。"[①]美国政府近年来推出"全民医保""出口倍增""制造业回流"，以及退出"跨太平洋伙伴关系协定"，重谈北美自由贸易协议，在经贸和科技领域对中国等国家大力施压，其实质都是加强国家和政府的作用。同时，"发端于美国并殃及全球的2008年国际金融危机标志着新自由主义'华盛顿共识'的破产。"[②]更有人指出：所谓"自由世界秩序"，既不"自由"，也不"世界"，更非"秩序"，甚至断言"以自由主义为标签的国际秩序行将结束，且将一去不返。"[③]在这种情况下，仍然给国际秩序贴上"自由主义"的标签，将其认定为国际经济秩序的价值目标，显然是不适宜的。

二、国际经济秩序价值目标的法律表现

国际经济秩序是需要法律制度加以确定的，因此，其价值目标应通过法律原则予以表达。所谓法律原则是指集中反映法的价值取向并构成法律规则体系基础的根本性规则。首先，法律原则是一种根本性规则。如同有学者所指出的那样，

① 达巍：《现行国际秩序演变的方向与中国的选择》，载《国际问题研究》，2021（1）。
② 舒建中：《战后国际秩序的演进与启示：制度改革的视角》，载《国际问题研究》，2021（1）。
③ 参见姚遥：《中国的新国际秩序观与战后国际秩序》，载《国际问题研究》，2020（5）。

法律原则是"可以作为规则的基础或本源的综合性、稳定性原理和准则。"① 可以说，法律原则是法律规则的规则。法律体系应该是法律规则的总和，作为法律体系的重要组成部分以及作为法律规则的基础或本源的法律原则也应该是一种规则。其次，法律原则应能集中反映法的基本精神或价值取向。法律原则之所以能区别于一般法律规则，就在于法律原则能集中体现法的基本精神，即法的价值取向。法的价值取向简单说就是法的选择模式或价值取舍。例如，在秩序与自由之间是选择秩序还是选择自由，在国家利益与私人利益之间是选择国家利益还是选择私人利益，都反映着法的基本精神或选择模式。再次，正因为法律原则集中反映了法的价值取向，所以，法律原则应适用于法的各个分支领域，并体现在法律制度和法律规则中。

由于国际经济秩序的本质是国家之间就经济问题所结成的法律关系，因此，调整国家间关系的国际法的基本原则应能反映国际经济秩序的价值目标。那些公认的国际法基本原则，诸如国家主权原则、平等互利原则、信守约定原则和和平解决国际争端原则，在确立国际经济秩序的法律体系中都得到了很好的体现，同时也将继续得到坚持。与此同时，还应该注意到，国际经济秩序的价值目标不仅体现为现有的法律原则，它还应作为国际经济秩序演进的引领，表现为孕育中、发展中的法律原则。其中，尤其应强调"公平"和"包容"两大原则。

自 20 世纪中后期兴起建立国际经济新秩序的浪潮以来，"公平"就一直是绝大多数国家对国际经济秩序的期待。建立公平的国际经济秩序一直是人们的努力目标。人们不断地强调国际经济秩序的公平性，是因为"公平"是任何一个法律秩序的最高形态，也是因为当今的国际经济秩序存在着种种的不公平现象。逐步实现国际经济秩序的公平性，一直为我国政府所强调。当然，如果在国内社会难以实现完整意义上的公平，那么，在国际社会实现完全的公平就更是一件难以做到的事情。因此，国际经济秩序所蕴含的公平主要是一种方向引领，是消除现实中的某些不公平的一种理论武器。

同时，由于主权国家的并存是构建国际经济秩序的现实基础，而"主权"的基本内涵是国家间法律地位平等和相互尊重，因此，国际经济秩序必须具备足够的包容性。各国均应尊重他国的制度选择，承认和接受各国制度的多元性，而不

① 张文显：《法学基本范畴研究》，56 页，北京，中国政法大学出版社，1993。

应将自己所喜欢的经济与社会制度强加给其他国家。

"公平"与"包容"作为国际经济秩序的两项基本的价值选择，其地位有所差别。"公平"是一种积极的价值选择，是需要国际社会成员共同努力才可达到的目标；"包容"可视为一种消极的价值选择，它所要求的是国际社会成员接受彼此的制度现状。但两者并不矛盾。"包容"是构建国际经济秩序的出发点，也是国际经济秩序发展各阶段中各国的彼此协调，"公平"则总是在"包容"基础上对更理想的目标的追求。

第二节　国际经济秩序应逐步趋向公平

一、为何要追求一个"公平"的国际经济秩序

基于国家主权原则，当今的国际经济秩序以国家平等为基础。承认不同国家均具有平等的法律地位是国际关系史上的一大进步，是人类社会走向公平的重要表现。但平等（equality）并不总意味着公平（equity）。在某些情况下，表面上的"平等"实质上是不公平的；反之，表面上的"不平等"却可以是公平的。因此，以国家平等为基础的国际经济秩序仍不能说是理想的国际经济秩序。事实上，现今的国际经济秩序仍存在很多不合理的现象。尤其是广大发展中国家严重缺少资金，债务负担沉重，技术水平落后，面临日益恶化的贸易条件和不断增加的金融风险。虽然联合国千年大会要求发达国家每年拿出其国内生产总值的 0.7% 援助发展中国家。然而，除了极少数西欧和北欧国家之外，大多数西方发达国家都没有达到联合国的要求。[①] 因此，仅仅坚持国家平等无法改变历史遗留下来的不公。有必要以实质上的公平，而不是形式上的平等作为构建国际经济秩序所追求的目

---

① 2000 年 9 月 6 日至 8 日，联合国各成员国的国家元首和政府首脑于联合国纽约总部通过了《联合国千年宣言》，该《宣言》承诺：在 2015 年年底前，要使世界上每日收入低于一美元的人口比例和挨饿人口比例降低一半；使无法得到或负担不起安全饮用水的人口比例降低一半；使世界各地的儿童，不论男女，都能上完小学全部课程，男女儿童都享有平等的机会，接受所有各级教育；将产妇死亡率降低 3/4，将目前 5 岁以下儿童死亡率减少 2/3；将制止并开始扭转艾滋病毒和艾滋病的蔓延，消灭疟疾及其他折磨人类的主要疾病的祸害；在 2020 年年底前，使至少 1 亿贫民窟居民的生活得到重大改善。

标。"一个国际经济秩序或规则要维护下来，并保持对所有国家的吸引力，必须照顾到所有成员方的利益，建立公正的贸易环境。"[1]

有学者曾将"全球发展的现实性"归纳为机会、规则和结果的不公正。所谓机会的不公正主要是指现存的国际分工使发展中国家得不到公正的发展机会；所谓规则的不公正主要是指殖民时代不合理的国际制度使得西方发达国家在自由竞争的旗帜下对经济落后国家实行野蛮掠夺，由此造成的对发展中国家的影响一直持续到后殖民时代；而结果的不公正则已经通过各种数据显示出来。[2]

追求国际经济秩序的公平，并不是要求在国家间或私人间均等地分配经济利益，因为这几乎是一个无法实现的目标。在国际社会中到底可以要求怎样的经济公平，取决于国际社会的基本结构和基本规则。从社会结构上看，由于国际社会以平等的主权国家为基本成员，缺少凌驾于主权国家的"世界政府"，因此，不可能实现经济资源和社会财富在国家间的平均分配；由于私人只从属于特定的国家，所以，也不可能实现在世界范围内的私人财产的平均分配。从基本规则上看，由于每个国家原则上只接受其愿意接受的国际法规则的约束，所以，没有人能强使一个国家让与其资源与财富；由于个人的财产权受到法律的严格保护，个人之间的经济交往受着"意思自治""契约自由"等法律原则的保护，所以，也无法强行在私人之间分配资源与财富。也就是说，在现行社会结构和基本规则的框架下，国际经济秩序朝公平方向发展的空间是相当有限的。

对当今的国际经济秩序的公平性的要求只能局限于：第一，发达国家的经济发展不应长期建立在发展中国家贫穷落后的基础上，两类国家的经济发展应该是均衡的；第二，发达国家应该向发展中国家提供普遍的、无差别的、非互惠的优惠待遇，以逐渐缩小两类国家经济发展上的差距；第三，国家间的经济交往应该是互利的。互利原则与普惠原则在表面上看是矛盾的，其实不然。虽然在普惠原则之下，发达国家不应向发展中国家要求互惠，但从长远来看，发达国家向发展中国家提供的非互惠优惠，对发达国家的发展也是有利的。[3]

在国际经济秩序中实现公平，不仅具有正当性，也具有可行性。有学者曾从

① 佟家栋、何欢、涂红：《逆全球化与国际经济新秩序的开启》，载《南开学报》，2020（2）。
② 参见冯颜利：《全球发展的公正性：问题与解答》，201～205页，北京，中国社会科学出版社，2008。
③ 车丕照：《国际经济法原理》，58～66页，长春，吉林大学出版社，1999。

"外部条件""内部因素""存在形式""共同利益"和"金规"五个方面对实现"全球公正性"的可行性进行了分析，认为"全球化是全球公正性之所以可能的外部条件""全球价值观趋同是全球公正性可能的内部因素""'和而不同'是全球公正性可能存在的形式""共同利益是全球公正性建立的现实生活基础"，而"己所不欲，勿施于人"等普遍存在于各类文明中的"金规"，则是全球公正性建立的重要因素。[①] 这些论述大体上也可以用来证明国际经济秩序实现公平价值的现实可行性。

20 世纪 60 年代起，广大发展中国家开始了建立新的国际经济秩序的努力，并推动联合国大会通过了《关于自然资源永久主权宣言》《关于建立新的国际经济秩序宣言》《建立新的国际经济秩序行动纲领》和《各国经济权利和义务宪章》等一系列决议。通过发展中国家的努力，在 1964 年修订的《关税与贸易总协定》新增了第四部分，规定了给予发展中国家贸易上的非互惠的优惠待遇。1972 年在修订《国际货币基金协定》时，又扩大了发展中国家的特别提款权的配额。虽然建立国际经济新秩序的努力并未完全达到发展中国家预期的效果，但毕竟推动国际经济秩序向公平的方向迈进了一步。

中国是建立国际经济新秩序的积极倡导者和推动者。中国政府始终强调国际经济秩序应体现公平价值。2005 年 9 月 15 日，时任中国国家主席的胡锦涛在联合国总部发表的演讲中深刻地论述了国际社会中的经济公平问题，他指出："发展事关各国人民的切身利益，也事关消除全球安全威胁的根源。没有普遍发展和共同繁荣，世界难享太平。经济全球化趋势的深入发展，使各国利益相互交织、各国发展与全球发展日益密不可分。经济全球化应该使各国特别是广大发展中国家普遍受益，而不应造成贫者愈贫、富者愈富的两极分化。"为此，他主张："我们应该积极推动建立健全开放、公平、非歧视的多边贸易体制，进一步完善国际金融体制，为世界经济增长营造健康有序的贸易环境和稳定高效的金融环境；应该加强全球能源对话和合作，共同维护能源安全和能源市场稳定，为世界经济增长营造充足、安全、经济、清洁的能源环境；应该积极促进和保障人权，努力普及全民教育，实现男女平等，加强公共卫生能力建设，使人人享有平等追求全面

---

① 冯颜利：《全球发展的公正性：问题与解答》，54 ～ 56 页，北京，中国社会科学出版社，2008。

发展的机会和权利。"他认为："发达国家应该为实现全球普遍、协调、均衡发展承担更多责任，进一步对发展中国家特别是重债穷国和最不发达国家开放市场，转让技术，增加援助，减免债务。发展中国家要充分利用自身优势推动发展，广泛开展南南合作，推动社会全面进步。"2013年3月23日，国家主席习近平在莫斯科国际关系学院的演讲中再次重申："我们主张，各国和各国人民应该共同享受发展成果。每个国家在谋求自身发展的同时，要积极促进其他各国共同发展。世界长期发展不可能建立在一批国家越来越富裕而另一批国家却长期贫穷落后的基础之上。只有各国共同发展了，世界才能更好发展。那种以邻为壑、转嫁危机、损人利己的做法既不道德，也难以持久。"2021年1月25日，习近平在世界经济论坛"达沃斯议程"对话会上发表的特别致辞中再次阐释了国际经济秩序中的公平问题。他指出："当前，公平问题日益突出，南北差距有待弥合，可持续发展事业面临严峻挑战。疫情之下，各国经济复苏表现分化，南北发展差距面临扩大甚至固化风险。广大发展中国家普遍期望获得更多发展资源和空间，要求在全球经济治理中享有更多代表性和发言权。"他强调："应该看到，发展中国家发展起来了，整个世界繁荣稳定就会有更加坚实的基础，发达国家也将从中受益。国际社会应该着眼长远、落实承诺，为发展中国家发展提供必要支持，保障发展中国家正当发展权益，促进权利平等、机会平等、规则平等，让各国人民共享发展机遇和成果。"

　　作为一个发展中国家，中国一直对发展中国家进行力所能及的援助，支持和帮助发展中国家特别是最不发达国家减少贫困、改善民生。而且，中国提供对外援助，坚持不附带任何政治条件，不干涉受援国内政，充分尊重受援国自主选择发展道路和模式的权利。相互尊重、平等相待、重信守诺、互利共赢是中国对外援助的基本原则。根据国务院新闻办公室2014年7月发布的《中国的对外援助》白皮书，自2010年至2012年，中国共向121个国家提供了援助，其中亚洲地区30国，非洲地区51国，大洋洲地区9国，拉美和加勒比地区19国，欧洲地区12国。此外，中国还向非洲联盟等区域组织提供了援助。在2010年至2012年期间，中国对外援助资金（包括无偿援助、无息贷款和优惠贷款）总额为893.4亿元人民币。根据国务院新闻办公室2021年1月10日发布的《新时代的中国国际发展合作》白皮书公布的数据，2013年至2018年，中国对外援助金额为2702亿元人民币，包括无偿援助、无息贷款和优惠贷款。其中，提供无偿援助 1278 亿元人民币，占对外援助总额的 47.30%，重点用于帮助其他发展中国家建设中小型社会福利项目以及实施人力资源开发合作、技术合作、物资援助、南南合作援助基金和紧急人道主义援助项目。提供无息贷款 113 亿元人民币，占对外援助总额的 4.18%，主要用于帮助其他发展中国家建设社会公共设施和民生项目。提供援外优惠贷款 1311 亿元人民币，占对外援助总额的 48.52%，用于帮助其他发展中国家建设有经济社会效益的生产型项目和大中型基础设施，提供成套设备、机电产品、技术服务以及其他物资等。上述情况再次表明了中国愿意推动国际社会向更加公平合理的方向发展的立场。

二、国际经济秩序的"公平"性所涉及的几对范畴

构建"公平"的国际经济秩序会引发许多理论思考，尤其是无法回避如下几对范畴的关系。

（一）平等与公平

经济领域中的公平实质上是利益在不同主体间的合理分配问题。从实现方式上看，这种利益的合理分配可通过两种形式实现：一是当事人之间自行合理分配其利益；二是由第三方决定利益的分配。无论是哪一种形式的利益分配，当提到"公平"时，往往涉及不平等或不均等的利益分配。在国内社会，政府可以凭借各种手段在平等的社会成员之间"不平等"地分配利益，以达到社会的公平。在国际社会，由于各国均为平等的主权者，缺少超越国家的权威，所以，利益的"不平等"的分配，只能基于社会成员（国家）的自愿。前面所提到的"普惠制"与"共同但有区别的责任"，都是基于国家的单方面承诺。虽然这种基于国家自愿的利益的公平分配难以普遍实现，但上述实践毕竟证明了其实现的可能性。

主权平等的国家之所以肯于作出或接受利益不平等的公平分配应该有多种原因，例如基于道义的考虑，但主要原因应该在于对远期和整体利益的考虑。由于全球化的发展，国家之间的相互依赖越来越强，各国越来越形成一个命运共同体。对于一国来说，一时的利益分配上的不平等，会为本国带来长远的利益；局部的

让步可能带来整体的收益。从南北关系的角度看，帮助经济欠发达国家的经济发展会给发达国家培育出一个强大的市场，从而进一步带动本国的商品和资本输出，从而获取更大的利益。

（二）公平与效率

在讨论国际经济秩序的公平性时，不能回避效率问题。"与秩序、正义和自由一样，效率也是一个社会最重要的美德。一个良好的社会必须是有秩序的社会、自由的社会、公正的社会，也必须是高效率的社会。"[①] 因此，国际社会也应追求效率价值。

然而，一个有效率的国际经济秩序可能并非公平；与此同时，对公平的追求也不应以毁坏效率机制为代价。

首先，国际经济秩序语境下的效率指国际范围内经济效益的最大化，因此，要求作为国际法规则的制订者的国家尽可能地尊重市场经济规律，尽可能地依靠市场实现资源的合理配置，尽可能少地干预各种商品和各种生产要素的跨国流动。"二战"结束以来，各国在国际贸易、国际投资和国际金融领域中的条约实践，基本上是一个逐渐放松政府管制，逐渐扩大市场规律的作用空间的过程，同时也是一个从总体上增加经济效益的过程，尽管各国的受益程度并不相同。

国际经济秩序中的效率问题与国内经济秩序中的效率问题有一个重要的区别，那就是受益主体的区别。效率，永远是对特定主体而言的。国内经济秩序中的效率的受益主体是整个国内社会，个别主体、社团或地区是否最大受益并不是被首先关注的。在国际社会中，情形有所不同。个别国家不会因为某项国际法规则在整个国际社会中有提高效率或效益的作用，就放弃自己的利益。以国际贸易管理措施为例，各国普遍放宽货物进出口限制，显然会在国际社会范围内提高效率；但如果真的这样做的话，制造业不够发达的发展中国家就只能成为单纯的原材料出口国，而且，在进口工业制成品的冲击下，本国的制造业无法得以成长。在一国之内，市场经济所带来的地区发展不平衡及不同群体之间的收益差别问题，可以通过政府的调控得以缓解或解决，而在国际社会中是缺乏这种矫正市场经济负面效果的政府调控的，因此，各个成员（国家）必须照看好自己的利益。从这

---

① 张文显：《法哲学范畴研究》，217 页，北京，中国政法大学出版社，2001。

个意义上说，国际社会中的效率并不能对国际社会中的公平产生直接的贡献。

其次，由于国际经济秩序中的"公平"主要着眼于不同国家间经济利益的合理分配，因此，必须注意到如果过于强调这种分配上的"公平"，可能降低市场在资源配置上的作用，扼杀市场主体乃至国家的积极性和创造精神，从而损伤国际社会的效率机制。

（三）国家与公司

应该看到，国际经济秩序之下的某些不公平是由市场主体的行为所造成的，因此，为实现国际经济秩序的公平性，还必须通过国家的合作对资本的力量加以限制。正如有的学者所指出的那样："今天，我们的社会就像19世纪和20世纪初的社会一样，正面临着同样一个问题，这就是资本主义的过度放纵。例如：在金融与工业产业部门的数量日益增多的条件下，存在着走向寡头政治结构的强烈发展趋势。在加强本地区全球竞争能力的借口下，进行区域或全球范围的公司联合兼并；政府放弃对劳动岗位的管制，削减甚至逐步取消社会福利纲领，与此同时，大规模的失业成为今后15年以至20年内最主要的社会问题。促进本国公司的竞争能力被说成是创造劳动岗位的最佳途径；对受社会排挤的居民越来越冷漠；在保护竞争能力的借口下，越来越频繁地要求推迟或者干脆废除生态保护决定。"[1]放任市场的自发作用可能会产生效率，却会在国际社会引发更多的不公平。在抑制资本的国际扩张方面，非政府组织可以在某些方面与政府实现合作或达成默契。例如，非政府组织所施加的压力可以在一定程度上延缓贸易和投资的过分自由化，可以推动环境保护和劳工保护方面新的标准的制订，从而在客观上使发展中国家在经济全球化的过程中所可能出现的民族产业受损、环境恶化及劳工权益得不到保护的问题得到某种程度的缓解。

（四）法律与道德

为实现国际经济秩序的公平性，要依靠道德和法律两方面的努力。一方面，要通过道德的倡导，使得发达国家和大公司承担起更多的义务，为发展中国家的

---

[1] 里斯本小组（20世纪80年代后期成立的由多国学者组成的小组）：《竞争的极限：经济全球化与人类的未来》，张世鹏译，11～12页，北京，中央编译出版社，2000。

经济发展提供尽可能的、非互惠的援助；另一方面要在可能的范围内修正现行的法律机制，为相互原则（reciprocity principle）设立一些例外，类似国际贸易领域中的"普惠制"（Generalized System of Tariff Preference, GSP）和国际环境领域中的"共同但有区别责任"（Common but Differentiated Responsibility）的原则。[1]

推动国际秩序向公平方向发展，要依靠国际法的公平化，而国际法的公平化可能要基于公平的国际道德的确立，以公平的国际道德来塑造国际法。同国内社会一样，国际社会中的各种社会关系也同时需要法律规范和道德规范的调整。国际法与国际道德既有区别，也有联系。"既然国家的权利和义务只是组成国家的人民的权利和义务，那么，使国际法与作为调整人的行为的主要国内法理体系所依据的一般法律原则和道德相脱离，在科学上是错误的，而且在实践中也是不适宜的。如果法律反映了现行道德规则，法律作为法律体系的力量就增强了，这对于国际法和国内法是同样适用的。"[2] 由于道德标准通常高于法律标准，因此，国际法进步的一个重要标志是将国际道德规范转化为法律规范，或者说使国际法更符合道德标准。[3] 在这方面，不仅需要国家的努力，也需要各种非政府组织和各国人民的共同努力。

三、公平理念的具体化

公平是一个美好但却难以界定的概念。因此，公平理念的实现首先需要将其具体化，即将公平理念具体化为公平的法律规则和法律制度。未经具体化的"公平"不是完全不能适用，但很难避免适用中的任意解释从而被误用或滥用。从这个意义上说，公平理念的实现过程就是一个公平理念具体化的过程。

普惠制是国际贸易领域中公平理念具体化的结果。虽然普惠制的实施主要基于给惠国单方面的规定，但它毕竟是通过《关税与贸易总协定》规则的修改而确

---

[1] 如1992年制订的《联合国气候变化框架公约》明确规定："各缔约方应在公平的基础上，并根据它们共同但有区别的责任和各自的能力，为人类当代和后代的利益保护气候系统。因此，发达国家缔约方应当率先对付气候变化及其不利影响。"

[2] [英]詹宁斯、瓦茨：《奥本海国际法》第一卷第一分册，王铁崖等译，31页，北京，中国大百科全书出版社，1995。

[3] 可参见：JACK L. GOLDSMITH & ERIC A. POSNER. *The Limits of International Law*. New York: Oxford University Press, 2005，p.199.

立的。如果没有《关税与贸易总协定》的修改以及相应授权，普惠制这种违背《关税与贸易总协定》"非歧视待遇"原则的制度是无法成立的。因此，普惠制本身虽很脆弱，但其实施毕竟使国际贸易向公平方向迈出了实实在在的一步。

公平理念在国际投资法中具体化的一个重要实例是国际投资协定中"公平与公正待遇"条款的"清单化"。

"公平与公正待遇"（Fair and Equitable Treatment，FET）条款，指国际投资协定或其他相关条约与协定中要求各缔约方赋予缔约对方的投资和投资者"公平与公正待遇"的条款。这里的"公平"指的是投资东道国对其他缔约国的投资与投资者的"公平"，然而，国家间如此安排彼此的权利义务，显然也是为了实现国家之间的"公平"。

早期的投资协定只是笼统地规定一国有义务赋予对方国家的投资与投资者公平与公正的待遇。由于概念模糊，因此在投资争端解决过程中，该条款通常被作出了有利于投资者的宽泛的解释，挤压了投资东道国对外资实施管理的空间，难以实现东道国与投资者之间的"公平"以及缔约国之间的"公平"。于是，就出现了后来的"公平与公正"待遇条款具体化的进程。

公平与公正待遇条款具体化的第一期进程是将该条款与"习惯国际法"相捆绑，即将公平与公正待遇限定在"习惯国际法"的范围之内，从而限制"公平与公正"在解释上的扩张。美国、加拿大与墨西哥三国所订立的《北美自由贸易区协定》（NAFTA）开启了这种实践。2001年7月31日，NAFTA自由贸易委员会对NAFTA第1105条的公平与公正待遇条款作出解释，将"赋予另一缔约方投资者投资的最低待遇标准"解释为"对待外国人的习惯国际法最低待遇标准"，并提出公平与公正待遇"并不要求多于或超出对待外国人的习惯国际法最低待遇标准的待遇。"这种将"公平与公正待遇"限定在习惯国际法中的最低待遇标准范围之内的做法，随后得到其他国家的纷纷效仿。①

以习惯国际法来限定公平与公正待遇条款的做法，虽然从理论上讲增加了该条款解释上的确定性，但由于"习惯国际法"自身也是一个比较模糊的概念，因此难以确定在外国投资及投资者的待遇方面究竟存在着怎样的国际习惯法，从而也就难以限定公平与公正待遇条款的范围。于是，就出现了公平与公正待遇条款

---

① 王彦志：《国际投资法上公平与公正待遇条款改革的列举式清单进路》，载《当代法学》，2015（6）。

具体化的第二期进程，即通过列举方式将公平与公正待遇"清单化"。

公平与公正待遇的清单化可分为两种类型：一种是开放列举式清单化；另一种是封闭列举式清单化。所谓开放式列举清单化是指"以非排他的（non-exclusive）、示例性的（illustrative）方式具体列举了 FET 条款所包含的义项内容，其所列举的义项内容具有'包括而不限于'的特点。"[1] 例如法国与哥伦比亚签订的双边投资协定列举了"不得拒绝司法""透明""非歧视"和"非武断"等事项。所谓封闭式列举清单化是指"以排他的（exclusive）方式具体列举了 FET 条款所包含的义项内容，其所列举的义项内容具有'包括并且限于'的特点。"[2] 封闭式列举的内容有多寡之分，前者如欧盟与加拿大于 2014 年缔结的《全面经济贸易协定》（CETA）以穷尽的方式列举了"不得拒绝司法""不得违反正当程序""非专断""非歧视"和"滥用权力"等事项；后者如中国与东盟签署的《全面经济合作框架协议投资协议》仅规定"公平和公正待遇是指各方在任何法定或行政程序中有义务不拒绝给予公正待遇"，将公平和公正待遇等同于"不得拒绝司法"。

从便于公平的实现的角度考虑，FET 条款的封闭式清单化显然优于开放式清单化，而在封闭式清单化中，多项列举显然优于少项列举。通过具体的、详尽的列举，可将公平与公正待遇条款细化，使缔约国就对方国家的投资与投资者的待遇方面的义务明确具体，不仅可以保障一国投资与投资者在其他缔约国享受到公平与公正待遇，也可实现缔约国之间在投资与投资者待遇方面的公平。

公平理念的具体化可以促进公平的实现，但这并不意味着"具体化"一定可以实现公平。无论是何种方式的具体化，能"化"成何种结果，仍取决于缔约各方的实力博弈。但只要是谈判各方自由表达其意志，并愿意接受其谈判成果，那么，就公平理念所作出的任何一点具体化努力就是值得肯定的。

四、WTO 的公平性

世界贸易组织法律制度是支撑当今国际贸易秩序的主要法律制度，考察世界贸易组织规则的公平性，有助于我们理解国际经济秩序的公平性问题。

---

[1]　王彦志：《国际投资法上公平与公正待遇条款改革的列举式清单进路》，载《当代法学》，2015（6）。
[2]　王彦志：《国际投资法上公平与公正待遇条款改革的列举式清单进路》，载《当代法学》，2015（6）。

作为一个运作中的法律体系，WTO 制度应该说总体上是公平的，不然就无法解释为什么 WTO 会有如此众多的成员方。但与此同时，公平问题又的确是 WTO 多哈回合谈判以来的焦点。许多学者指出，乌拉圭回合的谈判结果显示现行 WTO 规则对发展中国家并不公平，WTO 和第三世界国家处在"一条危险的道路上"。[①] 几次 WTO 部长级会议的失败都已表明，发展中国家对于公平问题的呼吁应该得到认真的对待，不然多边贸易体系有可能停滞不前甚至崩溃。[②]

WTO 规则是否公平的质疑主要指向 WTO 规则对发展中国家是否公平的问题。WTO 规则对发展中国家是否公平，可从几个层面加以探讨。[③] 首先，WTO 规则有歧视发展中国家的情形吗？回答应该是否定的。WTO 规则建立在非歧视原则之上，也没有任何 WTO 规则对发展中国家作出歧视性安排。那么，接下来的问题是，表面上没有歧视性的 WTO 规则在现实中是否产生了对发展中国家不利的或不公平的后果。这才是问题所在。

根据自由国际贸易理论，国内市场的开放和积极参与国际经济交往从长远看将提高每个国家的经济效益。建立在市场经济理论、非歧视原则和强有力的争端解决机制基础上的 WTO 规则应该有助于在整体上把经济蛋糕做大，从而有利于所有成员方。然而，发展中国家在参与世界贸易体系时会有内在固有的不利因素。[④] 在国际舞台上，发展中国家和发达国家是不平等的竞技者。发展中国家在工业、服务业、农业部门实行突如其来的自由化会打乱当地正常的产业秩序，因为它们一般为中小规模，无法和国外大公司和廉价的进口产品竞争，这将对百万人计的工作和生活造成威胁。[⑤] 因此，不加约束的国际贸易会加剧国家间现存的经济不平等问题。表面上非歧视的贸易规则可能会实际上产生歧视的效果。能够使发达国家利益最大化的国际贸易规则对发展中国家的效果可能完全相反。如果

① MARTIN KHOR. WTO and the Third World: on a Catastrophic Course，*Multinational Monitor*, 1999 October/November，pp.31-35.

② DAVID A. GANTZ. Failed Efforts to Initiate The "Millenium Round" in Seattle, *Arizona Journal of International and Comparative Law*, 2000（17），p.349.

③ JOHN H. JACKSON. *The World Trading System: Law and Policy of International Economic Relations*, MIT Press, 1995，p.276.

④ 发展中国家加入世界贸易体系存在较大风险以及可能遇到更多问题的原因主要是大型经济和小型经济之间在资源和经济力量方面的不平衡以及小型经济的外向性。

⑤ MARTIN KHOR. *Rethinking Liberalization and Reforming the WTO*, JANE KELSEY ed., *International Economic Regulation*. Ashgate publishing Company, 2002, p.259.

我们无法期望一个普通人在拳击比赛中与拳王同台，并遵循相同的拳击规则，我们就应该承认发展中国家所面临的特殊困难和挑战必须在设计和执行贸易规则时得到考虑。如果没有矫正性的规则在一定程度上改变经济不平等的状况，WTO的法律体系就无法被认为是有利于世界贸易体系中的弱势群体，即发展中国家。

那么，WTO 体制中是否包含矫正性规则，以有助于弥补发展中国家的先天不利的地位，从而使得 WTO 法律尽可能地接近公平呢？答案是肯定的。在 WTO 体制中，用来弥补发展中国家先天不利地位的主要的矫正性规则是"特殊和差别待遇"原则。这一原则被认为是实现公平的世界贸易秩序的主要手段。

国际法上的差别待遇，通常是指"在尊重国家主权原则的基础上，考虑到国家之间存在的广泛而深刻的差异，针对不同国家设定有区别的权利义务，以便使处于不利地位的国家获得一定的优待，从而使各国都愿意参加同意国际合作安排的创建"。[1] 据某些学者的研究，近代国际法自 17 世纪中叶产生之后相当长一段时期内，并未纳入差别待遇原则。其原因在于当时的国际法主要适用于西欧国家，而这些国家当时在政治、经济、文化和宗教上没有明显差异。随着国际法在 19 世纪初走向世界，差别待遇开始出现。先是强势国家在事实上和法律上获得某种优待，形成"颠倒"的差别待遇；后来是随着建立国际经济新秩序运动的开展，促使有利于发展中国家的差别待遇在国际法中得以确立。[2] 这种归纳符合 GATT/WTO 体制内的差别待遇的发展情况。

初期的 GATT 并没有任何针对发展中国家的特别规则，但发展中国家很快就关注到这一问题，并指出它们在国际贸易中所面临的特殊挑战。它们强调自身发展问题的特殊性以及被差别和优惠对待的必要性。从 20 世纪 50 年代到 80 年代初期，发展中国家对自由贸易政策总体上持怀疑态度。它们认为基于当时的国际分工模式，自由贸易政策不会提高发展中国家工业化程度和经济发展。为了回应发展中国家的担心，GATT 做出了一些规则改变来满足发展中国家的特殊要求。首先，GATT 的第 18 条被修改，以满足发展中国家的某些特别需要。例如第 18条 B 款赋予发展中国家在遇到收支平衡困难时可以使用数量限制措施的权利。20 世纪 60 年代，《关税与贸易总协定》又迈出重要一步，在原有的规则体系中设

---

① 李春林：《国际环境法中的差别待遇研究》，17 页，北京，中国法制出版社，2013。
② 李春林：《国际环境法中的差别待遇研究》，28～44 页，北京，中国法制出版社，2013。

立了一个特殊的法律框架，即第四部分，其规定缔约方应尽最大可能给予发展中国家出口产品以优惠的市场准入条件；同时，发展中国家不应在贸易谈判中被要求作出与其发展水平不相称的贸易减让。发展中国家随后的努力促成了 1964 年联合国贸发会议的召开，该会议随后成为发展中国家推动实现其在国际贸易领域中的主张的主要组织。1968 年，发展中国家成功地说服了发达国家在贸发会议主持下实施普惠制，从而给予原产于发展中国家的产品更优惠的进入发达国家市场的条件。随后不久，GATT 明确了普惠制作为最惠国待遇原则的例外（"豁免"），为期 10 年。在东京回合，缔约方明确承认了发展中国家应该得到差别和优惠待遇的原则，被称为"授权条款"。该条款规定发展中国家的产品可在非互惠、非歧视基础上以更优惠的市场准入条件进入发达国家市场，并且把普惠制的 10 年豁免期改为永久性豁免，涵盖了优惠市场准入、非互惠以及在履行 GATT 规则时的灵活性等重要内容，从而更多地照顾到发展中国家的特殊利益。

然而，乌拉圭回合谈判对于发展中国家的特殊和差别待遇有了明显的变化，其确立的原则是各成员方统一适用相同的规则而不考虑各自的发展水平，但给予发展中国家成员方更长的延期履行协议义务的期限。例如《反补贴协议》第 27 条第 4 款允许发展中国家在 8 年内逐步停止所有的出口补贴，《海关估价协定》第 20 条则规定发展中国家可以在加入 WTO 之日起推迟 5 年实施该协定。允许发展中成员方推迟执行 WTO 新规则的理由是乌拉圭回合协议是一个"一揽子"协议，而发展中国家缺乏立即融合和执行这些措施的能力，因此需要给与它们更长缓冲或过渡时间。

WTO 确立的特殊和差别待遇规则反映出发达国家对于经济实力的不平等而给发展中国家带来的贸易不公平问题的承认，以及在解决这一问题方面所作出的努力。发展中国家也的确从这些规则中得到了一些利益。与此同时，也应该看到，由于制度设计本身存在诸多不足，特殊和差别待遇规则的种种形式在发展中国家的经济增长和对发达国家市场的准入方面的效果是有限的。乌拉圭回合之后所形成的从非对等义务到非对等履行的变化给发展中国家带来了新的困难。为了建立一个公平的国际贸易秩序，应该重新检讨特殊和差别待遇原则，以给发展中国家带来更有成效的利益。

未来的 WTO 规则能否更为公平地对待发展中国家仍取决于各方力量的博弈。

这种博弈的实质是自由主义的价值导向和公平价值导向的冲突。现行的 WTO 规则体系充分体现出由主义的理念，这种理念的法律上的表现就是对私人财产权的尊重，对契约自由的尊重和对政府管制的排斥。这样一套价值理念和规则体系与市场经济是相契合的，有利于实现社会资源的合理配置，有利于实现经济的发展。与资本主义生产方式建立之前的价值理念和规则体系相比，它们是公平的。但这套理念和规则体系的实施也会带来不公平的后果，在国内社会中的表现就是社会成员贫富差距的扩大。"二战"结束以来，自由主义的市场经济体制在全球得以推广。贸易自由和投资自由在带来福利的同时，却没有带来福利的平均分配。市场经济的弊端在国内社会可以得到一定的矫正，但国际社会由于缺乏"世界政府"而只能忍受社会成员之间的不公。因此，若想解决多边贸易体制下的公平问题，必须反思对自由主义理念的全盘接受。我们目前还不能幻想全球范围内的"社会主义"，但"特殊和差别待遇"原则的出现和发展至少表明，在确立世界贸易体制规则时，是可以以"社会本位"为出发点的。我们知道在 WTO 体制内确立公平原则将是一个十分漫长的过程，但这样一种希望还是不应该放弃的。

第三节　国际经济秩序应具有足够的包容性

一、国际经济秩序为何应具有足够的包容性

国际经济秩序的包容性是指国际经济秩序将尽可能多的国家纳入其体制的能力或特性。由于一国是否能被国际经济秩序所容纳取决于该国制度（主要是经济制度）与国际经济秩序的相容程度，因此，国际经济秩序对一国的包容实质上是对一国经济制度的包容。

国际经济秩序为什么应具有包容性？其主要原因在于：

第一，各国的经济制度不尽相同。由于历史、地理、民族和宗教等原因，各国的经济制度在具有某些共性的同时，也各具特色。从这个意义上讲，制度可以被称作是"地方性知识"。尽管这种"地方性知识"总体上呈现出渐同的趋势，但只要还存在差异，就存在着国际经济秩序对不同制度加以包容的必要性。近年

来，人们关注国际经济秩序中传统的市场经济制度与新兴市场经济制度之间的差异，而事实上，同是实行传统市场经济的发达国家也存在制度上的差异。有人曾以 20 世纪初发生的金融危机为背景，比较过美国与加拿大的金融监管制度。与美国相比，加拿大的金融监管制度相对保守，表现为强势监管。例如，加拿大金融机构贷款经营有上限；在加拿大购房，如果房贷超过房价的 80%，必须向联邦政府机构投保。金融危机之后，有人以安全性为标准给许多国家的银行系统重新排了座次，加拿大排第一，美国排第 40 位。[①] 就此，有人感叹道："加拿大是美国的邻国，历史传统、政治制度和文化相近。但对资本市场的态度相差如此之大。"

第二，当今的国际社会仍处于一种"平面社会"状态，作为国际社会成员的各国均为法律地位平等的主权者，没有一个超国家的机构可以强使各国加快不同制度的同化进程。主权国家之间必须相互尊重，包括对他国选择某种经济制度的尊重。我国国务院新闻办公室 2005 年 12 月发布的《中国的和平发展道路》一文曾明确指出："各国应尊重彼此自主选择社会制度和发展道路的权利，相互借鉴，取长补短，使各国根据本国国情实现振兴和发展。应该加强不同文明的对话和交流，努力消除相互的疑虑和隔阂，在求同存异中共同发展，使人类更加和睦，让世界更加丰富多彩。应维护文明的多样性和发展模式的多样化，协力构建各种文明兼容并蓄的和谐世界"。2012 年 11 月，中国共产党第十八次全国代表大会报告再次主张在国际关系中弘扬"平等互信、包容互鉴、合作共赢"精神。所谓"平等互信"，"就是要遵循《联合国宪章》宗旨和原则，坚持国家不分大小、强弱、贫富一律平等，推动国际关系民主化，尊重主权，共享安全，维护世界和平稳定"；所谓"包容互鉴"，"就是要尊重世界文明多样性、发展道路多样化，尊重和维护各国人民自主选择社会制度和发展道路的权利，相互借鉴，取长补短，推动人类文明进步"；所谓"合作共赢"，"就是要倡导人类命运共同体意识，在追求本国利益时兼顾他国合理关切，在谋求本国发展中促进各国共同发展，建立更加平等均衡的新型全球发展伙伴关系，同舟共济，权责共担，增进人类共同利益"。[②]2013 年 3 月 23 日，习近平在莫斯科国际关系学院的演讲中形象地说道："'鞋子合不合脚，自己穿了才知道。'一个国家的发展道路合不合适，只

① 朱伟一：《高盛时代——资本劫持法律》，196 页，北京，法律出版社，2010。
② 见胡锦涛在中国共产党第十八次全国代表大会上的报告《坚定不移沿着中国特色社会主义道路前进，为全面建成小康社会而奋斗》第十一部分。

有这个国家的人民才最有发言权。""要坚持国家不分大小、强弱、贫富一律平等，尊重各国人民自主选择发展道路的权利，反对干涉别国内政，维护国际公平正义。"2015 年 9 月 26 日，习近平在联合国发展峰会上所做的以《谋共同永续发展，做合作共赢伙伴》为题的讲话中再次提出："要尊重彼此的发展选择，相互借鉴发展经验，让不同发展道路交汇在成功的彼岸，让发展成果为各国人民共享。"①2021 年 1 月 25 日，习近平在世界经济论坛"达沃斯议程"对话会上发表的题为"让多边主义的火炬照亮人类前行之路"的特别致辞中再次强调："世界上没有两片完全相同的树叶，也没有完全相同的历史文化和社会制度。各国历史文化和社会制度各有千秋，没有高低优劣之分，关键在于是否符合本国国情，能否获得人民拥护和支持，能否带来政治稳定、社会进步、民生改善，能否为人类进步事业作出贡献。各国历史文化和社会制度差异自古就存在，是人类文明的内在属性。没有多样性，就没有人类文明。多样性是客观现实，将长期存在。差异并不可怕，可怕的是傲慢、偏见、仇视，可怕的是想把人类文明分为三六九等，可怕的是把自己的历史文化和社会制度强加给他人。各国应该在相互尊重、求同存异基础上实现和平共处，促进各国交流互鉴，为人类文明发展进步注入动力。"从中国政府的上述表态可以看出，强调国际经济秩序的公平性的同时，强调国际经济秩序的包容性是中国政府关于国际经济秩序基本理念理解上的一大特色。

中国政府表达的上述立场与以《联合国宪章》为核心的当今国际法原则相一致。联合国一改先前的国际联盟所确立的将成员国划分为"完全自治国家"（full self-governing state）、"领地"（dominion）和"殖民地"（colony）的做法，明确其各成员无论大小一律平等。关于一国加入联合国的条件，《联合国宪章》第 4 条第 1 款规定："凡其他爱好和平之国家，接受本宪章所载之义务，经本组织认为确能并愿意履行该项义务者，得为联合国会员国。"在这里，只要求一国"爱好和平""接受宪章义务""有能力履行宪章义务"和"愿意履行宪章义务"，即可接受其加入联合国这一国际大家庭，"而不论其国家内部的政治、经济和社会制度如何。这体现了《联合国宪章》所具有的制度'包容性'。"②由此推断，国际经济制度和秩序也应具有这种制度包容性。

① 《习近平在联合国成立 70 周年系列峰会上的讲话》，3 页，北京，人民出版社，2015。
② 张乃根：《论国际法与国际秩序的"包容性"——基于〈联合国宪章〉的视角》，载《暨南学报：哲学社会科学版》，2015（4）。

第三，适用范围的最大化是国际经济秩序的内在要求，而适用范围的扩展必然要求国际经济秩序具有较强的包容性。秩序主要是法律规制的后果。法律的基本作用在于定纷止争，而法律定纷止争的优势在于它的透明性和确定性，从而使得人们可对其利益有确定的期待。从这个意义上说，法律的适用范围越广越好，相应地，法律之下的秩序当然也会具有不断扩展的趋势。由于当今的国际经济秩序是以市场经济为现实基础的，而市场经济具有无限扩张的天性。为了满足市场主体的需求，各国政府也具有不断扩展国际经济秩序范围的愿望。GATT/WTO的发展历程可以清楚表明以规则为基础的国际经济秩序是如何不断扩张的，而这种扩张又是如何满足实行不同经济制度的各成员方的不同需求的。

　　国际经济秩序的包容性主要通过三种途径加以实现：一是确立价值多元；二是允许制度例外；三是使规则具有一定的弹性。由于确立秩序的法律体系是由原则、制度和规则构成的，因此，秩序的包容一定要通过原则、制度和规则的包容来加以实现。规则是法律体系的最小构成单位，它通常是一条行为规范（如"要约的意思表示在到达被要约人之前可以撤回"）；制度是为实现某种目的而结成的一组规则（如由要约规则和承诺规则所组成的合同成立制度）；而原则则是反映法律体系的价值取向的那些最基本的规则。因此，为了实现国际经济秩序的包容性，首先要在法律原则上确认其多元价值。以往的实践告诉我们，一套制度之下所确立的秩序不能仅仅追求某种价值而忽略其他价值。WTO成立之后人们长期热议的"WTO与人权""WTO与环境""WTO与健康"和"WTO与劳工标准"等，均反映出WTO未能很好地解决贸易自由化价值目标与其他价值目标的关系。其次，包容性的秩序设计必须给制度的适用预留例外的空间。《关税与贸易总协定》的第20条和第24条都是很好的"制度例外"设计。前一条是所谓"一般例外"，后一条是所谓的"关税同盟与自贸区例外"，这些制度例外都是在不违背《关税与贸易总协定》所追求的价值目标的前提下，允许成员有条件背离其条约义务。再次，包容性的秩序必须允许某些规则具有一定的弹性。例如，关贸总协定第36条至38条规定，缔约方应尽最大可能给予发展中国家出口产品以优惠的市场准入条件；同时，发展中国家不应在贸易谈判中被要求做出与其发展水平不相称的贸易减让。这种具有一定弹性的规定使得成员方的义务具有一定的解释空间，无疑增加了国际经济秩序的包容性。

"二战"之前的国际经济秩序大体上是实力导向的，虽然法律规则并非不起作用，但缺少约束国家行为的多边国际法规范。"二战"之后确立的国际经济秩序基本上实现了规则导向，这是国际关系史上的一大进步，是国际法或国际体制的一大进步。从"和平共处"到"体制包容"是另一重大进步。"和平共处"虽然也包含彼此容忍的含义，但更强调各自独立，互不干涉，而"体制包容"则是指在尊重差异的同时，并存于同一规则体系或秩序之内。出现这种变化的历史背景在于从国家之间的彼此相对孤立到相互交往和合作的加深。

　　包容一定是自愿的彼此接受。在历史上，实力导向的国际秩序虽然也可不断地裹挟进更多的国家，却是以强行同化这些国家的制度来实现的。例如，19世纪前后西方列强将中国等国家强行纳入其所确立的经济秩序，就是这样一种情形。它们强行打开中国的国门，推行它们的贸易自由化和投资自由化。这种情景今天已经很难再见到，但利用经济或政治上的优势迫使他国改变其制度的情形还时有发生。

　　美国在主导建立"二战"之后的国际秩序时，显然是注意到了秩序的包容性问题。《联合国宪章》等国际法律文件的制定，将自由、民主、人权、法治、自由贸易、开放市场、多边合作、尊重国家主权、大小国家一律平等、和平解决争端等理念和主张成功转化为国际法规则，并在"吸取过去几百年国际秩序兴衰演变的历史教训，吸纳更多国家融入国际秩序，尽可能延续'美利坚治下的和平'。"[1]但美国对包容性的包容是极为有限的，其界限是不能违背美国利益。因此，美国事实上垄断了"自由""民主""人权"等标准的解释权。当它认为你不符合它所界定的标准时，就会将你排除在秩序之外。例如，中国按照其所承诺的条件加入世界贸易组织得到了世界贸易组织各成员方的一致同意，也是中美两国长期艰苦谈判的结果。并且从制度层面看，WTO规则体系完全可以包容中国的经济制度。然而，当美国认为中国的经济体制改革没有按照其预期方向发展时，便一再提出中国的经济制度与WTO的精神不符，屡屡发起对中国的冲突。特别是在特朗普执政期间，美国对中国发起前所未有的贸易战，不断单方面提高商品进口关税，几乎覆盖中国出口至美国的所有种类的商品。美国还将中国的一些公司列入管制"实体名单"，并于2019年8月将中国列为"汇率操纵国"，持续向中国施压。事实表明，不是WTO体制无法包容中国的经济制度，而是美国"包容"不下各

----

[1]　孙茹：《理念分歧与中美国际秩序博弈》，载《现代国际关系》，2020（11）。

国所共同创设的以 WTO 规则为主体的国际贸易管理秩序。

与美国的不包容做法构成鲜明对比的是中国的相关实践。"一带一路"倡议的实施为国际经济秩序的包容性提供了新的范例。2017 年 5 月 14 日，国家主席习近平在"一带一路"国际合作高峰论坛发表的题为《携手推进"一带一路"建设》的演讲中，将"开放包容"作为思路精神的重要内涵之一，指出："古丝绸之路绵亘万里，延续千年，积淀了以和平合作、开放包容、互学互鉴、互利共赢为核心的丝路精神。这是人类文明的宝贵遗产。"在论述"开放包容"精神时，习近平指出"古丝绸之路跨越尼罗河流域、底格里斯河和幼发拉底河流域、印度河和恒河流域、黄河和长江流域，跨越埃及文明、巴比伦文明、印度文明、中华文明的发祥地，跨越佛教、基督教、伊斯兰教信众的汇集地，跨越不同国度和肤色人民的聚居地。不同文明、宗教、种族求同存异、开放包容，并肩书写相互尊重的壮丽诗篇，携手绘就共同发展的美好画卷。"他还说："我们要构建以合作共赢为核心的新型国际关系，打造对话不对抗、结伴不结盟的伙伴关系。各国应该尊重彼此主权、尊严、领土完整，尊重彼此发展道路和社会制度，尊重彼此核心利益和重大关切。"

遵循习近平主席所倡导的"开放包容"精神，"一带一路"倡议的实施有别于其他一些国际性或区域性经济安排，不对参加国提出任何标准或条件。如同有学者所归纳的那样："'一带一路'倡议下的国际经济合作不对参与合作的各国提出和施加此类高标准的合作条件。'一带一路'倡议坚持和谐包容、求同存异、兼容并蓄，尊重各国发展道路和模式，包容各种政治、经济、宗教、文化差异，欢迎世界各个国家和地区积极参与共建'一带一路'。'一带一路'国际经济合作对参与方不设高门槛和准入条件，不要求只有谈判达成投资协定或者自由贸易协定的国家和地区才能够参与，只要有发展合作的需求、机会和兴趣，就可以根据具体情形采取任何合适的方式参与进来。这对启动和推进各个层次各个领域的国际发展合作具有重要意义。"①

根据中国政府于 2015 年 3 月 28 日发布的《推动共建丝绸之路经济带和 21 世纪海上丝绸之路的愿景与行动》所表达的内容，"一带一路"建设将尝试不同类型的市场经济制度的相容。与现行国际经济体制偏重政府的不作为不同，"一

---

① 王彦志：《"一带一路"倡议下的国际经济秩序：发展导向抑或规则导向》，载《东北亚论坛》，2019（1）。

带一路"建设将在"遵循市场规律和国际通行规则，充分发挥市场在资源配置中的决定性作用和各类企业的主体作用"的同时，"发挥好政府的作用"。由于"一带一路"建设是一项系统工程，必须积极推进沿线国家发展战略的相互对接，同时，由于基础设施互联互通是"一带一路"建设的优先领域，而基础设施建设向来都是由政府主导的，这就决定了政府在这一过程中要发挥重要作用。与现行国际经济体制相比，"一带一路"建设将会为政府留下广泛的作用空间，将会为不同经济制度的相互衔接和包容提供可借鉴的经验。

二、西方经济模式并非市场经济的唯一模式

长期以来，某些发达国家对自己的政治制度、经济制度和文化怀有排他性的优越感，对于其他类型的政治、经济制度以及文化不够尊重，甚至蔑视或敌视。基于这样一种立场，很难想象它们会与其他国家共同构建一种公平的、包容的国际经济秩序。

西方国家的制度优越感首先表现为对其政治制度的推崇。尽管世界上绝大多数的国家都承认并接受"主权在民""多数裁决""权力制约"等政治理念，并通过相应的制度加以实施。但在一些西方国家看来，只要不实行多党制、只要不实行三权分立、只要不实行普遍直选，就算不上一个"民主国家"，就需要向"民主化"发展。

如果说西方发达国家与其他国家在政治制度方面的差别主要体现在"多党制""三权分立"等方面，那么在经济制度方面的差别则集中在国家与市场的关系问题上。[①]"在学者和官员中，关于国家和市场在经济发展中谁更重要的分歧

---

① 除政治制度和经济制度方面的优越感之外，西方发达国家也经常表现出文化方面的傲慢。由于地理、历史和宗教等原因，世界上存在着不同的文化。各种文化从本质上看，并无优劣之分。不同的文化在相互的影响中可以彼此相融，共同发展。即使彼此间产生一定的摩擦，也应该是正常现象。但问题在于一些西方大国凭借其政治和经济优势，经常表现出一种文化上的傲慢。特别是在苏联和东欧国家的社会主义模式被否定之后，西方文化也呈现出空前的强势。北约东扩，欧盟东扩，西方的价值观念、生活方式及宗教理念等等也在东扩。由于西方大国对于自己的文化或文明过于自信，导致不同国家的文化或文明的冲突的加剧。如同有学者所指出的那样："自20世纪90年代以来，全球化显著地促进了经济的增长以及民族、地区、国家之间的政治、经济和文化的相互依赖，全球化的过程对不同社会文化的保护和发展产生了既然不同的影响，文化多元与分层的趋势正在加剧。文化交流方面的不平等，使弱小国家和弱小文化群体产生了文化危机感和不安全感，保障本国本民族文化安全问题成为中心任务。"见汪习根、王信川《论文化发展权》，载《太平洋学报》，2007（12）。

很大。这些分歧是发达国家和欠发达国家之间产生冲突的关键。"①苏联和东欧国家20世纪末出现的制度上的剧变，使一些西方国家认为资本主义制度与社会主义制度谁胜谁负的问题已经解决。于是它们竭尽全力将它们所奉行的经济制度推广到所有"非市场经济国家"。

西方经济制度的核心简单说来就是市场化，即将尽可能多的问题交由市场解决。资本主义生产关系的确立，极大地促进了生产力的发展，也使商品交换空前普及，各种社会关系都充斥着商品交易关系。马克思和恩格斯曾在《共产党宣言》中指出，"资产阶级在它已经取得了统治的地方把一切封建的、宗法的和田园诗般的关系都破坏了。它无情地斩断了把人们束缚于天然尊长的形形色色的封建羁绊，它使人和人之间除了赤裸裸的利害关系，除了冷酷无情的'现金交易'，就再也没有任何别的联系了。""资产阶级抹去了一切向来受人尊崇和令人敬畏的职业的神圣光环。它把医生、律师、教士、诗人和学者变成了它出钱招雇的雇佣劳动者。资产阶级撕下了罩在家庭关系上的温情脉脉的面纱，把这种关系变成了纯粹的金钱关系。"

即使对这种市场化不做任何道德上的评判，历史也表明，对市场的完全放任必将使市场经济走向垄断，走向腐朽。列宁在《帝国主义是资本主义的最高阶段》一书中曾论述过资本主义社会的腐朽性。他认为，资本主义发展到帝国主义阶段之后，垄断会限制竞争并阻碍技术的进步（近百年来西方国家所实施的反垄断制度在一定程度上缓解了这种情况）。同时，随着大公司内部资本所有权与控制权的分离，资本的所有者一般不再直接经营企业，而是靠手中拥有的股票等有价证券的利息收入为生，"于是，以'剪息票'为生，根本不参与任何企业经营、终日游手好闲的食利者阶级，确切些说，食利者阶层，就大大地增长起来。"如果在一个社会中，成员们不是通过劳动去创造社会财富，而是大量地加入"食利者阶层"，那么，这个社会就不会是一个有生机的社会。

其实，无论在市场经济多么发达的国家，政府对市场的干预都是存在的。商品交换的自由是特定限度内的自由。并非所有的物品都可以作为商品进入市场。毒品几乎在所有国家都无法成为商品，濒危动植物及其制品也不得进入市场，色

---

① ［美］罗伯特·吉尔平：《全球政治经济学——解读国际经济秩序》，杨宇光、杨炯译，276页，上海，世纪出版集团、上海人民出版社，2006。

情服务及赌博服务在许多国家也无法成为商品。劳动力市场也处于政府的监管之下。在资本主义社会形成初期，马克思曾在劳动力市场上看到了这样的景象："原来的货币占有者作为资本家，昂首前行；劳动力占有者作为他的工人，尾随于后。一个笑容满面，雄心勃勃；一个战战兢兢，畏缩不前，像在市场上出卖了自己的皮一样，只有一个前途——让人家来鞣。"这种"自由交易"在今天仍然被一些人认为是公平的：一方出钱，一方出力。然而，经过工人阶级的不断抗争，这种完全由当事人约定的劳动合同关系今天恐怕已很难寻觅。各国政府都会在劳动时间、劳动报酬、社会保险、劳动保护、劳动条件和职业危害防护等方面作出强制性规定，在这些强制性规定面前，劳资双方可作出约定的空间已经大大缩小，交易的自由成为有限的自由。即使在自由主义思潮盛行的今天，主要西方国家所谓的"放松规制"（deregulation）也并非不要规制或减少规制，而是对规制重点和规制方式作出调整。其"规制重点由价格和进入规制转向质量、标准和反垄断规制；规制方式则从传统的命令规制转向重视成本收益分析和激励性规制。"[①]也许正因为如此，一些学者认为资本主义已进入规制资本主义（Regulatory Capitalism）阶段。

任何一种经济体制都表现为一种法律制度的设计，因此，一定会有其边界。市场经济总体来说是一种很好的制度设计，为生产力的发展提供了广阔的空间和足够的刺激。私人财产权不可侵犯和契约自由是市场经济的两大法律支柱。私人财产不可侵犯原则确立了市场经济主体和客体的法律地位，契约自由原则则保证了商品交换的自由。然而，无论是对私人财产权利的尊重还是对契约自由的尊重，都不能是没有界限的。因此，完全个人本位的法律制度很快就融进了社会本位的理念。实践已经表明市场化是有边界的，法律对私人财产权的限制和对契约自由的限制，就是市场化的制度边界。

近年来，有学者讨论所谓"中国模式"问题。有人认为"中国模式"是一种与"西方模式"相对抗的模式，并将取代"西方模式"；有人认为"中国模式"是一种客观存在，但不必渲染其意识形态色彩，而应从经验角度加以认识；也有人认为并不存在所谓的"中国模式"，甚至认为中国所选择的道路已经走到尽头。

---

① 沈宏亮：《规制资本主义及其兴起探源：一个马克思主义的解释》，载《河北经贸大学学报》，2010（4）。

其实，无论你是否承认，中国在政治制度和经济制度的选择上，都走了一条与西方国家不同的道路，或者是选择了一种别样的发展方式。所谓"中国模式"只不过是一种概括性的说法。那么，"中国模式"的特征何在呢？有学者认为，中国模式的核心是中国特有的政治经济模式；中国经济模式的核心特征是混合经济模式，其中，国有部门和非国有部门、政府与市场要保持平衡；而中国政治模式的核心特征则是权力的高度集中。[①] 应该说，这种概括大体符合中国的现实状况。对于这样一种与西方模式不同的发展模式，国际社会应加以包容。国际经济秩序应允许各种类型的国家依据其自身情况作出制度方面的选择。

三、国有企业制度将是衡量国际经济秩序包容性的标尺

公有制是社会主义制度的基本特征之一。公有制在市场主体方面的表现就是国有企业。中国加入世界贸易组织以来，其国有企业制度日益受到关注，并且多次成为WTO争端解决过程中争辩的焦点。近年来兴起的"竞争中立"和"商业考虑"等理论，其矛头也是明显指向国有企业制度的。由此，中国的国有企业制度与现行国际经济秩序似乎处于水火不容的状态。但事实并非如此。传统的市场经济体制并不排斥国有企业，当今的国际经济秩序的包容性应体现为对国有企业制度的包容。

（一）传统的市场经济体制并不排斥国有企业

国有企业是指政府出资设立或政府控股的企业。实行社会主义制度的国家大多保有相当数量的国有企业。但国有企业并非社会主义国家的特有现象。传统的资本主义国家也存在国有企业。

西方资本主义国家发展国有经济由来已久。一些老牌资本主义国家在工场手工业时期就有官办国有企业。[②] 在 20 世纪上半叶，资本主义国家的国有企业经历了两次大的扩张浪潮。在法西斯统治期间，意大利政府曾接管了几家重要的投资

---

① 郑永年：《中国模式》，xiv-xvi 页，北京，中信出版集团，2016。
② 参见胡岳岷、任春良：《西方市场经济国家的国有企业：一个演化视角的分析》，载《中央财经大学学报》，2005（7）。

银行以避免其破产，同时也接管了其所属企业。"二战"后，法国的汽车、银行、电力、煤气和铁路归为国营。在英国，工党政府对银行、铁路、煤矿、电力、煤气、钢铁、造船、民航、邮政等行业也实行了国有化。① "直到 20 世纪 80 年代初期，法国国有企业在其经济中，依然保持着很高的比重。在钢铁领域，法国的国有企业占 80%，航空业占 87%，而邮政、电讯、铁路、烟草以及煤气生产等行业领域，国有企业的控制程度甚至高达 100%。法国也由此诞生了空中客车、雷诺汽车等一批世界级大企业。"②

当然，在西方国家，不同的理论派别、不同时期的政府对国有企业的利弊有不同的认识。从 20 世纪 70 年代开始，西方国家普遍出现的经济滞胀现象使凯恩斯理论失宠，新自由主义逐渐控制了话语权，随后出现了私有化浪潮。通常认为世界性的私有化浪潮是从撒切尔担任英国首相后开始的。从 1979 年至 1989 年，英国有 50 多家国有企业被出售。私有化浪潮从基础产业、竞争产业扩展到教育、卫生、住房、健康保健、医疗保险、公共服务乃至政府机构。英国的私有化较大程度上改善了政府的财政状况，企业效益明显提高。于是，其他国家也纷纷效仿。法国、美国和联邦德国也都出现了不同程度的私有化浪潮。当然，更大规模的私有化浪潮是随后在苏联和东欧国家出现的"休克疗法"。③1990 年，美国国际经济研究所牵头在华盛顿召开了一个研讨会。出席会议的有美国财政部等部门的官员、金融界和企业界人士以及国际货币基金组织和世界银行等国际机构的代表。经讨论，与会者在拉美国家已经采用和将要采用的十个政策工具方面取得较为一致的看法，这个"共识"后来被称作"华盛顿共识"。在会后出版的论文集《拉美调整的成效》中，推荐拉美国家在经济调整和改革中采用的处方被归纳为十个方面的政策主张，即：（1）加强财政纪律，压缩财政赤字，降低通货膨胀率，稳定宏观经济形势；（2）重新安排公共支出优先序列；（3）改革税制，降低边际税率；（4）利率自由化；（5）竞争性的汇率；（6）贸易自由化；（7）引进外资的自由化；（8）私有化；（9）放松规制；（10）产权。④ 应该说，"华盛

---

① 参见李将军：《西方国家企业国有化和私有化问题研究》，载《经济论坛》，2010（4）。

② 韩青、姜诗明：《国企备忘录》，22 页，北京，中国出版集团、中国民主法制出版社，2014。

③ 参见杨卫东：《国有化与私有化研究——西方国企进退的历史轨迹》，载《武汉大学学报：哲学社会科学版》，2012（1）。

④ 参见赖风：《"华盛顿共识"的理论悖论与当代金融危机》，载《江西社会科学》，2010（2）。

顿共识"并非没有合理之处，但将"私有化"和"自由化"作为普遍适用的处方，否定政府干预和国有企业在经济和社会发展进程中的重要作用，最终在一些拉美国家酿成灾难。东欧和苏联国家后来也都成为掉入"华盛顿共识"陷阱的重灾区。

尽管西方国家的主流意识形态更倾向于私有化，而不是国有化，但至少从制度层面看，传统的市场经济制度并不完全排斥国有企业。

《关税与贸易总协定》和世界贸易组织对国有企业也采取了容纳并规范的立场。在最初起草《国际贸易组织宪章》时，专门列有"限制性贸易行为"一章，将国营贸易制度作为与关税、数量限制、补贴、海关手续一样的贸易壁垒加以规范。虽然《国际贸易组织宪章》未能生效，但 GATT 的第 17 条专门确定了国营贸易规则。在容纳国营贸易制度的同时，GATT 第 17 条要求各缔约方的国营贸易企业在经营活动中要遵循非歧视原则和透明度原则。根据 1994 年乌拉圭回合谈判达成的《关于解释〈关税与贸易总协定〉第 17 条的谅解》，国营贸易企业是指"包括营销局在内的政府的和非政府的企业，凡被授予独占或特别权益，包括宪法或法律规定的权力，而它们通过行使该权力或权益的购买或销售活动，可以影响进出口的水平或方向者。"GATT/WTO 并没有像对待数量限制那样一般地禁止国营贸易制度，其成员仍可以在遵守非歧视原则和透明度原则的前提下实行国营贸易制度。"这种做法也体现了多边贸易体系求同存异的务实风格，有利于多边贸易规则得到更多国家和地区的认可和遵守。"①

（二）当今的国际经济秩序足以包容中国的国有企业制度

我国的国有企业最初主要是通过没收官僚资本而建立起来的。在计划经济年代，国有企业不具备市场主体的特征，而主要是完成国家计划的实体。在为国家作出重大贡献的同时，也形成了国有企业普遍缺少创新精神和竞争能力的局面。在国家实行改革开放政策以来，国企改革成为经济体制改革的重点之一。先后对国有企业实行过承包制和承租经营制，在一定程度上激发出国有企业的活力。随着 1994 年社会主义市场经济体制改革的正式实施，国有企业改革又增添了新的形式。

---

① 何颖：《论 WTO 国营贸易规则与中国的入世承诺》，载陈安主编：《中国国际经济法学刊》，2005（3）。

中共中央和国务院 2015 年 8 月 24 日发布《关于深化国有企业改革的指导意见》（"以下简称《意见》"），明确宣布：我国一方面将"坚持公有制主体地位，发挥国有经济主导作用"；另一方面将"坚持社会主义市场经济改革方向"，"深化国有企业改革"。关于坚持公有制主体地位，《意见》指出："坚持和完善基本经济制度。这是深化国有企业改革必须把握的根本要求。必须毫不动摇巩固和发展公有制经济，毫不动摇鼓励、支持、引导非公有制经济发展。坚持公有制主体地位，发挥国有经济主导作用，积极促进国有资本、集体资本、非公有资本等交叉持股、相互融合，推动各种所有制资本取长补短、相互促进、共同发展。"关于深化国企改革，《意见》指出："坚持社会主义市场经济改革方向。这是深化国有企业改革必须遵循的基本规律。国有企业改革要遵循市场经济规律和企业发展规律，坚持政企分开、政资分开、所有权与经营权分离，坚持权利、义务、责任相统一，坚持激励机制和约束机制相结合，促使国有企业真正成为依法自主经营、自负盈亏、自担风险、自我约束、自我发展的独立市场主体。社会主义市场经济条件下的国有企业，要成为自觉履行社会责任的表率。"关于深化国有企业改革的指导思想，《意见》指出，将"坚持和完善基本经济制度，坚持社会主义市场经济改革方向，适应市场化、现代化、国际化新形势，以解放和发展社会生产力为标准，以提高国有资本效率、增强国有企业活力为中心。"这里，明确将"适应国际化"的国企改革作为"指导思想"的内容之一。

从 2013 年中共十八届三中全会开始，我国实行以管企业为主向以管资本为主的转变。2017 年 10 月通过的中国共产党十九大报告提出："要完善各类国有资产管理体制，改革国有资本授权经营体制"。实现国有资产管理体制由以管企业为主向以管资本为主转变，是我国深化国有企业改革新的切入点。这一改革举措对形成符合我国基本经济制度和社会主义市场经济发展要求的国有资产管理体制、现代企业制度和市场化经营机制，将起到巨大推动作用。

我们相信中国的国有企业制度会与国际经济秩序相容，是因为我们看到国际社会正在生成的有关国有企业的规范与制度同中国国有企业改革的方向是一致的。随着我国国有企业制度改革的进行，"国有企业将逐渐地面临与非国有企业相同的市场环境。最终，国有企业将作为市场主体与其他竞争者地位平等地经营于同一市场"。①

近年来，许多人在关注"竞争中立"规则与我国国有企业制度的相容性问题。所谓"竞争中立"（Competitive Neutrality）是指企业在没有政府的支持下所从事的市场竞争，其实质是要求政府在竞争的企业之外保持中立。最早提出并实行竞争中立政策的国家是澳大利亚。1995年起，澳大利亚就进行了全国性的竞争政策改革。随后，这一理念被其他一些国家所采纳，并被写进了一些双边和区域性协定当中。对竞争中立政策的内涵作出比较详细解释的是OECD 2012年的报告。该报告针对政府商业活动可能在市场上获得的竞争优势，并综合多国在处理竞争中立问题时的已有做法，总结了竞争中立政策八个方面的内容，包括：（1）合理化政府商业活动的经营模式（并非要消除所有政府商业活动，而是要求企业采取更为规范的经营模式）；（2）识别直接成本（提高企业透明度和会计要求）；（3）商业回报率（政府商业活动的回报率应与市场保持一致）；（4）合理考量公共服务义务（当一个在竞争性市场运营的国有企业被要求履行以公共利益为目的的非商业活动时，该企业获得的财政补偿应合理和透明）；（5）税收中立（政府商业活动和私营竞争者的税收负担应该大致相当）；（6）管制中立（要求最大程度上保持政府商业活动和私人企业享有同样的管制环境）；（7）债务中立和直接补贴（在相似的商业环境中，国有企业应该和私营企业为债务融资支付同样的利率成本，政府应该确保国有企业和政府商业活动不从直接补贴中获得资金成本优势）；（8）政府采购（政府采购应该是竞争性的和非歧视性的）。②

与竞争中立政策的上述内容相对应，中国政府提出："国有企业改革要遵循市场经济规律和企业发展规律，坚持政企分开、政资分开、所有权与经营权分离，坚持权利、义务、责任相统一，坚持激励机制和约束机制相结合，促使国有企业真正成为依法自主经营、自负盈亏、自担风险、自我约束、自我发展的独立市场主体。""商业类国有企业按照市场化要求实行商业化运作，以增强国有经济活力、放大国有资本功能、实现国有资产保值增值为主要目标，依法独立自主开展生产经营活动，实现优胜劣汰、有序进退。""公益类国有企业以保障民生、服

---

① CHE LUYAO. Legal Implications of The Deepeened Reform of Chinese State-owned Enterprises: What Can Be Expected from Recent Reforms?. *Tsinghua China Law Review*, Volume 8, Spring 2016（2），p.189.

② 参见唐宜红、姚曦：《竞争中立：国际市场新规则》，载《国际贸易》，2013（3）。

务社会、提供公共产品和服务为主要目标，引入市场机制，提高公共服务效率和能力。"① 可见，我国的国有企业制度改革方向与竞争中立政策是一致的。未来的国际经济秩序依旧可以包容中国的国有企业制度。2017 年 1 月 12 日国务院印发的《"十三五"市场监管规划》已经明确接受了"竞争中立"的概念，提出要"把竞争政策作为制定经济政策的重要基础，以国家中长期战略规划为导向，充分尊重市场，充分发挥市场的力量，实行竞争中立制度，避免对市场机制的扭曲，影响资源优化配置。"2018 年 10 月 14 日，中国人民银行行长在 G30 国际银行业研讨会上更是明确表态，"为解决中国经济中存在的结构性问题，将加快国内改革和对外开放，并考虑以'竞争中性'原则对待国有企业"。

中国进一步深化国有企业制度改革，是保证中国以公有制为主体的经济制度与以传统市场经济模式为主导而建立起来的国际经济制度相容的重要方面；与此同时，传统的市场经济体制也需要现代化。例如，关于企业的属性究竟是单一的"逐利"属性，还是应具备更多的社会属性，就是一个值得认真思考的问题。

公司是当今最重要的市场主体。在法学上，公司是拟制的"人"，具有独立的法律人格。在经济学上，公司是个"经济人"。所谓"经济人"，是指其具有完全的理性，可以作出让自己利益最大化的选择。"传统经济理论认为，企业如果尽可能高效率地使用资源以生产社会需要的产品和服务，并以消费者愿意支付的价格销售它们，企业就尽到了自己的社会责任。企业唯一的任务就是在法律许可的范围内，在经营中追求利润最大化。"② 虽然如今要求企业都承担一定的社会责任的呼声日益强烈，但利润的最大化仍然是公司活动的基本准则。公司已"蜕变为一个真实的自私理性经济体，一个单维度的自私理性野兽，一个在资本主义市场中呼风唤雨的'单维兽'。它摆脱了人性多维的的羁绊，可以无所顾忌地冲向利润最大化的唯一终点"。③

相比之下，国有企业，特别是公益类国有企业，可以承担更多的社会责任。《关于深化国有企业改革的指导意见》中所说的"国有企业属于全民所有，是推进国家现代化、保障人民共同利益的重要力量，是我们党和国家事业发展的重要

---

① 引自《中共中央、国务院关于深化国有企业改革的指导意见》。

② [美]乔治·斯蒂纳、约翰·斯蒂纳：《企业、政府与社会》，张志强、王春香译，127 页，北京，华夏出版社，2002。

③ 尹伊文：《创建中国特色的资本市场》，载《研究报告》，2016（3）。

物质基础和政治基础"，即是对国有企业承担社会责任的总体上的肯定。

当然，随着我国从计划经济转向社会主义市场经济，国有企业从政府分离出来成为独立的市场经济主体，国有企业追求利润的偏好越来越大，从而会降低履行社会责任的意识。[①] 中国政府已经看到了这一问题，并着手从中央企业层面强化国企的社会责任意识。2007 年 12 月 29 日，国务院国有资产监督管理委员会发布了《关于中央企业履行社会责任的指导意见》，将中央企业履行社会责任的主要内容归纳为 8 个方面，即：坚持依法经营诚实守信、不断提高持续盈利能力、切实提高产品质量和服务水平、加强资源节约和环境保护、推进自主创新和技术进步、保障生产安全、维护职工合法权益和参与社会公益事业。相信随着该指导意见的落实，我国国有企业履行社会责任的情况会有大的改善。

总之，从企业的社会责任这个角度看，我国的国有企业将在总结以往经验和适应市场化、现代化、国际化的探索的基础上，平衡好实现利润最大化和履行社会责任的关系，西方国家的企业也会改变公司的仅追逐盈利的"单维兽"状况，从而相互取长补短，形成共生状态。

第四节　本章小结

谈论国际经济秩序的构建，必须回答建立一个什么样的国际经济秩序的问题，因为国际经济秩序并非只是价值中立的现象。

从发展的眼光看，在构建国际经济秩序的各项基本理念当中，"公平"与"包容"无疑是最为重要的。由于公平几乎是各种制度安排的最终追求目标，作为一种制度安排的国际经济秩序必然会以公平作为其最高价值；由于主权国家的并存是构建国际经济秩序的现实基础，因此，国际经济秩序的构建必然会要求各国均应尊重他国的制度选择，尊重各国制度的多元性，尽可能保持国际经济秩序的包容性。

在国际社会中到底可以要求怎样的经济公平，取决于国际社会的基本结构和基本规则。在当下，国际经济秩序的公平性仅限于：发达国家的经济发展不应长

---

① 参见徐传谌、艾德洲：《中国国有企业社会责任研究》，载《吉林大学社会科学学报》，2010（6）。

期建立在发展中国家贫穷落后的基础上，两类国家的经济发展应该是均衡的；发达国家因该向发展中国家提供普遍的、无差别的、非互惠的优惠待遇，以逐渐缩小两类国家经济发展上的差距；国家间的经济交往应该是互利的。

在国际经济秩序中实现公平，不仅具有正当性，也具有可行性。20世纪60年代起出现的建立新的国际经济秩序的努力，虽然并未完全达到发展中国家预期的效果，但毕竟推动国际经济秩序向公平的方向迈进了一步。

国际经济秩序的包容性主要表现为各国彼此尊重对方自主选择的经济制度，在国际经济秩序的制度构建上求同存异。不同经济制度之间的摩擦应通过平等协商加以解决，而不应单方面采取强制措施。

中国在经济制度的选择上，走了一条与西方国家不同的道路，选择了一种别样的发展方式。应认可这种新的发展模式与传统的西方模式和平共存。

第四章

国际经济秩序的实现方式

由于从法学视角观察，国际经济秩序是法律规制下的国际经济关系，因此，国际经济秩序的实现，必须依赖于相应法律制度的制订和完善，并有效发挥各类国际法规则的效用，包括妥善协调国内法与国际法的关系。

第一节　国际经济秩序须依法确立

一、国际经济秩序的法律基础

任何社会秩序都离不开法律的支撑，国际经济秩序也必须如此。

从一般意义上讲，社会首先是人的群体；而社会不同于其他群体的特征在于：第一，社会成员之间存在着紧密的、日常的联系（普遍联系）；第二，社会中存在成员们普遍接受的行为规范（共同规范）；第三，社会具有比较复杂的组织结构（组织结构）；第四，社会成员分享着相对一致的价值取向（共同价值）。这四项要件也应成为国际社会的构成要件或标准。"普遍联系"是国际社会的形成前提，"共同规范"是"普遍联系"的必然要求和发展依托，"组织结构"是"共同规范"发达的产物，而"共同价值"则是"共同规则"及"组织结构"的灵魂。其中，"共同规则"既标示着"普遍联系"和"组织结构"的发展状态，又是"共同价值"的具体表现。因此，"共同规则"的内容也可以代表国际社会或国际秩序的发展状态。当我们肯定国际秩序的存在时，在很大程度上是因为国际社会的"共同规则"，即国际法在发挥着作用。

"二战"结束以来的国际实践充分证明了国际法是国际秩序的基础。简单地说，《联合国宪章》确立了国际政治方面的秩序，《关税与贸易总协定》及后来的世界贸易组织确立了国际贸易方面的秩序，《货币基金协定》确立了国际金融方面的秩序，其他一些重要的国际公约（如《联合国海洋法公约》）则在各相关领域确立了相应的国际秩序。

　　也有反面的例子。如前所述，在20世纪七八十年代，广大发展中国家在推动国际经济新秩序的建立过程中，曾试图绕开传统的国际造法方式，希望以联合国大会决议的方式创设新的国际法规则，确立新的国际经济秩序。① 然而，由于联合国会员国并没有通过《联合国宪章》赋予联合国大会"造法权"，因此，国际法规则的创设还是要回到传统的方式。当下，国际造法的方式主要是缔结国际条约和形成国际习惯。

　　有学者分析过为什么广大发展中国家在推动国际经济新秩序的创建中会试图在原有国际造法方式之外另辟蹊径："国际法必须接受两方面的挑战，一方面来自世界经济的结构混乱；另一方面来自各国人民对国际经济新秩序的殷切期待。然而，有一点是很清楚的，为了满足这样的希望和达到国际社会寻求新秩序的要求，国际法如果仅仅局限于传统的来源中，即习惯、条约和一般的法律原则，它就不能适当并有效地进行自身的改造。目前已尖锐地感觉到形成国际法条文的传统方式是不适当的……如果习惯、条约及一般的法律原则无济于事，剩下的只有决议，用一般的说法，即采用国际组织制订的法律标准来达到所寻求的目标。"② 而且，"决议对第三世界各国具有真正的吸引力，因为它既灵活又迅速，而且由于它们数量上占优势，便于在技术上进行控制，因而给它们一种安全感……这是一种运动中的体制，它向着发展的需要前进……发展中国家认为国际组织，特别是联合国，为起草新的法律文件以改造国际经济秩序和促进各国人民的发展提供

---

① 当时，中国刚恢复在联合国中的合法席位，我们立刻与广大发展中国家站在一起，也对联合国大会决议寄予很大期望，一再宣称联合国大会通过的几个关于建立国际经济新秩序的决议性文件对各国具有约束力。以至于当时有外国学者评论道："中国对建立新的国际法律秩序最重要的'贡献'就是其对联合国大会发展国际法的进程的参与。"见 SAMUEL S. KIM, The People's Republic of China and The Charter-based Tnternational Legal Orde. *The American Journal of International Law*, 1975（72），p.340.

② 穆罕默德·贝贾维：《争取建立国际经济新秩序》，欣华、任达译，116～117页，北京，国对外翻译出版公司、联合国教科文组织出版办公室，1982。

了理想的场所。由于这类国际组织作出的决议在性质上是平均主义的，是以多数为基础的，因而本质上是民主的。"① 但是，人们也看到，联大决议的实际效力的确是差强人意。"不执行表达新的法律准则的决议，是工业化国家可资利用的'最后武器'。它可以用来抵消为建立国际经济新秩序而制订法律标准所作的一切努力。"② 例如，联合国大会于 1974 年 12 月 12 日通过的《各国经济权利与义务宪章》第 13 条规定："每个国家有权分享科学技术进步和发展的利益，以加速它的经济和社会发展……所有国家都应促进国际间的科学和技术合作与技术转让。"而在发达国家所推动的知识产权保护制度日益严格的今天，期待发展中国家以合理代价从发达国家获得先进技术只能是一种空想。

我国政府重视法律在国际经济秩序构建中的作用。近年来，我国党和国家领导人多次在公开场合强调，要积极参与国际经贸规则的制定。例如，在 2014 年 12 月 5 日中共中央政治局进行第十九次集体学习时，习近平同志强调："加快实施自由贸易区战略，是我国积极参与国际经贸规则制定、争取全球经济治理制度性权力的重要平台，我们不能当旁观者、跟随者，而是要做参与者、引领者，善于通过自由贸易区建设增强我国国际竞争力，在国际规则制定中发出更多中国声音、注入更多中国元素，维护和拓展我国发展利益。"所谓"争取全球经济治理制度性权力"应该是指就全球经济治理获得制度设计方面的话语权或优势，也即能够主导或引导国际经济新规则制订的地位。

二、国际法规则如何产生

既然国际法对国际经济秩序有着如此重要的作用，那么，国际法规则是如何产生的呢？通过实践的考察，我们可以发现，国际法规则通常源自新的话语。新的话语不一定形成新的国际法规则，但却存在这种可能。因此，能否成功地创造新的国际法话语可以表明一国是否具有引领国际法发展的能力。

大概不需要做详尽的考证，新的国际法话语应该先于新的国际法规则而产生。

① 穆罕默德·贝贾维：《争取建立国际经济新秩序》，欣华、任达译，127 页，北京，国对外翻译出版公司、联合国教科文组织出版办公室，1982。
② 穆罕默德·贝贾维：《争取建立国际经济新秩序》，欣华、任达译，163 页，北京，国对外翻译出版公司、联合国教科文组织出版办公室，1982。

例如，先有格劳秀斯的"海洋自由论"，后有"公海自由"法律制度；先有智利等拉美国家提出的"200 海里海洋权"的主张，后有"专属经济区"制度；先有联合国贸易与发展会议上通过的建立"普惠制"的决议，后有《关税与贸易总协定》对"普惠制"的法律确认。

我们可以考查一下"大陆架"从新的国际法话语演变为国际法律制度的过程。"大陆架"（continental shelf）原本是自然科学中的话语，是指从海岸起在海水下向外延伸的一个地势平缓的海底地区的海床及底土。随着科学技术的发展，大陆架所蕴藏的丰富的自然资源的勘探开发成为可能，于是，"大陆架"进入法学视野，形成为一个新的法律话语。1943 年，美国内政部长哈罗德·伊克斯致函罗斯福总统，阐述了大陆架对美国经济和安全的重要意义，主张制定美国的大陆架政策，进而通过国际谈判以确认沿海国占有并利用大陆架及其自然资源的权利。伊克斯的呼吁立即得到罗斯福总统的重视，美国随即启动了大陆架政策设计。1945 年 1 月，美国国务院和内政部向罗斯福总统递交了一份备忘录，就大陆架的法律地位提出了三项原则，即：位于公海之下但邻接美国海岸的大陆架海底和底土的自然资源属于美国，美国享有管辖权和控制权；当大陆架延伸到其他国家海岸，或存在于邻近国家共享大陆架的情形时，大陆架界限应由美国会同相关国家根据公平原则确定；大陆架上覆水域的公海性质及其自由与无碍通行的权利并不因此受到任何影响。[①] 于是，"大陆架"形成为国际法话语，尽管此时还未形成大陆架方面的国际法律制度。

在做了上述准备工作之后，美国开始与有关国家进行非正式磋商。1945 年四五月间，美国分别向加拿大、墨西哥、英国、荷兰、挪威、法国、苏联、冰岛、丹麦、古巴和葡萄牙等国驻华盛顿代表提交了表明美国政府立场的相关文件，但只有古巴表示赞成，英国表示反对，加拿大非正式反对，其他国家则未做回应。[②] 尽管如此，美国仍继续推动其大陆架政策的形成。1945 年 9 月 28 日，美国总统杜鲁门发布公告，就大陆架问题阐述美国的立场。杜鲁门代表美国正式宣布，位于公海之下但邻接美国海岸的大陆架海底和底土的自然资源属于美国，美国享有管辖权和控制权。就大陆架的其他相关法律问题，杜鲁门重申了美国国务院和内

---

① 参见舒建中：《美国对外政策与大陆架制度的建立》，载《国际论坛》，2013（4）。

② 参见吴少杰、董大亮：《1945 年美国〈杜鲁门公告〉探析》，载《太平洋学报》，2015（9）。

政部于 1945 年 1 月向罗斯福总统递交的备忘录中的内容。美国政府的单方面行为并不产生创设新的国际法制度或规则的效果，但美国以总统公告的形式再次表达其关于大陆架的立场，无疑强化了大陆架的国际法话语力量。

此后，美国开始推动相关的国际谈判，以促使其大陆架政策成为一项国际法律制度。1951 年 6 月至 7 月间，联合国国际法委员会就大陆架问题进行专门磋商并形成草案。1952 年 4 月，国际法委员会将包括大陆架草案条款的中期报告送有关国家审议。1956 年 7 月，按照联合国大会决议的要求，国际法委员会完成了海洋法问题的磋商并向联合国大会提交了最终报告。1958 年 2 月至 4 月，第一次联合国海洋法会议在日内瓦举行。经过紧张谈判，会议通过了《大陆架公约》，而决定将领海宽度和渔业保护区界限等问题提交予以 1960 年举行的第二次联合国海洋法会议上讨论。1964 年，《大陆架公约》生效。美国人所主导的一套国际法话语体系转化为一套国际法规则体系。

上述例证告诉我们：首先，国际法话语的创造往往是新的国际法律制度产生的先声。国际法以国际条约与国际习惯为基本表现形式，而国际条约和国际习惯规则往往源自国内法。我们经常可以看到强国将其国内法规则推广到国际社会，并通过条约或习惯法使其成为国际法规则。如果国内并无现成的法律制度或规则，一国就可能先创造出一套新的法律话语，通过国内立法程序使其成为国内法，然后再尽力将其演变为国际法。当然也可以直接推动新的话语形成为国际法制度或规则。从美国提出"大陆架"的国际法话语，到《大陆架公约》的最终通过展现的就是这样一个过程。

其次，一套新的国际法话语能否最终形成国际法律制度或规则，取决于国际社会是否需要这样一套新的制度或规则。就像国内社会的立法者总是将那些重要的社会关系以法律的形式确定下来一样，国际社会也总是根据现实需要创设或接受某些国际法话语并最终以法律形式确定下来。各相关国家接受了美国提出的"大陆架"的话语，并最终将其确认为一套国际法规则，其现实的依据在于各国（特别是沿海国家）看到了大陆架的经济价值和政治、军事地位，从而希望以国际法来明确大陆架的地位并明确各国围绕大陆架所形成的权利义务关系。

最后，一套新的国际法话语能否顺利地形成为国际法制度或规则，还取决于该套话语是否易于转化为一套法律制度或规则。法律规则的基本特征在于其权利义务关系的界定。如果一套话语包含权利义务的表述，它自然可以比较容易转化为法律规则。美国提出"大陆架"话语的同时，就对大陆架的法律地位作出界定，从而明确了相关国家之间就大陆架所形成的权利义务关系，这无疑便利了大陆架法律制度的形成，并便于美国在大陆架制度形成中起主导作用。反之，如果某种语言过于抽象，尽管其意图调整国家间关系，但也难以转化为一套法律制度或规则。例如，已有学者敏锐地观察到，以"和平与发展"为价值观的国际法有可能实现向以"和谐发展"为价值观的国际法的转变。[1] 这是一种新的国际法话语。但若想依此推动新的国际法制度的设立，必须先将"和谐发展"这一抽象的理念以具体的规则式话语表达出来。再如，"和谐世界"的概念由于表达的是一种理想的国际秩序，因此，也应发展为一套国际法话语，但由于一直停留在抽象的理论层面，所以，虽然在国际社会上也引起了一定的呼应，但还未成为普遍接受的话语。已有国际关系学者坦言："什么样的制度设计才能够保证国际社会朝着和谐世界的方向发展，仍然是中国国际关系学界需要认真研究和探索的课题。"[2] 其实，这更是中国国际法学界需要认真研究和探索的课题。

此外，一套新的国际法话语能否顺利转化为国际法律制度和规则，还取决于它的可接受程度。只有其他国家愿意接受这套话语，愿意接受这套规则，它才能最终转化为新的国际法制度或规则。美国在提出"大陆架"的概念时，注意到了各国的相关权益，并及时与多个国家展开沟通，从而在相对较短的期间得到各相关国家的接受。有学者提出，形成国际话语权须具备六个要素：一是"坚实的话语基础"，有底气；二是"科学的话语体系"，有思想；三是"坚定的话语自信"，有自信；四是"有效的话语（言说）方式"，有感染力；五是"较强的国际传播能力"，有影响；六是"被认同的话语权"，有主导权。[3] 这些论述也说明了国际法话语演化为国际法规则的"可接受性"条件。

国际法话语的创设和表达应该是一个系统性的工作。举例来说，当政府官员在对外谈判中遣词酌句地准备谈判文本和替代方案时，议员、律师等可以发表

① 见何志鹏：《从"和平与发展"到"和谐发展"——国际法价值观的演进与中国立场调适》，载《吉林大学社会科学学报》，2011（4）。

② 秦亚青：《国际秩序：理想信念与制度设计》，王缉思主编：《世界和中国（2007—2008）》，11页，北京，新世界出版社，2008。

③ 韩庆祥：《全球化背景下"中国话语体系"建设与"中国话语权"》，载《中共中央党校学报》，2014（5）。

演讲，报纸与杂志可以发表文章，电视可以组织研讨，网络可以进行辩论，从而形成一种国际法话语优势，形成一种经济力量和军事力量之外的所谓"观念力"（ideational power）。①

三、国际经济秩序构建中的国际法与国内法

在国际经济秩序的构建过程中，国际法不仅将国家间的关系用"权利"和"义务"规范起来，而且，还渗入各国的国内法体系当中。因此，在考察国际经济秩序的构建时，我们不仅要关注国际法规则的创设及对国家行为的规范，还要关注国际法规则如何作用于国内法体系。

关于国际法与国内法的关系，历来就有"二元论"和"一元论"理论之分。"按照前者，国际法和国家内部法律是两个完全独立的体系。由于是独立的体系，国际法本身不会成为国家内部法律的一部分；在特殊情况下，国际法则可以在国内适用，而它们之所以能适用，是因为它们为国家内部法律所采纳，并作为国内法的一部分而不是作为国际法而适用。这种观点避免了一个法律体系优于另一个法律体系的问题，因为两个法律体系没有共同的适用场所。另一方面，按照'一元论'，两个法律体系是一个单一的法律结构的一部分；各国国内法律体系是从国际法律体系中派生出来的。既然国际法可以被视为在本质上与国内法同为一个法律秩序的一部分，而且是高于国内法的，那么它可以被认为纳入国内法，从而不发生它作为国际法适用于国家之内的任何原则上的困难。"②凯尔森是"一元论"的重要代表人物之一。他"根据国家的同一性，推导出国际法和国内法关系的一元论。他认为，作为国际法主体和作为国内法主体的国家的同一性意味着：最终地，使国家承担义务和享受权利的国际法律秩序，和决定哪些个人作为国家机关来履行国家的国际义务和行使国家的国际权利的国内法律秩序，形成一个普遍性的法。"③并且，国际法的基础规范是各国国内法的最终的效力理由。

---

① OUUMA YASUAKI. A transcivilizational perspective on international law，*Hague Academy of International Law, A Collection of Law Lectures in Pocketbook Form*, Martinus Nijhoff Publishers, 2010, p.57.

② ［英］詹宁斯、瓦茨：《奥本海国际法》第一卷第一分册，王铁崖等译，31～32页，北京，中国大百科全书出版社，1995。

③ 贾少学：《国际法与国内法关系论争的时代危机》，载《法制与社会发展》，2009（2）。

除国际上通行的"二元论"和"一元论"之外，我国学者还提出了"自然调整论"。依据这一观点，国际法与国内法是两个不同的独立的法律体系，因为它们在法律主体、调整对象、适用范围、法律渊源、效力根据、实施方式等许多方面都各具特征，有着显著的区别。但是，这两个法律体系之间又存在着密切的联系。它们可以相互渗透、互相补充，并可以在一定条件下相互转化。^①"国际法与国内法按其实质来看，不应该有谁属优先的问题，也不能说是彼此对立。""从法律和政策的一致性的观点说，只要国家自己认真履行国际义务，国际法和国内法的关系总是可以自然调整的。"^②可以看出，这种"自然调整论"从总体上看，与"二元论"的立场比较接近。

在国际经济秩序不断发展的今天，国家间通过条约而彼此约束的情形越来越多，于是，国际法与国内法的关系问题再一次摆到人们面前。有学者指出，半个世纪以来的实践已显示出国际法与国内法一体化的趋势，这些实践主要包括：国际法效力优位的取得；国际法向国内法的渗透；国际私法中国民待遇原则的普遍化；国际法强制力的取得与国际司法组织的建立。^③与此相关，有的学者还提出了"人类共同法"（a common law for mankind）的概念："在 20 世纪与 21 世纪之交，世界范围内的关系与事件，特别是其中的法律调整，已经失去了其国际特性的惯常外装。'国际'这一概念本身的外延已变得颇具争议。它究竟是仍然意味着主权民族国家之间的关系以及他们各自的影响范围，还是可以更清楚地表明人类共同法的出现？"^④

在全球化大潮的裹挟下，人们似乎更容易接受国际法高于国内法的一元论。然而，在讨论国际法与国内法的关系之前，应该区分两类不同性质的国际法规则。

如前所述，从国际法对国家发生效力的条件或依据的角度，国际法规则可大致分为两类：一类是不以国家的同意为其有效前提的规则；另一类则须经国家明示或默示的同意才对其产生约束力的规则。前一类规则可谓真正意义上的或狭义的国际法，它不管国际社会个别成员的意志如何而一体适用。这类规则在《条约

① 参见曹建明、周洪钧、王虎华：《国际公法学》，22 页，北京，法律出版社，1998。
② 周鲠生：《国际法》，20 页，北京，商务印书馆，1983。
③ 周永坤：《世界法及法的世界化探索》，载《东吴法学》，1996 年卷。
④ RENE FOQUE. Global governance and the rule of law, Karel Wellens. *International Law: Theory and Practice, Essays in Honour of Eric Suy*. Hague: Martinus Nijhoff Publishers, 1998, p.26.

法公约》中被表述为国际法强行规范，即"国家之国际社会全体接受并公认为不许损抑且仅有以后具有同等性质之一般国际法规律始得更改之规律。"尽管人们对如何确认这类规则还存在着分歧，但对这类规则的存在人们还是普遍承认的。[①]后一类规则虽然从一般意义上（国内法理论上）看，欠缺法的普遍强制性，却是国际法最常见的表现形式。这类规则主要是通过国际条约和国际习惯表现出来。国际条约可以说是国家之间的契约。国家之间基本的权利义务（如相互尊重国家主权）产生于狭义的国际法（当然可以通过国际条约予以重申），而国家之间具体的权利义务（如互派使节、相互承认对方国家法院所作的民事判决）则主要产生于国际条约。没有一国的明示的同意，任何条约所确立的规则都不能约束该国家。国际习惯，是指"作为通例之证明而经接受为法律者"[②]，也就是说，国际习惯规则的确立需具备两个构成要件，即各国的反复的相同的行为和被各国认为具有法的约束力。尽管有人认为国际习惯规则并非默示的条约，而是对国际社会具有普遍约束力的规则，[③]但国际实践倾向于以国家的默示同意作为一项习惯规则约束该国的条件，一项国际习惯规则不能约束一贯明确反对这一规则的国家，[④]除非能证明该项习惯表述的是一项国际强行法规范。对于国际强行法规范，一国不得以任何理由而排除其适用，而对于国际条约和国际习惯所确立的其他规范，一国则可以通过自己的行为或不行为使得自己接受或不接受这些规范的约束。

在区分了上述两类国际法规则之后，即可以明确国际法与国内法的关系。就国际强行法而言，国内法应处于下一效力等级，任何违反国际强行法规范的国内法都是无效的。在这方面，最典型的事例是1984年8月19日联合国安理会以决议的方式宣告前南非种族隔离政权所制订的宪法无效。此外，有的国家还在其宪法中规定，国内法不得违背国际强行法。例如，1999年4月18日修改通过的《瑞士宪法》第139条第2款规定，如果主张局部修改宪法的公民提议不尊重国

---

① 车丕照：《国际法规范等级化的趋势及其影响》，载《吉林大学社会科学学报》，1991（2）。

② 联合国《国际法院规约》第38条。

③ 可参见：LOUIS HENKIN, RICHARD G. PIGH, OSCAR SCHAHTER, HANS SMIT. *International Law*. St. Pual: West Publishing Co.. 1980, pp.66~67 以及 [日] 寺泽一、山本草二：《国际法基础》，朱奇武、刘丁等译，34 页，北京，中国人民大学出版社，1983。

④ 可参见联合国国际法院就英挪渔业案（Anglo-Norwegian Fisheries Case）和哥伦比亚诉秘鲁的庇护案（Colombia-Peru Asylum Case）所作的判决，分别见于《国际法院公报》1951 年第 131 页和 1950 年第 211 页。

际法中的强制性规范，联邦议会应该宣布该提议全部或部分无效（If the initiative violates the principle of unity of form，the principle of unity of subject matter，or mandatory rules of international law，the Federal Parliament declares it invalid，in whole or in part）；第 193 条第 4 款规定，在全面修改宪法的情况下，不得违反国际法中的强制性规范（The mandatory provisions of international law may not be violated.）；第 194 条第 2 款规定，在局部修改宪法的情况下，也不得违反国际法中的强制性规范（A partial revision must respect the principle of the unity of subject matter；it may not violate the mandatory provisions of international law）。就其他国际法规范而言，只要一国明示或默示地承认了一项规范，那么，它就必须接受其约束，从而承担使其国内法和与其所承认的国际法规范相一致的国际义务。这样，国际法与国内法就并非是两个并行的法律体系。它们不仅处于同一体系，而且在效力上有高低之分。由于各国有义务使其国内法与其必须接受的国际法规范相一致，所以，在这一层面上，国际社会中的法律规范体系是一元的；又因为各国仅有义务使其国内法与其同意接受国际法规范相一致，由此又会出现许许多多适用于个别国家之间的"次一级"的法律体系，在这个意义上，国际社会中的法律规范体系又是多元的。

由于国际经济秩序是国家间经法律调整的经济关系，一国必须善意履行依据国际法（主要是国际条约）所承担的义务，主要表现为保持国内法（包括法律、法规和行政措施）与本国参加的国际条约规定相一致。如果出现不一致，通常不会允许非国家实体在国内法院提出"合约之诉"，但其他缔约方却有权依据条约的规定发起争端解决程序，以期求得救济。

第二节　确立国际经济秩序的法律形式

一、国际条约

（一）条约在确立国际经济秩序方面的重要作用

当下最常见的国际法规范表现为国际条约。因此，构建国际经济秩序的基本

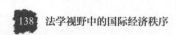

途径依靠国际条约规范的制定和实施。世界贸易组织条约群，几百项区域贸易协定，几千项双边投资协定以及其他一些有关经贸事项的国家间协定，构成了当今国际经济秩序基本的法律依托。

在确认国际条约在国际经济秩序构建过程中的突出地位之后，条约的制定过程和条约的适用等问题必须予以特别关注。

因为条约对缔约国的约束效力越来越广泛、越来越深刻，所以，一国在参与条约制定或准备加入某项条约的时候，必须十分认真；必须考虑缔结或加入一项条约对本国长期和全面的影响，而不应该仅考虑一时一域的影响，从而为本国争取更大的利益。

一项条约究竟能为本国带来什么样的利益，主要取决于三个因素：一是不同缔约国之间的实力对比情况。实力强大的缔约国通常有能力使得条约规定更有利于自己，世界贸易组织《知识产权协议》通常被认为主要反映了西方发达国家的利益，尽管发展中国家在乌拉圭回合谈判初期曾经试图拒绝知识产权议题的谈判，但面对强大的谈判对手，发展中国家不得不逐渐让步。二是国内不同界别的利益协调情况。只有协调好国内不同界别的利益，才可能从总体上为本国争取到最大利益。三是缔约准备情况。国家实力的大小、国内不同界别利益的协调情况都关系到条约到底能为本国带来什么样的利益，但一国的缔约准备情况对条约最终内容的形成也会起到重要作用。一个实力强大的国家在有能力协调好国内不同利益集团的利益的情况下，也可能因为缔约准备方面的疏忽而失去本来可以通过条约而获得的利益。

为了使条约更好地满足本国的利益，一国应特别关注条约评估制度和条约审批制度的建设。

1. 条约评估制度

条约评估制度包括两方面的内容：一是缔约前的条约评估制度，二是缔约后的条约评估制度。缔约前的条约评估是就条约可能会给本国带来的利益影响进行评估；缔约后的条约评估是就条约已经为本国带来的影响进行评估。通过缔约前的条约评估，可以明确希望通过条约可获得的总体利益，判断条约对国内不同利益集团的影响，从而做好相应的谈判准备；通过缔约后的条约评估，可以明确条约利益的实现情况，总结得失，为条约的修订或缔结新的条约进行准备，或者考虑其他补救措施。

条约总是在缔约国之间进行利益分配。对于一项谈判中的条约或一项已经生效了的条约的评价，总是会围绕着它究竟为我们带来什么样的利益展开。[①] 即使不设立条约评估制度，条约的谈判机关或其他政府机构也都会就条约利益进行评估；而设立专门的条约评估制度是为了保证条约利益评估更加规范，更具有可操性。

与缔约后的评估相比，缔约前的评估显然更为主动和积极。政府有关部门在缔结或加入一项条约之前应进行相应的评估工作，并据此确定谈判方案。据史料记载，在中华人民共和国成立初期，就我国与苏联签订《中苏友好同盟互助条约》及相关协定，我国领导人和有关政府部门与苏方进行了长期细致的谈判。毛泽东、刘少奇、周恩来等国家领导人之间就条约和协定的谈判做过大量的沟通，其中就包含条约评估的内容。例如，在毛泽东与周恩来于1950年2月2日给刘少奇等的电报中有这样一段内容："在借款协定〔2〕中有一附件〔3〕，即我方负责供给苏联战略物资。苏方提出要求为钨、锡、锑、铅四种，其办法为在借款还款十四年（一九五〇至一九六三年）当中，中国以其剩余的矿砂卖给苏联……价格按照世界商场价格计算。我们除告以铅为我入口货，无力外销，钨、锡、锑三项剩余愿首先满足苏联需要，再多则卖给新民主国家外，对具体数额，无把握回答。据估计，我钨、锡两项生产后十年每年担任各一万吨似可办到，头四年数额则不敢保证；锑的年产似从未超过七千吨，故所提要求，亦无甚把握。我们拟答以钨、锡两项头四年每年各减两千吨，如有多的剩余仍可卖给苏联，后十年每年各一万吨不变；锑则每年均减两千吨，成为四千、五千、六千。你们所知材料及对此意见如何，并有无新的意见，望立电复。"[②] 可见，缔约前的条约评估对

---

① 例如，排碳大国俄罗斯之所以于2004年加入《京都议定书》，是因为《京都议定书》下给俄罗斯的减排义务为零；而且，由于经济的停滞，俄罗斯的排放量已低于此前，因此，加入《京都议定书》，俄罗斯还会有剩余的减排额度。此外，俄罗斯提出的将其广袤的森林的二氧化碳吸收量主张为一般估算数值的两倍的要求得到2003年《气候变化公约》大会的满足，也使得俄罗斯获得更多的剩余减排额度，可通过排放贸易赚取外汇。见张新军：《中国迎候"后京都时代"》，载《南方周末》，2004年12月2日，第8版。

② 《中共中央、周恩来关于中苏贸易协定谈判等问题的电报、批示选载》，载《党的文献》，2008（1）。

于明确条约文本的真实含义，明确条约规定对本国利益的实际影响，^①明确条约义务履行的可行性都是十分必要的。

缔约后的评估已经不如缔约前的评估主动，但这种评估依旧有积极作用。有些条约允许缔约方在一定期限后就条约修改提出建议，例如，《联合国海洋法公约》第 312 条规定："自本公约生效之日起 10 年期间届满后，缔约国可给联合国秘书长书面通知，对本公约提出不涉及'区域'内活动的具体修正案，并要求召开会议审议这种提出的修正案。秘书长应将这种通知分送所有缔约国。如果在分送通知之日起 12 个月以内，有不少于半数的缔约国作出答复赞成这一要求，秘书长应召开会议。"^② 在这种情况下，如果不进行认真的条约评估，就无法提出反应自身利益的修正案，不仅体察不到现行条约对自己的不利影响，还可能由于不慎而接受其他缔约方提出的对自己不利的修正案。世界贸易组织的一些协定内容丰富具体，另外一些协定（如与贸易相关的投资措施协定）的内容则简单笼统，近似大纲或立法提纲，需要在未来的谈判中具体化。^③ 这也要求我们对 WTO 协定的实施效果进行评估，以决定在未来的谈判中采取何种立场。

一些国家的立法机关在审议拟参加的条约时，会通过听证等方式进行缔约评估。这方面的经验值得进一步挖掘和总结。此外，一些国家所实行的立法评估制度也可以为条约评估制度的建立和完善提供参考。西方发达国家大都已建立了立法评估制度。例如，日本于 20 世纪 90 年代中叶开始开展的"事业评估""行政评价""政策评估"都包含了政府立法评估。^④ 我国也于数年前开始了行政立法和地方立法的评估。2004 年 3 月，国务院颁布了《全面推进依法行政实施纲要》。该《纲要》第 17 条和第 18 条规定：要"积极探索对政府立法项目尤其是经济立法项目的成本效益分析制度。政府立法不仅要考虑立法过程成本，还要研究其实施

---

① 例如，《联合国海洋法公约》设立了专属经济区制度，规定专属经济区是领海以外并邻接领海的一个区域，专属经济区从测算领海宽度的基线量起，不应超过 200 海里。沿海国在专属经济区内享有某些主权权利和管辖权；其他国家在专属经济区内根据公约行使其权利和履行其义务时，应适当顾及沿海国的权利和义务。根据中国的海洋地理状况，专属经济区的设立对我国的利害如何，就是需要评估的。

② 对涉及"区域"的条约内容的修正，《联合国海洋法公约》第 314 条另有规定。

③ ALAN BOYLE, CHRISTINE CHINKIN. *The Making of International Law*. Oxford University Press, 2007, p.135.

④ 汪全胜：《日本的立法后评估制度及其对中国的启示》，载《中州学刊》，2009（5）。

后的执法成本和社会成本；""规章、规范性文件施行后，制定机关、实施机关应当定期对其实施情况进行评估。实施机关应当将评估意见报告制定机关；制定机关要定期对规章、规范性文件进行清理。"这两个条款提出了对行政立法进行成本效益分析和事后评估的要求，标志着行政立法评估制度在我国中央层面的正式法律文件中得到了确认。随后，许多地方陆续开展了行政立法评估工作。"一些省市政府已以地方政府规章或行政规范性文件的形式规定了行政立法后评估制度。"①

评估制度的核心内容应该是评估指标体系。从各国立法评估的经验看，条约评估指标体系应包含经济指标、社会指标和环境指标等。在确立经济指标时，应考虑对市场竞争的影响、对贸易和投资的影响、对企业负担的影响以及对创新和研究的影响等；在确立社会指标时，应考虑对就业的影响、对劳工标准的影响、对特殊群体保护的影响、对公共安全的影响、对社会保障的影响、对卫生和教育系统的影响以及对文化的影响等；在确立环境指标时，应考虑对气候的影响、对资源的影响、对能源利用的影响、对空气质量的影响、对生物多样性的影响、对水源和水质的影响、对土地和土质的影响，以及对企业和消费者的环保态度的影响等。在确定评估标准体系时，除要考虑将哪些指标列入体系，还要考虑各项指标的权重；在考虑将哪些指标列入体系时，除了要考虑可以量化的指标，也要考虑那些无法量化的指标。通过系统的指标分析，可以将条约规定的权利义务转化为效益和成本，以测算该项条约可为我国带来的社会总福利，并且对可能出现的风险加以预测，并筹划相应的预案。

2. 条约审批制度

从国家实践看，条约通常由一国的行政机关来对外谈判和签署。某些条约经国内最高行政机关的批准或核准即可生效，而另外一些条约（重要条约）则需要一国立法机关的批准。重要条约须经立法机关的批准，表明一国立法机关和行政机关在处理对外事务方面的权力分配和相互制衡，也是为了保证条约内容与国内立法的一致性。

在美国，条约（treaty）与行政协定（executive agreement）地位不同。条约必须经过联邦参议院 2/3 多数的批准，而行政协定则并不需要获得参议院的批准。至于就何种事项必须采用条约形式，就何种事项可以采取行政协定方式，美国宪

---

① 郑宁：《我国行政立法评估制度的背景与价值探析》，载《行政法学研究》，2010（4）。

法和其他法律并未严格区分，以至有学者面对 20 世纪初以来迅速增多的行政协定质疑道："难道宪法可以解读成这样吗——通过将一份协议称作行政协定而不是条约，就化解掉报送参议院批准的义务？"①

相比之下，我国法律就条约的缔结与批准的规定比较明确。根据我国《宪法》的规定，全国人大常委会有权"决定同外国缔结的条约和重要协定的批准和废除"（第 67 条第 14 款）；国家主席有权根据全国人大常委会的决定"批准和废除同外国缔结的条约和重要协定"（第 81 条）；国务院有权"管理对外事务，同外国缔结条约和协定"（第 89 条第 9 款）。我国《缔结条约程序法》还就条约审批作出具体规定。该法第 3 条规定："中华人民共和国国务院，即中央人民政府，同外国缔结条约和协定。中华人民共和国全国人民代表大会常务委员会决定同外国缔结的条约和重要协定的批准和废除。"那么，究竟是哪些国际条约算是"条约和重要协定"需要报全国人大常委会批准呢？该项法律的第 7 条规定：需要由全国人大常委会决定批准的"条约和重要协定是指：（1）友好合作条约、和平条约等政治性条约；（2）有关领土和划定边界的条约、协定；（3）有关司法协助、引渡的条约、协定；（4）同中华人民共和国法律有不同规定的条约、协定；（5）缔约各方议定须经批准的条约、协定；（6）其他须经批准的条约、协定。"

尽管有上述规定，在判断哪些协议需要报送全国人大常委会批准时，还可能会感觉缺少明确的依据。例如，我国与世界贸易组织其他缔约方签署入世协议（接受 WTO 的整套协定）是报送全国人大常委会批准的，但依据是什么呢？是因为协定"同中华人民共和国法律有不同规定"，还是因为是属于"其他须经批准的"协定？类似的问题还有，既然 WTO 协定需要报全国人大常委会批准，为什么具有相同性质的中外投资保护协定不需要报批？

此外，全国人大常委会对"条约和重要协定"的批准，还应该有更加具体的程序上的规定，例如，全国人大常委会可以在条约正式签署前就批准条约吗？2001 年 11 月 11 日，我国政府代表在卡塔尔首都多哈与 WTO 签署了《中华人民共和国加入世界贸易组织议定书》，随即递交了我国国家主席依据全国人大常委会第十七次会议决定所签署的批准书。可是我们看到，我国政府代表的签字日期

① JOHN H. JACKSON, WILLIAM J. DAVEY, ALAN O. SYKES. Jr. *Legal Problems of International Economic Relations: Cases, Materials and Text*, 4th ed., West Group, 2002, p.93.

是 2001 年 11 月 11 日，而且在签字页注明"须经批准"，国家主席签署的批准书上注明的日期是 2001 年 11 月 1 日，而第九届全国人民代表大会常务委员会是在第十七次会议（2000 年 8 月 21 日至 25 日在北京举行）上通过关于我国加入世界贸易组织的决定的。也就是说，国家主席在政府代表签署"入世议定书"的前 10 天即签署了批准书，全国人大常委会更是在"入世议定书"签署前 1 年多的时间批准了该项议定书。[①] 正如有学者所评价的那样，"与其说这是全国人大常委会根据宪法程序批准《议定书》的决定，不如说这是类似授权谈判和签署《议定书》的决定。"[②]

有鉴于此，我国法律至少还应就条约审批的范围和程序等事项细化现有规定。

首先，关于需要提交全国人大常委会批准的条约的范围，我国《缔约法》第 7 条列出六种类型。其中的（1）（2）（3）（5）四种类型是明确的；需要进一步明确的是第四类（"同中华人民共和国法律有不同规定的条约、协定"）和第六类（"其他须经批准的条约、协定"）。"同中华人民共和国法律有不同规定的条约、协定"需要提请全国人大常委会批准，这应该是毫无疑义；与此同时，如果条约中含有国内法律（严格意义上的法律）没有加以规定的事项，此类条约也应该报请全国人大常委会批准。其理由在于：制定"法律"的权力在全国人民代表大会及全国人大常委会，其他任何机构都没有此项权力；如果一项条约所包括的内容是本来应该由"法律"加以规定的，那么就应该报请全国人大常委会审批，否则就意味着全国人大及其常委会的立法权被蚕食。改革开放 40 多年来，我国的国内立法有时会滞后于我国对外签署的条约和协定（例如，关于外国投资者和外国投资的待遇问题，就是由我国政府对外签署的双边投资协定率先对外承诺给予国民待遇的）。在特定历史时期，这也许是一种不得已的情况，但是这不应成为常态，尤其不能有意打着"以开放促改革"的旗子，以对外签署条约协定

① 2001 年 11 月 9 日新华社发布消息："第九届全国人民代表大会常务委员会第十七次会议通过了关于我国加入世界贸易组织的决定。会议认为：我国作为世界上最大的发展中国家，加入世界贸易组织，有利于我国改革开放和经济发展，也是建立完整开放的国际贸易体系的需要。我国加入世界贸易组织，只能以发展中国家的身份加入，并坚持权利与义务平衡、循序渐进开放市场的原则，以确保国家控制国民经济命脉，维护国家经济安全和国家主权。根据第十五次会议以后我国加入世界贸易组织谈判的新的进展情况，本次会议决定：同意国务院根据上述原则完成加入世界贸易组织的谈判和委派代表签署的中国加入世界贸易组织议定书，经国家主席批准后，完成我国加入世界贸易组织的程序。"

② 张乃根：《论条约批准的宪法程序修改》，载《政治与法律》，2004（1）。

来"推动"国内立法。如果我们的法律制度需要修改，就应该首先在国内启动程序，而不应该首先对外作出条约承诺，之后再来按照条约内容修改我们的法律。《缔约法》列举的"其他须经批准的条约、协定"，如果不加以细化的话，将是无法实施的。那么，哪些"其他"的条约和协定应该报请全国人大常委会批准呢？解决这个问题还是应该从"立法权"入手。根据我国《立法法》第8条的规定，"下列事项只能制定法律：（1）国家主权的事项；（2）各级人民代表大会、人民政府、人民法院和人民检察院的产生、组织和职权；（3）民族区域自治制度、特别行政区制度、基层群众自治制度；（4）犯罪和刑罚；（5）对公民政治权利的剥夺、限制人身自由的强制措施和处罚；（6）对非国有财产的征收；（7）民事基本制度；（8）基本经济制度以及财政、税收、海关、金融和外贸的基本制度；（9）诉讼和仲裁制度；（10）必须由全国人民代表大会及其常务委员会制定法律的其他事项。"由于就上述事项只能制定法律，而制定法律的权力专属全国人大及常委会，所以，当一项条约的内容涉及上述事项时，就应该报请全国人大常委会批准。需要特别指出的是：我国政府对外签订的100多个双边投资保护协定一直列在全国人大常委会条约审批的范围之外，这种情况应该改变。因为：第一，双边投资保护协定不仅涉及外资基本制度，也涉及"对非国有财产的征收"和"诉讼和仲裁"等事项，因此应该由全国人大常委会对其内容加以审查；第二，双边投资协定的内容近年来扩张的很快，涉及"市场准入阶段的国民待遇"及"最低待遇标准"的事项，而这些事项目前在我国国内立法中是没有规定的，因此，应由全国人大常委会审批。

其次，关于条约审批的程序事宜，《缔约法》的规定过于简单，建议考虑从以下几方面加以完善：第一，设立条约批准的前置程序。对于世界贸易组织协定这类重要的国际条约，应有全国人大常委会对国务院的谈判授权，在授权中应明确谈判目标和原则，在谈判的关键阶段，全国人大常委会应听取谈判进展情况报告，从而保证未来条约批准程序的顺利进行；第二，在条约批准阶段，全国人大常委会应有足够的时间了解条约的内容并就条约对我国可能产生的影响加以评估；第三，全国人大常委会在必要情况下可设立专门的机构，就待批准的条约进行评估，并向全国人大常委会提交说明；第四，在必要情况下，全国人大常委会可就条约批准事项征求民意；第五，对重要条约的批准，可明确规定实行"三读"程序。

（二）创造规则的条约条款与约定交易的条约条款

1. 国际经济贸易条约条款的分类

国际经济贸易条约中的条款可分为创造规则的条约条款（"规则条款"）与约定交易的条约条款（"减让条款"）。由于规则条款对缔约方来说直接创设国际法规则，对国际经济秩序直接发生作用，对缔约方的利害关系也更加明显，因此，在条约制定的过程中，规则条款的谈判显然重于减让条款的谈判。

条约是缔约方就相互间权利义务关系所作出的约定，而权利义务的约定必然以规则的形式表现出来。从这个意义上说，国际经贸条约的主体内容都应该是规则性条款。

然而，如果我们对国际经贸条约的内容做进一步考察，就会发现其林林总总的条款其实是可以依不同标准做多次分类的。

首先，依条款地位的不同，可以将国际经贸条约条款分为原则性条款和规则性条款。规则性条款是直接规定缔约方之间权利义务关系的条款。例如，《中华人民共和国政府和加拿大政府关于促进和相互保护投资的协定》（2012 年 9 月 9 日签署）第 5 条第 1 款规定："任一缔约方给予另一缔约方投资者在设立、购买、扩大、管理、经营、运营和销售或其他处置其领土内投资方面的待遇，不得低于在类似情形下给予非缔约方投资者的待遇。"这就是一项典型的规则性条款。所谓原则性条款是指并不明确界定缔约方权利义务关系，而是指出缔约方权利义务关系的确立方向的条款。这类条款主要表现为条约的"序言条款"。例如，《中华人民共和国政府和坦桑尼亚联合共和国政府关于促进和相互保护投资协定》（2013 年 3 月 24 日签署）序言中规定："中华人民共和国政府和坦桑尼亚联合共和国政府（以下称缔约双方），为缔约一方的投资者在缔约另一方领土内投资创造有利条件；认识到在平等互利原则的基础上相互鼓励、促进和保护投资将有助于激励投资者经营的积极性和增进两国经济繁荣；尊重两国经济主权；鼓励投资者尊重企业社会责任；愿加强两国间的合作，促进经济健康稳定和可持续发展，提高国民生活水平；达成协定如下……"原则性条款虽并不具体规定缔约方之间的权利义务关系，但却是规则性规范的基础和依据。

其次，依条款约束力的确定性的不同，国际经贸条约条款可划分为刚性条款与柔性条款。刚性条款所规定的权利义务关系具体明确，不预留弹性空间；而柔性条款，虽然也为缔约国确立行为规则，但通常以模糊的用语为缔约国留下一定的自由选择的空间。前面引述的"中加投资协定"第 5 条第 1 款的规定属于前者，而中国与坦桑尼亚签署的投资协定的第 2 条第 1 款属于后者，该款规定："缔约一方应鼓励缔约另一方的投资者在其领土内投资，并依照其法律和法规接受并保护这种投资。"这里的"鼓励"，笼统而模糊；这里的"保护"，要取决于东道国的国内法的规定。柔性条款虽然缺少刚性，适用中可能产生分歧，但这种条款的规定也并非毫无意义。它们有助于协定的解释，并且会在未来为刚性条款的确立创造条件。同时，如果有足够的规则性条款的支持，柔性条款还可构成原则性条款。

再次，依条款的作用力的"方向"的不同，条约条款可分为一般规则性条款和例外条款。一般规则性条款，也即前面所说的"规则性条款"和"刚性条款"，为缔约国确立行为规则；而例外条款则使缔约国的某些行为不受该类规则的约束。例如，中加投资协定第 5 条（最惠国待遇条款）是一般规则性条款，它要求任一缔约国给予对方投资者的待遇不得低于其在类似情况下给予第三方的投资者的待遇；而该协定的第 8 条则是例外条款，该条第 1 款规定："第 5 条不适用于：（1）一缔约方根据下述任何现存或将来的双边或多边协定给予的待遇：①建立、强化或扩大自由贸易区或关税联盟；或②与航空、渔业或海事相关的事项，包括海难救助；（2）根据 1994 年 1 月 1 日前生效的任何双边或多边国际协定给予的待遇。"在投资协定的内容体系化和严格化的今天，在规定一般的规则性条款的同时规定例外条款，显然是非常必要的。

最后，国际经贸条约条款可分为规则条款和减让条款。所谓"减让条款"是指量化缔约国的条约义务的条款。之所以称其为"减让"（concession），是因为其体现为缔约国在条约谈判中可以作出的量化的退让。"减让"是 GATT/WTO 体制下的一种重要机制，表现为各缔约方在货物贸易中的关税减让、非关税限制措施（如许可证）削减，以及在服务贸易中就市场准入和国民待遇所作出的具体承诺。国际投资协定本无"减让"问题。但在市场准入阶段适用国民待遇之后，就出现了一个所谓"负面清单"问题。缔约方在承诺在市场准入阶段给予对方的投资者以国民待遇的同时，必须明确不适用国民待遇的产业目录。由此"负面清单"谈判构成了投资协定谈判中的"减让"谈判，并被高度关注。

中美双边投资协定（BIT）谈判自2008年正式启动后历经十余回合。双方的主要分歧集中在国有企业、知识产权保护、透明度和标准制定等核心议题上。在2014年7月举行的第六轮中美战略与经济对话中，双方同意就该谈判日程达成"时间表"，表示力争在2014年底前就BIT文本的核心问题和主要条款达成一致，并承诺2015年早期启动负面清单谈判。2015年3月7日，在十二届全国人大三次会议新闻中心举行的记者会上，中国商务部部长宣布，中美之间已经基本完成了投资协定文本的谈判工作。接下来，将在今年早期按照两国元首商定的共识交换负面清单。这表明，中美投资协定谈判已从规则谈判转入减让谈判。

2. 规则条款谈判重于减让条款谈判

如果将国际经贸条约谈判分为规则谈判与减让谈判的话，规则条款谈判显然重于减让条款谈判。

第一，规则是原则的体现，是减让的基础。一方面，如前所述，虽然国际经贸条约的原则是条约中各项规则的基础，但原则一定要通过规则表现出来。没有规则支持的原则是毫无意义的原则；有生命力的原则一定要通过有效的规则的创设才能够得以确立。美国多年来的缔约实践可以佐证这一判断。

美国在20世纪后半期曾与多个国家签署过"关于私人投资保证的协定和换文"。与美国今天使用的"双边投资条约范本"（Model BIT）比较起来，美国早期对外订立的投资协定的内容十分简单。这类协定以抵抗东道国政治风险和保障投资者的利益不受损失为原则，为此，美国所要求在协定中确立的规则主要有"代位求偿"规则、"债权平等"规则和"争端解决"规则等。从20世纪70年代开始，美国对外签订的投资条约从单一的政治风险防范转向投资自由化和高标准的投资保护。为落实这一原则，"从1977年到1981年，美国花了4年时间准备用于谈判的样板条文。"[1]1982年，美国与巴拿马签订了第一个全面促进与保护投资的双边条约。此后，美国又多次修订其投资协定范本。为了实现其投资自由化和投资高标准保护原则，美国通过其投资协定范本创设了庞大的规则体系，包括：国民待遇、最惠国待遇、最低待遇标准、征收与补偿、转移、业绩要求、高层管理和董事会、有关投资的法律和决定的发布、透明度、投资和环境、投资

---

[1] 余劲松：《国际投资法》（第四版），221页，北京，法律出版社，2014。

与劳动、非一致措施、特殊手续和信息要求和实质安全等规则。

另外，规则是减让的基础；在决定如何减让的时候，必须考虑相关的规则是如何规定的。例如，双边投资协定中的"负面清单"问题从根本上说即基于"市场准入"阶段国民待遇的适用；如果没有该项规则，缔约国就不负有承认对方的投资者具备与本国投资者一样的市场准入的身份，也就有权基于个别核准而准许对方的投资者进入本国市场，因而，也就没有必要与对方谈判确立"负面清单"。同样道理，如果投资协定中的例外条款可使东道国在特定情形下背离向缔约对方及对方投资者的承诺，那么，一国在设立"负面清单"时就可以顾虑较轻地缩短这份"清单"。

第二，规则是义务的"质"的规定，而减让只是义务的"量"的规定。规则是规定义务的有无的，而减让是规定义务的数量的。

经常有人把条约分为"造法性条约"和"契约性条约"。虽然两类条约都为缔约国确立权利义务关系，因而均具有"法"的性质，但在一些学者看来，造法性条约确立的是一般法律规则，而契约性条约"只是在于解决当前的一个具体问题，而不在于为将来制订共同的行为规则。"[1] 依据这一思路，投资协定中的规则条款为缔约国创设了稳定的行为规则，具有"造法性"，而"减让"类条款虽然也具有确立缔约国义务的作用，但并不具有"造法性"，因而，从规则创设角度来看，其意义不及规则条款。

从《关税与贸易总协定》及世界贸易组织的实践来看，规则是相对稳定的，而减让则可以持续地处于变化当中。虽然从广义上说，GATT/WTO 体制下的"减让"包括关税减让、许可证范围减让、国营贸易范围减让和政府定价物品范围减让等，但关税减让无疑是其核心。在 WTO 成立之前，GATT 共组织了 8 轮多边谈判，每轮谈判都涉及关税减让。[2] 虽然目前在国际投资领域尚未形成就"负面清单"逐轮进行谈判的国家实践，但基于国际法原理和国际条约法规则，投资协定的缔约方就"负面清单"减让进行定期谈判也并非不可能发展成为一种模式化的做法。

---

① 转引自李浩培：《条约法概论》，28～29 页，北京，法律出版社，2003。

② 第一轮谈判达成双边减税协议 123 项，关税水平平均降低 35%；第二轮谈判达成双边协议 147 项，关税水平平均降低 35%；第三轮谈判达成双边协定 150 项，关税水平平均降低 26%；第四轮谈判使关税水平平均降低 15%；第五轮谈判使关税水平平均降低 20%；第六轮谈判使关税水平下降了 35%；第七轮谈判使各国的减税幅度达 33%。见薛荣久：《世界贸易组织教程》，61～65 页，北京，对外经济贸易大学出版社，2003。

从我国入世谈判经验看，尽管我们与 WTO 的主要成员就"减让"事项进行了长期艰苦的谈判，并最终就关税减让、服务贸易具体承诺减让、国营贸易产品的范围、制订经营产品的范围、取消非关税措施上的时间表、实行价格控制的产品和服务的范围和需逐步取消的补贴的范围与对方达成一致，形成了近千页的大"清单"，然而，在入世之后真正使我们感到受到不合理约束的是 WTO 中的一些规则性条款（例如，在认定我国为非市场经济国家后，某些对我国不利的规则性条款），以及我国入世议定书中一些个别的不当表述。[①] 由此也可以看出规则谈判比减让谈判更为重要。

在国际投资领域，在缺少多边国际投资条约的情况下，双边投资协定将以其规则是塑造未来多边国际投资体制，因此，投资协定中的规则谈判更为重要。虽然国际贸易与国际投资是当今国际经济交往的两大组成部分，但国际投资领域中并不存在国际贸易领域中的 WTO 那样的多边法律框架，国家之间在投资领域中的权利义务关系主要由双边投资协定加以约束。[②] 经济合作与发展组织（OECD）曾发起制订多边投资协定（Multilateral Agreement on Investment， MAI），但未获成功。随后，一些国家便倡导在 WTO 体系内创设多边的国际投资规则。[③]1996年，WTO 贸易与投资关系工作组成立。1998 年，工作组向 WTO 总理事会提交报告，建议对工作组的工作进行评议。但成员方就制订多边投资协议的立场冲突使得该议题很难推进。1999 年的 WTO 部长级会议上，贸易与投资议题没有取得进展。2001 年的部长级会议作出了只允许工作组对多边投资协议"继续分析研究"的决定。2003 年的部长级会议没有就任何重要议题达成一致。2004 年 8 月 1 日，WTO 成员通过的"总理事会关于多哈议程工作计划的决议"终下决心，将贸易与投资（连同贸易与竞争政策和政府采购透明度）议题从多哈谈判议程中删除。

---

① 例如，由于我国所签署的入世议定书中没有"例外条款"，因此在"中国原材料出口限制措施案"中专家组拒绝中国将 GATT 1994 第 20 条适用于《中国入世议定书》第 11 条第 3 款的主张。尽管你可以批评专家组报告采用了过于僵化、机械的文本解释规则，而忽视了其他解释规则和方法，但如果当初在议定书中增加一项"例外条款"，就不会出现我国败诉的后果。

② 虽然《华盛顿公约》（《解决国家与他国国民间投资争端公约》）和《汉城公约》（《多边投资担保机构公约》）也是多边公约，但它们均属特定事项方面的公约。世界贸易组织规则中有两项协定与国际投资相关，一是《与贸易有关的投资措施协定》(TRIMS)，二是《服务贸易总协定》(GATS)。前者要求成员方不得实施可能限制货物进出口的投资管理措施，后者要求成员方扩大服务业投资的市场准入水平。因此，它们仍属投资特定领域或事项的协定。

③ 刘笋：《WTO 框架下的多边投资协议问题述评》，载《中国法学》，2003（2）。

在 WTO 框架内创设多边国际投资体制主要受到发展中国家的抵制。它们担心其外资管理权会受到限制，并认为创设这样的多边投资体制的实际功效尚待认真研究。[1] 在 WTO 多边投资规则议题的夭折的同时，双边投资协定却在茁壮成长。据联合国贸发会的统计，截至 2019 年底，全球总计有 3284 项国际投资协定，其中，双边投资协定占 2895 项。[2] 迅速成长的双边投资协定正在塑造未来的国际投资法律体系。美国等发达国家正在努力通过在更大的范围内推行其投资协定范本而影响未来国际投资法的创建，其他国家必须认真对待双边投资协定中的各类规则。[3]

（三）条约在缔约国国内的效力

条约作为构建国际经济秩序的基本手段，前提是其必须得到各缔约国的遵守。当代国际法的一项基本原则是条约必须遵守。集国际条约习惯法之大成的《条约法公约》明确规定，缔约国不得以国内法有不同规定为理由而拒绝履行条约义务。关于条约在缔约国国内的效力，主要涉及两个问题：一是条约在缔约国国内适用的方式问题；二是当条约规定与国内立法相冲突时应如何处理的问题，即效力位阶问题。

1. 条约在缔约国国内适用的方式

一国缔结或参加了国际条约之后，就必须履行条约义务，并应保证其国内立法不与其条约义务相冲突。为此，缔约国通常需要将条约并入或转化为国内法。所谓并入（adoption）是指无须另行制定国内法，而是将整个条约纳入国内法体系并加以适用；所谓转化（transformation）是指制订与条约内容相一致的国内法，从而使条约规定可在国内落实。通过并入而适用条约可称之为直接适用；通过转化而适用条约可称之为间接适用。

我国缔结和参加的国际条约在国内的适用问题比较复杂。我国《宪法》《立法法》《缔约法》对条约在国内的适用方式问题未做明确规定，但我国的许多法律对条约的"并入"有明文规定。原《民法通则》第 142 条第 2 款曾经规定："中华人民共和国缔结或者参加的国际条约同中华人民共和国的民事法律有不同规定

① RUDOLF DOLZER, CHRISTOPH SCHREUER. *Principles of International Investment Law*. Oxford University Press, 2008, p.27.

② https://unctad.org/webflyer/world-investment-report-2020. 最后访问日期：2021 年 1 月 17 日。

③ 陈安：《国际投资法的新发展》，15～28 页，上海，复旦大学出版社，2007。

的，适用国际条约的规定，但中华人民共和国声明保留的除外。"这是一种不需要将条约内容转换为国内法而可以直接适用的方式。除了《民法通则》之外，我国的海商法、票据法等法律也都有类似规定。我国最高法院 1987 年制定的《关于处理涉外案件若干问题的规定》明确指出："涉外案件应依照我国法律规定办理，以维护国家主权。同时亦应恪守我国参加和签订的多边或双边条约的有关规定。当国内法以及某些内部规定同我国所承担的条约义务发生冲突时，应适用国际条约的有关规定。根据国际法一般的原则，我国不应以国内法规定为由拒绝履行所承担的国际条约规定的义务。"最高法院 1987 年转发的《对外经济贸易部〈关于执行联合国国际货物销售合同公约应注意的几个问题〉的通知》规定："我国政府既已加入公约，也就承担了执行公约的义务，因此，根据公约第 1 条第 1 款，自 1988 年 1 月 1 日起我各公司与上述国家，除匈牙利外的公司达成的货物买卖合同如不另做法律选择，则合同规定事项将自动适用公约的有关规定，发生纠纷或诉讼亦须依据公约处理。"

需要注意的是，上述可直接在我国适用的条约均为私法性条约，该类条约是为私人创设规范，或者说是调整私人之间的民商事关系的。确立国际经济秩序的条约从性质上看是公法性条约，是调整国家间关系的。虽然无论从理论上讲还是实践中看，都不能排除公法性条约在我国的直接适用，[①]但从最高法院关于 WTO 规则在我国不能直接适用的最终表态来看，公法性条约不宜以并入的方式在我国直接适用。[②]

对另外一些条约，我国是经过转化而加以适用的。我国制定的《中华人民共和国领海及毗连区法》和《中华人民共和国专属经济区与大陆架法》，分别是《联合国海洋法公约》的转化结果。当然，更为典型的例子是我国对 WTO 规则的转化适用。在我国加入世界贸易组织前后的一段时间，我国以 WTO 规则为参照，制定或修订了大量的外经贸管理方面的法律、法规和规章，同时也废除了许多与 WTO 规则相冲突的规章制度。通过法律法规的"废、改、立"，使我国的国内

① 例如，第六届全国人民代表大会常务委员会第二十一次会议作出的《关于对中华人民共和国缔结或者参加的国际条约所规定的罪行行使刑事管辖权的决定》是我国实行"并入法"的又一个例证，该决定规定："对于中华人民共和国缔结或者参加的国际条约所规定的罪行，中华人民共和国在所承担条约义务的范围内，行使刑事管辖权。"依据该项决定，我国可根据所缔结和参加的公约的规定，直接就某些罪行行使管辖权，而无须另行立法。
② 关于外国最高法院关于 WTO 规则在我国是否可直接适用的立场请见后文。

法与 WTO 规则相一致，或至少不影响我国政府 WTO 项下的国际义务的履行。

我们大概可以断定，私法性条约宜于以并入的方式在缔约国国内适用，而公法性条约则宜于以转化的方式在缔约国国内适用。在历史上，国际条约主要以国家之间的政治、军事、外交关系作为调整对象，因此，国际条约意在设立国家的行为规范而很少涉及私人的行为。而在当今世界，国际条约已开始广泛涉及私人的行为。从条约规范创设目的上看，国际条约可分为调整国家间权利义务关系的条约和调整私人间权利义务关系的条约。[①] 调整国家间权利义务关系的条约只是使缔约国之间彼此承担义务；如果一方向对方主张权利或追究责任，也需要诉诸国际法律程序（协商、仲裁甚至诉讼）而不是国内法律程序；缔约国需要在国内有所作为的只是使本国的国内法与其条约项下的义务保持一致。调整私人间权利义务关系的条约和调整国家与私人之间的权利义务关系的条约则需要国内法律程序的支持，因为私人据此主张权利或追究责任时必须诉诸国内法律程序。也正因为如此，可以将私法性条约直接并入国内法。

由于我国没有一般性地规定条约在国内的适用问题，因此，只能采取逐一立法的方式。[②] 也就是说，只有当我国的一项立法明确规定某项或某类条约可在我国直接适用时，该项（类）条约才可以通过并入的方式直接在我国适用；否则，只有通过制订国内法的方式，将条约内容转化为国内法。那种认为我国应完全以并入的方式来适用国际条约的主张是不可取的。[③]

2. 条约与国内法的效力等级

如果条约是在转化后适用，适用的国内法而不是条约，因此就不存在条约与国内法适用上的冲突问题；而在"并入"的情况下，就可能出现条约规则与国内法规则的冲突问题。如果出现条约与国内法的冲突，能否一般地判断条约效力高于国内法的效力呢？回答应该是否定的。

"条约"有狭义和广义之分。狭义的条约是指以"条约"（treaty）为名的

---

① 当然，以私人的行为作为约束对象的国际条约，首先也必须从程序方面为国家创设规范，只有通过约束国家，才可能达到约束私人的效果，因为私人不能成为国际条约的当事人。

② 有学者统计，自 1979 年至 1998 年近 20 年的时间里，我国公布的规定有条约在我国直接适用的法律、法规共有 69 件。见朱晓青、黄列：《国际条约与国内法的关系评析：中国的理论与实践》，朱晓青、黄列主编：《国际条约与国内法的关系》，10 页，北京，世界知识出版社，2000。

③ 参见朱子勤：《国际条约在国内法律体系中的地位》，载《中国律师》，2004（1）。

国家间的书面协议；① 广义的条约则是指国家间所缔结的任何书面协议。《条约法公约》第 2 条规定："称'条约'者，谓国家间所缔结而以国际法为准之国际书面协定，不论其载于一项单独文书或两项以上相互有关之文书内，亦不论其特定名称如何"。这里的"条约"显然是指广义上的条约。通常所说的"条约"也是指广义上的条约。

由于条约既可以是以国家的名义缔结的，也可以是以政府的名义或政府部门的名义缔结的，因此，条约的生效条件不同，条约的效力等级也各不相同。我们知道，在美国，经参议院批准通过的条约是严格意义上的条约，总统对外签订的、无须参议院批准的条约只能算是行政协定。行政协定在效力上低于参议院批准的条约，对美国国会不构成约束。国会可以制定与行政协定相冲突的法律。

我国《宪法》或其他法律没有规定条约的效力等级问题，但从《宪法》和其他法律的相关规定可以作出推定。

我国《缔约法》对条约做了如下分类：

一是将条约分为"条约""协定""其他具有条约、协定性质的文件"。我国《缔约法》第 2 条规定："本法适用于中华人民共和国同外国缔结的双边和多边条约、协定和其他具有条约、协定性质的文件。"

二是将条约分为"条约和重要协定"与其他条约。我国《缔约法》第 3 条规定："中华人民共和国全国人民代表大会常务委员会决定同外国缔结的条约和重要协定的批准和废除"；其他条约的生效，不需经过全国人大常委会批准。

三是将条约分为"以中华人民共和国名义缔结的条约和协定""以中华人民共和国政府名义缔结的条约和协定""以中华人民共和国政府部门名义缔结的条约和协定"。《缔约法》第 4 条、第 5 条规定："以中华人民共和国名义谈判和签署条约、协定，由外交部或者国务院有关部门会同外交部提出建议并拟订条约、协定的中方草案，报请国务院审核决定；""以中华人民共和国政府名义谈判和签署条约、协定，由外交部提出建议并拟订条约、协定的中方草案，或者由国务院有关部门提出建议并拟订条约、协定的中方草案，同外交部会商后，报请国务院审核决定；""以中华人民共和国政府部门名义谈判和签署属于本部门职权范

---

① 政府间国际组织之间以及政府间国际组织与国家之间缔结的具有法律约束力的书面协议也属条约范畴。

围内事项的协定，由本部门决定或者本部门同外交部会商后决定；涉及重大问题或者涉及国务院其他有关部门职权范围的，由本部门或者本部门同国务院其他有关部门会商后，报请国务院决定。"

在上述分类中，第一种分类不涉及条约效力等级问题，而后两种分类则表明了条约的效力等级。在国内法体系中，立法者的不同身份决定了法律文件的效力等级；条约的效力等级也是由决定其生效的机关的地位所决定的。根据《缔约法》的上述规定以及我国《宪法》和其他法律的规定，我们可对条约的效力等级做如下归纳：

第一，我国所缔结与参加的任何条约的效力都在《宪法》的效力之下，任何条约条款都不得与《宪法》规定相冲突。我国《宪法》并没有直接规定条约与《宪法》的关系，而只是规定："一切法律、行政法规和地方性法规都不得同《宪法》相抵触。"但是从立法程序分析，《宪法》效力在条约效力之上。这是因为："决定同外国缔结的条约和重要协定的批准和废除"是全国人大常委会的权力，而《宪法》的修改则是全国人民代表大会的专属性权力；而且，《宪法》的修改，须由全国人民代表大会常务委员会或者 1/5 以上的全国人民代表大会代表提议，并由全国人民代表大会以全体代表的 2/3 以上的多数通过；而法律和其他议案则只需由全国人民代表大会以全体代表的过半数通过，或由全国人大常务委员会全体组成人员的过半数通过。

第二，全国人大常委会批准的"条约和重要协定"[①]与全国人大及全国人大常委会制定的法律具有同等效力。我国《宪法》规定，全国人民代表大会和全国人民代表大会常务委员会行使国家立法权；全国人民代表大会有权制定和修改刑事、民事、国家机构的和其他的基本法律；全国人大常委会是全国人大的常设机关，有权制定和修改除应当由全国人民代表大会制定的法律以外的其他法律，有权在全人大闭会期间，对全国人民代表大会制定的法律进行部分补充和修改，但不得同该法律的基本原则相抵触，有权撤销国务院制定的同《宪法》、法律相抵触的行政法规、决定和命令、撤销省、自治区、直辖市国家权力机关制定的同《宪

---

① 根据《缔约法》第 7 条的规定，须经全国人大常委会批准的条约和重要协定包括：（1）友好合作条约、和平条约等政治性条约；（2）有关领土和划定边界的条约、协定；（3）有关司法协助、引渡的条约、协定；（4）同中华人民共和国法律有不同规定的条约、协定；（5）缔约各方议定须经批准的条约、协定；（6）其他须经批准的条约、协定。

法》、法律和行政法规相抵触的地方性法规和决议。全国人大常委会制定的法律与其批准的条约和协定，其效力源自同一立法机关，因此应认为具有同等的效力。全国人大常委会所批准的条约与协定与全国人大制定的法律也应该认定具有同等效。因为尽管全国人大与全国人大常委会制定法律的权限并不一致，但在我国《宪法》将批准条约的权限仅赋予全国人大常委会的情况下，全国人大常委会所批准的条约应解释为与全国人大所制定的法律具有同等效力。

第三，我国对外缔结的不须经全国人大常委会批准而须经国务院核准生效的条约和协定，与国务院制定的行政法规具有同等效力。根据我国《宪法》第89条，国务院有权"根据《宪法》和法律，规定行政措施，制定行政法规，发布决定和命令"；《缔约法》第5条规定："以中华人民共和国政府名义谈判和签署条约、协定，由外交部提出建议并拟订条约、协定的中方草案，或者由国务院有关部门提出建议并拟订条约、协定的中方草案，同外交部会商后，报请国务院审核决定。"国务院制定的行政法规与国务院核准生效的条约与协定，其效力源自同一立法机关，因此也应具有同等的效力。

第四，以我国政府部门的名义对外缔结的协定与国务院部门规章具有同等效力。根据我国《宪法》第90条的规定，国务院各部、各委员会有权根据法律和国务院的行政法规、决定、命令，在本部门的权限内，发布命令、指示和规章。《立法法》第71条规定："国务院各部、委员会、中国人民银行、审计署和具有行政管理职能的直属机构，可以根据法律和国务院的行政法规、决定、命令，在本部门的权限范围内，制定规章。部门规章规定的事项应当属于执行法律或者国务院的行政法规、决定、命令的事项。"《缔约法》第5条规定："以中华人民共和国政府部门名义谈判和签署属于本部门职权范围内事项的协定，由本部门决定或者本部门同外交部会商后决定；涉及重大问题或者涉及国务院其他有关部门职权范围的，由本部门或者本部门同国务院其他有关部门会商后，报请国务院决定。"国务院各部委所制定的规章与部委对外签署的协定具有同等效力，也是因为它们的效力源自同一机关。

由于我国缔结和参加的国际条约与协定的处于不同的效力等级，因此，笼统地说条约在我国法律体系中的地位和适用问题是不可取的。我们必须首先明确我们所说的条约或协定是处于什么效力等级上的条约或协定。同样被称作"协定"

的国际协议，有的会与法律处于平等地位，有的则仅处于行政规章的地位，这当然会影响到国际协议在国内的适用问题。

国内立法的效力高于下一位阶的国际条约或协定的效力可能会带来一个问题，即条约规定的义务在国内不能得到履行。如何看待这一问题呢？应该认为：如果出现这种情况，那是因为决定条约效力的机关违背了已有的上位法的规定，或者是上级机关认为必须制定与已有条约规定不一致的法律、法规。无论出现哪种情况，都不应简单地牺牲国内法的效力，而必须考虑变通条约的效力，例如，考虑修改或退出已有条约，或者对条约做出与已有法律不相冲突的解释或做出其他安排。在这方面，我们已有先前的实践，例如，《中华人民共和国政府和美利坚合众国政府关于投资保险和投资保证的鼓励投资的协议及有关问题的换文》第4条即规定："中华人民共和国法律如部分或全部废止或禁止承保者在中华人民共和国境内取得被保险的投资者的任何财产利益，中华人民共和国政府应允许该投资者和承保者做出适当安排，将上述利益转移给中华人民共和国法律所允许占有此项利益的实体。"这就属于当后制定的法律与原有的国际协定相冲突时所做的一种变通安排。

美国在加入 WTO 的时候，并没有提请国会作出条约批准。为了明确 WTO 与美国国内法的关系，美国国会于 1994 年底制订了《乌拉圭回合协议法》(Uruguay Round Agreements Act)，并在第 3512 节中以"协议与美国法律和各州法律的关系"为题，规定：当协议规定与美国法冲突时，美国法优先；即使出现州法与协议规定不符时，也不得宣布州法无效，除非联邦政府提出其无效。而且，"除美国之外的任何人都不得基于乌拉圭回合协议或国会对该协议的批准而提起诉讼或抗辩，也不得在依法提起的诉讼中以与协议不符为由而对美国、州或州的任何政治区划的任何部门或机构的任何作为或不作为提出质疑"。[①] 美国的该项立法并不违反国际法，却为美国政府履行 WTO 项下的条约义务带来障碍。如果按照世界贸易组织断定美国的某项法律措施违反了 WTO 的规定，在美国国内，WTO 的规定并不减损国内法的效力，但根据一国不得援引国内法作为不履行条约义务

---

① 就美国国会的这一立场，有学者评论道："美国的原则是不允许世贸组织像美国能随心所欲违反国际法那样，也来干预美国的立法。"见 [美] 诺姆·乔姆斯基：《新自由主义和全球秩序》，徐海铭、季海宏译，59 页，南京，江苏人民出版社，2000。

的理由，美国政府的履约义务并不能得以免除。因此，美国行政部门或者要说服国会修改法律，或者对 WTO 其他成员方承担违反条约义务的责任。

3. 关于世界贸易组织规则在我国适用问题的反思

在我国"入世"前后，关于世贸组织规则在我国的适用问题，主流观点是：我国法院应直接适用 WTO 规则，而且，当出现国内法与 WTO 规则不一致时，优先适用 WTO 规则。例如，有学者指出："法院在审理和裁决具体涉外纠纷时，可以直接适用 WTO 协议中的一些规则，特别是在国内法中没有相关规定时，更应直接适用 WTO 协议。此外，当事人可以在法院直接援引 WTO 协议的原则或规则主张权利，这也是对 WTO 规则的直接适用。"[1] 不仅多数学者认为我国法院可直接适用 WTO 规则，就连我国最高法院也在多种场合下作出如此表态。2000 年 10 月 29 日，最高人民法院的一位负责人在全国民事审判工作会议上表示，在中国加入世界贸易组织之后，各级法院在审理涉外民事案件时，如果世贸组织规则与中国法律发生冲突，应当优先适用世贸组织规则。[2]

但随后，我国最高法院的立场出现了明显变化。2002 年 9 月 12 日，最高法院颁布了《关于审理国际贸易行政案件若干问题的规定》，该规定明确："人民法院审理国际贸易行政案件，应当依据中华人民共和国法律、行政法规以及地方立法机关在法定立法权限范围内制定的有关或者影响国际贸易的地方性法规"，而不是世贸组织规则。最高法院负责人就此项规定的解释是：我国将不直接适用世贸组织规则，而是通过修改和制定国内法律的方式来转化实施世贸组织规则。我国法院不直接适用世贸组织规则主要有两层含义：其一是个人和企业不能直接援用世贸组织规则向法院起诉和抗辩；其二，法院在判决文书中不直接援用世贸组织规则作为裁判依据。

为什么我国最高人民法院在 WTO 规则能否直接适用问题上的立场会在短时间内出现如此大的转变呢？原因可能是多方面的。首先，我国《宪法》对条约在国内的适用问题未作出明确规定，从而很难判断我国在条约适用问题上的一般立场；其次，《民法通则》等几部大法关于"条约优先适用"的规定，使许多人相

---

[1] 江伟、王景琦：《WTO 协议与中国民事司法制度的完善》，载《中国法学》，2001（1）。

[2] 见东方网，https://www.lawtime.cn/info/lunwen/gjfmyflw/2011072582936.html，最后访问日期：2021 年 5 月 6 日。

信，条约优先于国内法适用是我国所确立的一般原则，^① 这一信念又被国际法教科书中的"国际法高于国内法"的笼统判断所强化；再次，我国法院先前的直接适用国际条约的实践，使得许多人认为，我国法院可以向适用其他国际条约那样来适用 WTO 规则；最后，人们对我国"入世"谈判的内容，包括我国最后签署的各项法律文献的内容了解不多，这也可能是我们无法对 WTO 规则在我国的适用问题作出准确判断的一个原因。

无论是何种原因，这件事情都暴露出我国学术界理论研究上的不足和政府决策上的仓促。首先，尽管我国《宪法》没有明确规定条约在我国的效力问题，但从现有立法和以往的理论研究成果，我们对 WTO 规则在国内的适用问题还是可以作出符合逻辑的推理的。其次，虽然我国的许多法律都规定了条约的优先适用问题，但这并不表明我国所缔结或参加的所有的条约都可以在我国法院直接适用和优先适用。法院可直接适用的多是民商事的国际条约。再次，我国法院当然可直接适用某些国际条约（如《联合国国际货物销售合同公约》），但这也并不表明法院可直接适用任何国际条约。法院可依据条约审理私人之间的纠纷，却不能依据条约来审理政府之间的纠纷；而 WTO 规则从性质上看是规范成员方政府之间关系的公法性的国际公约。最后，我国的"入世"谈判过于保密，使得普通民众、甚至人大代表和政府机关都需要从其他渠道来获得其信息，这自然会引发人们对 WTO 规则的误解；但如果我们能认真阅读我国政府与世贸组织所签署的最后文件的话，还是可以作出一些准确的判断的。例如，关于 WTO 规则在我国的适用问题，《中国加入 WTO 工作组报告》第 67 条指出："中国始终都是以善意方式履行其国际条约义务。根据《宪法》和条约缔结程序，WTO 协定属于需经全国人大常委会批准的'重要协定'。中国将确保其有关或者影响贸易的法律和法规与 WTO 协定和中国的承诺相一致，以充分履行其国际义务。为此，将在完全遵守 WTO 协定的情况下，通过修订其现行国内法和制订新法律，以有效的统一的方式实施 WTO 协定。"这已经表明，我国将以"转化"的方式来实施世贸组织规则，这也就意味着我国法院将要适用的是我国法律，而不是世贸组织规则。此外，如果我们仔细考察一下其他国家的实践，我们也不会匆忙做出直接适

———————————

① 唐颖侠：《国际法与国内法的关系及国际条约在中国国内法的适用》，载《社会科学战线》，2003（1）。

用 WTO 规则的表态。法国、奥地利、荷兰、日本等国家通常被认为是允许条约在国内直接的国家，但在 WTO 规则的适用方面却采取了特别的立场，主张世贸组织协议在国内不具有直接适用力。欧盟在其 1994 年 12 月 22 日关于缔结《乌拉圭回合协议》的决议中明确声明，无论是欧盟法院还是成员国法院，均不能直接适用世贸组织的多边贸易协议。日本法院的立场也是如此。① 美国更是通过国会立法明确宣布：美国联邦法律在效力上高于 WTO 的规定。在这么多的国家都公开否认 WTO 规则在国内法院的直接适用、明确排除 WTO 规则对本国法的优先效力、断然拒绝私人依据 WTO 规则提起诉讼或抗辩的时候，我们却明确主张 WTO 规则在我国法院的直接适用性，甚至允诺当 WTO 规则与我国法律冲突时优先适用 WTO 规则，这显然是过于草率了。

（四）条约的解释

像其他任何法律的适用一样，条约的适用也离不开解释。由于条约由两个及以上的国家协商订立，因此，条约解释更近似契约解释而不是法律解释，条约解释的要义在于探寻缔约国的真实意思，而且，不同的解释方法应有适用顺序之分。

1. 条约解释更近似契约解释

条约解释不同于条约理解。在各缔约国（当事国）依据条约约定行使权利、履行义务的情况下，相关国家对条约的理解与各当事国缔约时的预期相一致，不会产生条约理解的歧义，因而也不需要对条约进行解释。条约解释一定是在不同的当事国就某项条约条款的含义有不同理解的情况下出现，需要通过条约条款的解释来明确其应有含义，并依此确定当事国间的权利义务关系。因此，国家间争议的解决几乎都离不开条约解释，无论争端是通过何种方式解决的。即使争端是通过国家间的磋商解决的，也必然要经过澄清条约相关条款的含义这样的步骤。至于由当事国之外的第三方所裁断的案件，其裁判文书一定会用大量的篇幅来阐述裁判者对有关条约条款的解读。

由于条约是国际法的主要表现形式，所以，将条约解释看作是法律解释当

---

① 刘汉富：《世界贸易组织法在内国法院的直接适用问题》，载《人民司法》，2000（7）。

然不错。然而，细究起来，条约解释其实更接近契约解释。① 因为，尽管条约已成为国际法的主要渊源，但从本质上看，条约是国家间的契约。凯尔森的《国际法原理》一书指出，"如同契约，条约是当事国为设立彼此权利义务所做出的一种法律上的安排。"② 《奥本海国际法》一书也表达了条约更具契约属性而不是法律属性的观点。作者写道："条约仅在某种特别意义上是国际法的一个形式渊源……严格地说，把它们在形式上看作权利和义务的一个渊源，而不看作法律的一个渊源，是比较正确的。法律的渊源通常要有适用的一般性和自动性，而这却是条约显然所没有的。"③

条约与契约的共性表现在许多方面。首先，无论是契约还是条约，都是两个或两个以上的法律地位平等的主体之间所达成的合意；其次，无论是契约还是条约，其内容都是既可以载于一项单独的文书也可以载于两项及以上相互有关的文书中；最后，无论是契约还是条约，其作用都是在确定缔约方之间的权利义务关系；还有，无论是契约还是条约，其效力均不及于第三方。其实，这个单子还可以列的很长，例如，都适用违法约定无效原则，都适用约定必守原则，都适用违约担责原则，都适用情势变更原则，等等。在上面所列举的各项共性之中，条约与契约都是当事方的合意应该是最根本的共性。如同李浩培先生所说，条约一定是当事国有依据国际法产生、改变或废止相互权利义务的意思，且意思表示已经达成一致。④

由于条约与契约在属性上是如此近似，因此，条约解释更接近契约解释而不是法律解释。由于都是某种规范性条款的解释，因此，法律解释与契约解释具有共同之处。例如，无论是法律解释或是契约解释，都是在两个以上的当事人对某一规范性条款存在不同理解的情况下发生的，都要对规范性条款的内容和含义作出说明，都需要采用文义解释、整体解释、目的解释等方法等。但契约解释也在

---

① 事实上，早就有人提出依合同解释规则来解释条约。可参见杜焕芳：《美国最高法院条约解释方法与阿伯特案的影响》，载《法学评论》，2013（5）。

② Hans Kelsen, *Principles of International Law*, Second Edition, Holt, Rinehart and Winston, Inc., 1966, p.456.

③ ［英］詹宁斯、瓦茨修订《奥本海国际法》（第一卷、第一分册），王铁崖等译，19页，北京，中国大百科全书出版社，1998。

④ 见李浩培：《条约、非条约和准条约》，载李浩培：《李浩培文选》，560～561页，北京，法律出版社，2000。

许多方面有别于法律解释。首先，从解释对象看，法律解释的对象是法律规则，法律规则的制定者独立于纠纷的当事人，而契约解释的对象是契约条款，是纠纷当事人自己制定的规则；其次，从解释目的看，法律解释是要通过寻求立法者的真实意图来明确某一规范性条款的确切含义，而合同解释则是要通过寻求当事人的缔约意图来明确某一条款的确切含义；最后，立法者的立法意图是单一实体的意图，比较容易地由立法机构、司法机构以及经授权的行政机构加以阐释表达，而契约解释需要推断出各缔约方的共同意图，而在纠纷出现之后，通常是各执一词，因此，当事人共同意图的推断相对困难。寻找各方当事人的共同意图应该是契约解释较之法律解释最大的特点。①

需要指出的是，前面所说的条约解释是针对传统意义上的条约而言。所谓传统条约是指为当事国创设行为规范的条约，也即公法性条约，如《关税与贸易总协定》。与公法性条约相对应的私法性条约是指为私人创设行为规范的条约，例如《联合国国际货物销售合同公约》。私法性条约符合条约的一般特征，也为当事国创设规范（通常是程序方面的），但条约的主体部分是在为私人创设行为规范。以《联合国国际货物销售合同公约》为例，该《公约》分为四个部分，第一部分是"适用范围和总则"，主要规定该公约的适用条件，可以说主要是在规定当事国的权利义务；第四部分是"最后条款"，主要规定该公约的生效条件、加入、退出及条约保留等问题，也是在为当事国创设规则；而公约的主体部分是第二部分"合同的订立"和第三部分"货物销售"，前者设立了合同订立规范，后者设立货物买卖规范。无论是合同订立规范还是货物买卖规范，都不是准备由当事国来加以适用的，尽管从理论上说国家当然可以从事国际货物买卖，而是准备给符合条件的私人的交易适用的。因此，对公约第一部分和第四部分的内容解释属于严格意义的条约解释，而对于公约第二部分和第三部分的内容解释属于法律解释。举例来说，当某一法院在审理一宗国际货物买卖纠纷并适用 CISG 时，法官一定要对其所适用的条款加以解释，但这时所解释的，尽管形式上是条约条款，但实际上是法律条款。法官如同解释本国法一样解释公约条款，并由此确定当事人之间的权利义务关系，而不是通过公约条款的解释确定有关国家之间的权利义务关系。

---

① 关于条约解释与法律解释的关系，可参见张乃根：《条约解释的国际法》（上），58～66页，上海，上海人民出版社，2019。

由于确立国际经济秩序的条约属于公法性条约，因此，这里所说的条约解释是指公法性条约的解释。

2.条约解释要寻找当事国的合意

由于条约解释的对象是当事国自己的约定，条约解释的目的是明确当事国的权利义务关系，因此，条约解释核心在于探究当事国的共同意图。从更基础的层面看，由于"在国际生活当中，国家仅遵循本国所作出的允诺，国家的允诺就变成了它所需要认可和遵循的规则"，[①] 探求国家允诺背后的意图，就应该成为澄清其彼此允诺的基本依据。

有关契约解释的规则通常都要关注当事人意图的查明。例如，国际统一私法协会编撰的《国际商事合同通则》（以下简称《通则》）在合同解释一章特别强调探寻各缔约方的共同意思（common intention of the parties）或一方当事人的意思（a party's intention）。例如，《通则》规定："合同应根据当事人各方的共同意思予以解释，""一方当事人的陈述和其他行为应根据该当事人的意思来解释"。[②]《通则》在合同解释方面对当事人内心意图的探究，对同样具有契约属性的条约的解释应该有很好的借鉴作用。

现行的有关条约解释的国际法规则集中体现在《条约法公约》（以下简称《公约》）有关条约解释的规定上。该《公约》不仅约束当事国，而且越来越被承认是有关条约的国际习惯法的集中表达，从而具有更广泛的约束力。[③] 尽管该条约的相关条款几乎没有提到当事国的意图，但《公约》所确立的条约解释规则依然表现出对当事国意图的重视。其第31条是条约"解释之通则"，其中规定："（1）条约应依其用语按其上下文并参照条约之目的及宗旨所具有之通常意义，善意解释之。（2）就解释条约而言，上下文除指连同弁言及附件在内之约文外，并应包括：（a）全体当事国间因缔结条约所订与条约有关之任何协定；（b）一个以上当事国因缔结条约所订并经其他当事国接受为条约有关文书之任何文书。（3）应与上下文一并考虑者尚有：（a）当事国嗣后所订关于条约之解释或其规定之适用之任何协定；（b）嗣后在条约适用方面确定各当事国对条约解释之协

---

① 何志鹏：《以诺为则：现代性国际法的渊源特质》，载《当代法学》，2019（6）。
② 分别见《国际商事合同通则》（2010年）第4.1条和第4.2条。
③ 有关国际条约法的发展及编纂，可参见张乃根：《条约解释的国际法》（上），256～354页，上海，上海人民出版社，2019。

定之任何惯例；（c）适用于当事国间关系之任何有关国际法规则。（4）倘经确定当事国有此原意，条约用语应使其具有特殊意义。"从上述规定可以看出：第一，"条约应依其用语按其上下文并参照条约之目的及宗旨所具有之通常意义，善意解释之"，这意味着条约解释首先要从文本的用语入手来寻求当事国缔约时的合意；之所以要考虑用语的上下文以及缔约目的和宗旨，也是为了综合更多的因素来判断当事国的意图；第二，《公约》将"上下文"扩展到"全体当事国间因缔结条约所订与条约有关之任何协定"以及"一个以上当事国因缔结条约所订并经其他当事国接受为条约有关文书之任何文书"，已经不是严格意义上的上下文解释，而是一种"系统解释"，这种解释也是为了从更广阔的背景下探寻当事国的缔约意图，从而使条约解释更接近其原本含义；第三，《公约》将"当事国嗣后所订关于条约之解释或其规定之适用之任何协定"等也列入"应与上下文一并考虑者"，是为了基于更多因素的考虑来推断当事国的真实意图；第四，《公约》规定的"倘经确定当事国有此原意，条约用语应使其具有特殊意义"更表现出对当事国意愿的尊重。

总之，条约解释的要义是寻找当事国的意思，而对当事国意思的寻找不能脱离条约的文本。正如有学者所指出的那样："条约约文是各当事国的意思的唯一权威和最新表现，因此，解释可以认为主要是一个约文问题。"①

近年来，围绕着《中国入世议定书》第15条的含义，各方作出了不同的解释。中国入世15年之后究竟会产生什么样的法律后果？是中国将自动取得市场经济地位？还是其他缔约方在对源自中国的商品进行反倾销、反补贴调查时不得任意利用替代国标准？在解释相关条款时必须寻求缔约时各方的真实意图。议定书第15条是规定倾销与补贴价格的可比性的。其中第1款规定，如果中国生产者能够明确证明，生产该同类产品的产业在制造、生产和销售该产品方面具备市场经济条件，则WTO进口成员在确定价格可比性时，应使用受调查产业的中国价格或成本（第1款第1项）；否则，该WTO进口成员可使用不依据与中国国内价格或成本进行严格比较的方法（第1款第2项）。随后，第15条第4款又规定，一旦中国根据该WTO进口成员的国内法证实其是一个市场经济体，则第1款的

---

① ［英］詹宁斯、瓦茨修订《奥本海国际法》（第一卷、第二分册），王铁崖等译，663页，北京，中国大百科全书出版社，1998。

规定即应终止，但截至加入之日，该 WTO 进口成员的国内法中须包含有关市场经济的标准。而无论如何，第 1 款第 2 项的规定应在中国入世之日后 15 年终止。此外，如中国根据该 WTO 进口成员的国内法证实一特定产业或部门具备市场经济条件，则第 1 款中的非市场经济条款不得再对该产业或部门适用。对议定书第 15 条的解释分歧主要集中在对第 4 款的规定上。中国政府依据第 4 款的后半段主张，在中国入世 15 年后议定书第 15 条这一特别安排应立即终止；一些缔约方则提出，其有权不承认中国的市场经济地位，从而继续适用替代国方法。从第 15 条的表述可以看出缔约方所表达出的意思是：第一，如果中国能够根据进口方的国内法证明自己是一个市场经济体，则第 1 款的规定不再适用（Once China has established, under the national law of the importing WTO Member, that it is a market economy, the provisions of subparagraph （a） shall be terminated provided that the importing Member's national law contains market economy criteria as of the date of accession）；第二，无论如何，第 1 款第 2 项的规定应在中国入世之日后 15 年终止（In any event, the provisions of subparagraph （a）（ii） shall expire 15 years after the date of accession）。可见，关于"替代国标准"的停止使用问题，缔约各方表达了两层意思。第一层意思是一般停用条件，只要中国能够依约证明自己是一个市场经济体即可；第二层意思是特别停用条件，即使中国未能证明自己是一个市场经济体，"无论如何"，前述"替代国标准"必须在中国入世 15 年后停用。在写进"无论如何"这几个字的时候，缔约各方的内心意思已经十分明确地表达了出来，即 15 年后，议定书第 15 条第 1 款将"失去效力"。至于 15 年之后 WTO 其他缔约方是否必须承认中国是一个市场经济国家，至少从字面上看不出有这样的意思表示。

由于第三方（裁判机构）对条约条款的解释可能偏离当事国的真实意图，一些条约缩限了条约的解释空间。例如，关于一项税收是否构成对外国投资的征收问题，一些投资协定已经将解释权首先留给当事国的税收主管机构。在双边投资协定实践中具有重要影响的《美国双边投资协定范本》（*U.S. Model Bilateral Investment Treaty*）在税收条款中规定，投资协定原则上不适用于税收问题；但投资协定中有关征收的规定适用于税收措施，其条件是：投资者在提起仲裁申请，声称一项税收措施涉及征收之前，要以书面形式提请缔约双方的适格机构就税收是否涉及征收加以认定，并且，双方的适格机构未能在 180 天内就该项税收不构成征收达成一致意见。① 也就是说，就一项税收是否构成征收的解释权原则上保留在当事国双方手中；只有当双方的适格机构就相关认定无法达成一致的情况下，投资者方可将相关争议提交仲裁机构，由其解释、认定并裁断。

3. 寻找当事国本意必须遵循特定的规则

条约解释应遵循相应的规则，条约解释规则是判断条约解释合法性的标准。从理论上说，条约解释规则至少应包含两部分的内容，一是条约解释的方法；二是条约解释方法的使用顺序。《条约法公约》在这两方面都有规定。②

（1）关于条约解释方法。

关于条约的解释方法，《条约法公约》第 1 条作为"解释的通则"列出了条约解释的各种方法。其中第 1 款规定："条约应依其用语按其上下文并参照条约之目的及宗旨所具有之通常意义，善意解释之。"这包括了文义解释方法、上下文解释方法和目的解释方法。第 31 条第 2 款进一步丰富了上下文解释方法："就解释条约而言，上下文除指连同弁言及附件在内之约文外，并应包括：（a）全体当事国间因缔结条约所订与条约有关之任何协定；（b）一个以上当事国因缔结条约所订并经其他当事国接受为条约有关文书之任何文书。"第 31 条第 3 款对上下文解释做了扩充："应与上下文一并考虑者尚有：（a）当事国嗣后所订关于条约之解释或其规定之适用之任何协定；（b）嗣后在条约适用方面确定各当事国对条约解释之协定之任何惯例；（c）适用于当事国间关系之任何有关国际法规则。"《条约法公约》的第 31 条还规定："倘经确定当事国有此原意，条约用语应使其具有特殊意义。"这仍然是一种文义解释方法。《条约法公约》第 32 条规定的是"解释之补充资料"，"为证实由适用第 31 条所得之意义起见，

① 美国范本（2012 年版）的原文是："Article 21: Taxation, 1. Except as provided in this Article, nothing in Section A shall impose obligations with respect to taxation measures. 2. Article 6 [Expropriation] shall apply to all taxation measures, except that a claimant that asserts that a taxation measure involves an expropriation may submit a claim to arbitration under Section B only if: （a）the claimant has first referred to the competent tax authorities21 of both Parties in writing the issue of whether that taxation measure involves an expropriation; and （b）within 180 days after the date of such referral, the competent tax authorities of both Parties fail to agree that the taxation measure is not an expropriation. "
② 对《条约法公约》所规定的条约解释规则，多数人认为是有约束力的法律规则，但也有人认为其只是"指导性的原则"。参见吴卡：《国际条约演化解释理论与实践》，2 页，北京，法律出版社，2016。

或遇依第 31 条作解释而：（a）意义仍属不明或难解；或（b）所获结果显属荒谬或不合理时，为确定其意义起见，得使用解释之补充资料，包括条约之准备工作及缔约之情况在内。"该条规定可视为前述解释方法的补充，有明确的适用条件。

对以上规定，我们可以做以下理解：第一，《条约法公约》所列举的条约解释方法均属合法的解释方法，采用这些方法所进行的解释具有合法性；第二，由于《条约法公约》并没有表明其对解释方法的列举是穷尽的，因此，不排除采用其他解释方法的可能性，但这种方法应该具有正当性，否则就不能认为是合法的条约解释。

方法的合法性在某些制度中是有明确规定的。例如，世界贸易组织《关于实施 1994 年关税与贸易总协定第 7 条的协定》（简称《海关估价协定》）在规定了海关估价方法的同时，也规定了不允许采用的估价方法，包括：进口国生产的商品在该国的销售价格；可供海关从两种可选择的估价中选用较高估价的制度；出口国国内市场的商品价格；除已确定的进口商品的估算价值以外的其他生产成本；出口到除进口国以外其他国家的商品价格；最低海关估价以及武断地或虚假地估价。① 在国际条约法中有无非法的条约解释方法，尚待研究，但条约的类推解释至少是一种有争议的解释方法。在刑法领域当中，类推解释因为违反罪刑法定原则而与类推制度一样遭到普遍反对。② 在其他法律领域，尽管人们的看法并不一致，但由于类推解释是在缺少文本（法律条款、合同条款或其他法律文件）的情况下所做的一种推断，是一种"无中生有"，因而从根本上说是难以构成"解释"的。有学者认为《条约法公约》第 31 条第 3 款第 3 项"也在一定程度上给予类推解释地位"，③ 这是值得商榷的。《条约法公约》此处所列举的是"适用于当事国间关系之任何有关国际法规则"。该项规定是否意味着可以从"有关的国际法规则"来"类推"需要解释的条款呢？答案应该是否定的。因为第 31 条第 3 款所列举的事项是"应与上下文一并考虑者"。可见，"适用于当事国间关系之任何有关国际法规则"只能作为解读"上下文"的一个因素，而"上下文"则是解释约文的考虑因素，因此，考虑"适用于当事国间关系之任何有关国际法

---

① 见《海关估价协定》第 7 条。
② 见胡骞：《刑法语境下类推解释判断标准的构建》，载《学习与实践》，2019（4）
③ 张新军：《〈中日联合声明〉"放弃战争赔偿要求"放弃了什么？》，载《清华法学》，2010（2）。

规则"并不是一种类推解释，而只是运用上下文解释方法时的一项考虑因素。

（2）关于条约解释方法的适用顺序。

关于各种条约解释方法有无适用顺序或位阶问题目前并无共识。甚至关于法律解释方法及契约解释方法有无适用顺序也尚无定论。

关于法律解释，教科书中通常只列举解释方法，并不涉及方法的适用顺序。例如，在张文显教授主编的《马克思主义法理学》一书中，共列举了文义解释、体系解释、法意解释、社会学解释和比较法解释五种法律解释方法，但没有涉及解释方法的适用顺序问题。[①] 也有人认为法律解释方法有适用顺序，[②] 但似乎并未形成通说。

关于契约解释方法有无适用顺序问题，未见明确的法律规定，学者们对此也多采取回避的立场。例如，崔建远教授认为，合同解释方法主要有三种，即文义解释、体系解释和参照习惯与惯例的解释；但对于这三种解释方法是否有适用顺序之分，并未明言。[③] 韩世远教授在其《合同法总论》一书中专章论述"合同解释"，将狭义合同解释的方法分为文义解释、整体解释、目的解释、习惯解释和诚信解释五类，同样，他也没有正面涉及解释方法的适用顺序问题。[④] 崔建远教授曾经坦言："不但中国现行法未就合同解释的全部规则明确表态，而且审判和仲裁的实务所积累的经验有限，理论研究也开始不久。"[⑤] 这种情况也存在于法律解释和条约解释领域。

从逻辑上讲，无论是法律解释、契约解释抑或条约解释，只要存在两种以上的解释方法，就应该确定解释方法的适用顺序。就条约解释而言，如果解释方法的分类是恰当的，那么，不同解释方法的功能就会存在不同，其解释后果就会存在差异。在适用不同的解释方法会导致解释后果不同的情况下，解释方法的适用顺序显然是一个在解释规则上必须解决的问题。例如，《中日联合声明》第5条

---

① 见张文显主编：《马克思主义法理学——理论、方法和前沿》，95～97页，北京，高等教育出版社，2003。

② 例如，有人提出，在解释方法的适用顺序上，"文义解释和专门含义解释处于第一优先适用的顺序，其中专门含义解释又优于文义解释，体系解释处于第二顺序，目的解释为第三顺序。"见王晶：《论法律解释方法的适用顺序》，载《法制与社会》，2012（5）。

③ 见崔建远：《合同解释的三原则》，载《国家检察官学院学报》，2019（3）。

④ 见韩世远：《合同法总论》，627～632页，北京，法律出版社，2008。

⑤ 崔建远：《合同解释规则及其中国化》，载《中国法律评论》，2019（1）。

规定："中华人民共和国政府宣布：为了中日两国人民的友好，放弃对日本国的战争赔偿要求。"关于其中的"战争赔偿要求"是否包括中国公民个人的请求权，中、日两国的官方解释存在根本性分歧。自 1995 年起，中国公民陆续在日本法院起诉日本国家和有关企业，要求被告对侵华战争期间给原告造成的人身及财产侵害给予赔偿和作出道歉，但日本法院几乎无一例外地认定，原告的请求权已经被《中日联合声明》所放弃。对日本法院所持立场，中国政府多次表示强烈反对。这就涉及对《中日联合声明》第 5 条的解释问题。如果适用语义解释方法，那么第 5 条的含义非常清楚：首先，这是中国政府在放弃其权利，而不是中国公民在放弃权利，中国政府也没有代表其公民放弃权利；其次，中国政府放弃的是对日本政府的"战争赔偿要求"而不包含其他要求。因此，中国政府放弃"战争赔偿要求"并不影响中国公民要求日本政府或相关企业就其不法行为承担侵权责任的请求权。日本法院却援引《条约法公约》第 32 条"解释之补充资料"，依据所谓的《中日联合声明》起草工作来推断中日两国的意图，认为《中日联合声明》就战争赔偿和请求权的处理而言，不能解释为和《旧金山对日和约》确定的框架不同的安排，从而将第 5 条解释为也放弃了公民个人的请求权。[①] 可见，如果对条约解释方法的适用顺序不加规定，会出现大相径庭的解释后果。

在现实中，某些法律制度对方法的使用顺序是有严格限定的。仍以《海关估计协定》为例，该协定在规定了海关估价可以选择适用的方法的同时，也规定了各种方法的适用顺序。由于进口关税通常为从价税，即按照进口商品的价格计征关税，所以完税价格是海关征收从价税的基础。当海关认为进口商申报的价格不合理，就会启动海关估价程序。但如果海关估价制度被滥用，则可能变相提高关税水平，构成对国际贸易的歧视。因此，《关税与贸易总协定》和世界贸易组织才会以专门的协定来规范成员方的海关估价措施。《海关估价协定》规定了 6 种估价方法，分别是实际成交价格（Transaction Value）、相同产品的成交价格（Transaction Value of Identical Goods）、类似商品成交价格（Transaction Value of Similar Goods）、倒扣法、估算价格（Computed Value）和顺序类推法。该协定明确规定，只有当前一种方法无法有效地作出估价时，才可以选用后一种方法，

---

① 关于《中日联合声明》第 5 条的解释，可参见张新军：《〈中日联合声明〉"放弃战争赔偿要求"放弃了什么？——基于条约解释理论的批判再考》，载《清华法学》，2010（2）。

但可以在第四种与第五种方法之间任选。① 《海关估价协定》的实践为条约解释规则的完善提供了借鉴。

如果要确定各种条约解释方法的适用顺序，应该遵循什么样的原则呢？由于条约解释本质上是一种约定的解释，因此，最大可能地发现当事国的缔约合意应该是确立不同解释方法的适用顺序所应遵循的原则。

首先，约文是相关国家缔约意图的直接表现，因此，第一顺序适用的条约解释规则是基于条约用语的通常含义来对其进行解释。其实，任何文书的解释都需要从其用语的含义开始。"法律解释通常都是从语法解释开始的。"② "合同条款系由语言文字所构成。欲确定合同条款的含义，必须先了解其所用词句，确定词句的含义。"③ 《条约法公约》第 31 条第 1 款规定："条约应依其用语按其上下文并参照条约之目的及宗旨所具有之通常意义，善意解释之。"这里同时提到用语解释、上下文解释和目的解释。虽然公约没有明确规定其适用顺序，但条约解释显然应该从用语的通常含义分析入手。例如，《中日联合声明》第 5 条规定的"中华人民共和国政府""放弃"对"日本国"的"战争赔偿""要求"，应该说这里的每个概念从语句的通常含意来说都是清楚的。即使日本方面对某一用语有其自己的解释，也不应影响有权机构依据词语分析所得出的结论。当然，如同《条约法公约》第 31 条第 4 款所规定的那样，"倘经确定当事国有此原意，条约用语应使其具有特殊意义。"即如果当事国就某些用语的含义有特别约定，则应依其特别约定，而不是按通常理解来确定用语的内涵。④

其次，如果从约文自身难以确定当事国的真实意思，则需要基于条约的上下文对特定的词语进行解释。这就是《条例法公约》所言"条约应依其用语按其上下文……解释之。"这里的"依其用语"（ordinary meaning to be given to the terms）和"按其上下文"（in their context）是并列关系，因而应该是两种解释方法。如果"依其用语"的"通常意义"即可作出合理解释，即不应再采取"上下文解

---

① 见《海关估价协定》第 1 条至第 6 条。
② 张文显主编：《法理学》（第二版），326 页，北京，高等教育出版社、北京大学出版社，2003。
③ 崔建远：《合同解释的三原则》，载《国家检察官学院学报》，2019（3）。
④ 可以经常看到类似的规定，例如《联合国国际货物销售合同公约》第 35 条规定：买方交付的货物须适用于同一规格货物通常使用的目的；但如果订立合同时曾明示或默示地通知卖方任何特定目的，则卖方交付的货物还需满足此种特定目的的要求。

释"。只有当"依其用语"的"通常意义"所作出的解释说服力不强或者受到质疑时，才应通过上下文解释补强用语解释的结论或推翻用语解释的结论。假设从《中日联合声明》的上下文能够推断出"中国政府的放弃"也包含"中国公民的放弃"，那么，《中日联合声明》就构成中国公民对日索赔的法律障碍，当然，事实并非如此。

值得注意的是，《条约法公约》所称"上下文"不仅包括"连同弁言及附件在内之约文"，还包括"全体当事国间因缔结条约所订与条约有关之任何协定"以及"一个以上当事国因缔结条约所订并经其他当事国接受为条约有关文书之任何文书。"此外，公约还规定下列事项"应与上下文一并考虑"："当事国嗣后所订关于条约之解释或其规定之适用之任何协定"；"嗣后在条约适用方面确定各当事国对条约解释之协定之任何惯例"及"适用于当事国间关系之任何有关国际法规则。"由此，公约规定的上下文解释也应分三个顺序：一是约文自身的上下文解释；二是结合相关约文的上下文解释；三是结合"嗣后"相关实践及有关国际法规则的上下文解释。所有这些解释都属于上下文解释，都在于用语不够清晰的情况下，对当事国的意思进行探寻。

再次，如果上下文解释仍无法合理确定某一条约用语的含义，则应该运用目的解释的方法，即公约所规定的"参照条约之目的及宗旨……解释之。"在合同法领域，所谓目的解释是指"如果合同所使用的文字或某个条款可能做两种解释时，应采取最适合于合同目的的解释。"条约的解释也应遵循相同的原则。目的解释不能脱离用语解释和上下文解释，只有采用用语解释和上下文解释仍不能得出合理的结论时，才应该通过目的解释而采信最符合合同目的的那一解释的结论。

最后，关于补充资料解释。在《条约法公约》中，与第31条"解释之通则"并列的是第32条"解释之补充资料"（supplementary means of interpretation）。对于前面的各项解释方法而言，第32条规定的是补充性手段，并有严格的适用条件，即："为证实由适用第31条所得之意义"，或出现"依第31条作解释而：（a）意义仍属不明或难解；或（b）所获结果显属荒谬或不合理时"，此时"为确定其意义起见，得使用解释之补充资料，包括条约之准备工作及缔约之情况在内。"因此，《条约法公约》第31条和第32条的适用顺序是明确的。

尽管《条约法公约》没有规定各种解释方法的适用顺序，而且从其用语来看，有意将各种解释方法综合为一体，例如，第31条第1款将多种解释方法在一句话中表达出来，而且，第31条的标题使用单数"通则"（General Rule）而不是复数"通则"（General Rules）。但在现实生活中，《条例法公约》用一句话所表达出的几种解释方法毕竟是可以分别采用的，而既然可以分别采用，就用该有顺序之分，否则就不构成完整的条约解释规则。尽管公约似乎是想给人们提供一个综合性的条约解释工具，但事实上这不是一个工具，而是一个工具箱。既然如此，还是明确工具的先后使用顺序为好。在《条约法公约》没有明确地规定不同的解释方法的适用顺序的情况下，可期待未来的条约解释实践将适用顺序逐步确立起来，好在《条约法公约》第31条第1款的文字表述顺序（"用语"—"上下文"—"目的"）为解释方法的顺序采用提供了一种解释空间。

4. 打开条约解释的"魔箱"

有学者对于法律解释的效用持悲观立场。苏力教授曾经写道："所有这些人们寄予厚望的所谓解释理论和方法都不像人们想象的那样可以信赖，人类发现的一个又一个似乎完善的解释法律的方法并没有取得多大的进展。不仅其中任何一个都不可能充分有效，而且其加总也无法构成一套方法。"[①] 张新军教授则将条约解释规则比作一个"魔箱"，"魔箱的一端是需要解释的条约文本，并以此作为解释的起点，而另一端则是义务性地考虑各个解释要素之后的复杂解释过程的产物而非机械适用的结果。"[②]

应该承认，任何一种解释方法都并非完美，所以才有多种解释方法的存在。然而，这些方法的运用大体上可以解决法律解释、契约解释或其他文本解释的现实需要。至于条约解释的"魔箱"问题，应该是源自条约解释方法适用的无顺序。只要能够确立这种条约解释方法的适用顺序，就可以将条约解释像其他行为一样置于规则之下，从而打开"魔箱"，使条约解释处于阳光之下，增强条约解释的透明度和可预见性。这样一来，违背适用顺序的条约解释将被认定为是违法行为或权力滥用行为，由此而受到伤害的当事国便有机会寻求救济，而不是无奈地接

---

① 苏力：《解释的难题：对几种法律文本解释方法的追问》，载《中国社会科学》，1997（4）。
② 张新军：《〈中日联合声明〉"放弃战争赔偿要求"放弃了什么？——基于条约解释理论的批判再考》，载《清华法学》，2010（2）。

受"魔箱"终端所出现的任何一种难以预测的结果。

二、国际习惯

（一）国际习惯与国际惯例

通常所说的国际惯例因适用主体的不同可分为两类：即公法意义上的国际习惯和私法意义上的商事惯例。

公法意义上的国际习惯（international custom）是指"作为通例之证明而经接受为法律者"[①]。可以看出，国际习惯的确立需具备两个构成要件，即各国的反复的相同的实践和被各国认为具有法的约束力。前一个可称作物质要件，后一个可称作心理要件。在历史上，国际习惯曾经是国际公法的主要渊源，但由其具有内容不易确定及形成时间缓慢等特点，所以，其地位目前已由国际条约所取代。

国际习惯是否无一例外地约束所有国家？一般来说，国际习惯不能约束一贯地反对这一习惯的国家，[②]因为国际法规范从总体上说属于国家之间约定的规范，在国际社会中没有超越国家之上的立法机构可以不顾个别国家的意志而制定必须由各国一体遵行的规则。但自《条约法公约》正式提出了国际法强行规范的概念之后，就不能一概地说任何一项国际习惯都可因为某一国家的反对而对其不予适用。如果一项国际习惯反映的是一项国际法强行法规范，那么，无论一个国家是否反对这一习惯，这一习惯对其都是适用的。

也有学者倾向于肯定国际习惯的普遍约束力，认为"习惯国际法规则通常对于国际共同体的所有成员都具有约束力"，[③]但这里用了"通常"二字。还有一种观点认为国家的反对只能使得形成中的国际习惯不约束自己；换言之，对于一个已经生成的国际习惯，一国不能通过其反对行为而使该项国际习惯规则对自己

[①] 《联合国国际法院规约》第 38 条。

[②] 见联合国国际法院就英挪渔业案 （Anglo-Norwegian Fisheries Case） 和哥伦比亚诉秘鲁的庇护案（Colombia-Peru Asylum Case） 所作的判决，分别见于《国际法院公报》1951 年第 131 页和 1950 年第 211 页。

[③] [意] 安东尼奥·卡塞斯：《国际法》，蔡从燕等译，208 页，法律出版社，2009。

不具有约束力。① 这些观点在某种程度上偏离了国家主权平等原则。

私法意义上的国际惯例也称国际商事惯例或国际经贸惯例，是指经过国际经济交往的当事人（商人）的反复实践所形成的一些通行的规则。我国海商法和票据法等法律中所称的"国际惯例"指的是民商领域中的惯例，因而是国际商事或经贸惯例。国际商事惯例往往经某些行会或其他专业机构的编纂而表现为书面规范，如经国际商会编纂出版的《国际贸易术语解释通则》及《跟单信用证统一惯例》等。国际商事惯例在效力上有别于公法意义上的国际习惯。如果一个国家不是经常地一贯地反对一项国际习惯规则，那么该习惯规则对其便是有约束力的；而国际商事惯例对当事人的效力则通常要基于当事人的明示的同意。在通常情况下，国际商事交往的当事人不仅可以决定是否采用及采用何种国际商事惯例，而且可以在采用某一惯例时对其内容加以变通。所以说国际商事惯例事实上经常起着一种合同条款的作用。但也有例外的情况。有时当事人没有选择商事惯例的适用，但法官或仲裁员却可能主动地依其认为应适用的国际惯例来确定当事人之间的权利义务关系，这时通常要有法律或条约的授权。例如，《民法通则》曾经规定的："……中华人民共和国法律和中华人民共和国缔结或者参加的国际条约没有规定的，可以适用国际惯例"，《联合国国际货物销售合同公约》第9条第2款规定："除非另有协议，双方当事人应视为已默示地同意对他们的合同或合同的订立适用双方当事人已知道或理应知道的惯例，而这种惯例，在国际贸易上，已为有关特定贸易所涉同类合同的当事人所广泛知道并为他们所经常遵守。"

由于国际经济秩序是国家之间的秩序，因此，规范国际经济秩序的国际惯例只能是公法意义上的国际习惯，而不可能是国际商事惯例。

（二）国际习惯的适用

虽然在现实中国际习惯的重要性已不比从前，但它毕竟是国际法渊源的一种，依旧可以用来评判国家之间的关系，从而影响国际经济秩序。在国际习惯的适用方面，有以下几个问题值得关注。

一是国际习惯的确认或识别问题。适用国际惯例的首要问题是国际习惯的确

---

① [德]沃尔夫刚·格拉夫·魏智通主编：《国际法》，吴越、毛晓飞译，85页，法律出版社，2002。

认，即一项规则是否属于国际习惯。与条约不同，国际习惯通常是以不成文的方式存在的。在国际经济领域，由于各国利益的直接冲突，国际习惯的确认更加困难。例如关于一国对外国投资进行国有化的补偿标准问题，尽管许多发展中国家都认为应适用适当补偿原则，并把该项原则视为国际习惯，但发达国家却并不将其看作是国际习惯。许多发达国家的国际法学者还进一步指出，即使适当补偿原则是一项国际习惯，那么它也不能约束反对它的国家，因为不能证明它是一项国际法强行规范。此外，国际经济领域中的国际习惯的形成过程直接受到各国的经济实力的影响。仍以国有化的补偿标准为例，尽管多数发展中国家都主张适用适当补偿原则，但这些国家在同发达国家所签署的投资保护协议中却时常接受发达国家提出的补偿标准，即充分、及时、有效补偿。

二是国际习惯的拒绝问题。如前所述，至少在国际习惯形成阶段，一国可通过明确的反对而阻止该项习惯规则对自己产生约束力。因此，对于有可能形成为国际习惯的某些国家实践必须保持警觉。对于那些被一些国家称之为国际习惯而不能被我国所接受的规则或实践，我们应明确表达反对的立场。例如，由于国际上存在着许多载有"充分、及时、有效"国有化补偿标准的双边投资保护协议，所以有人已断言这种补偿标准已经或正在形成为国际习惯。如果我们不准备接受这一"国际习惯"，就应该通过国内立法、对外签约或其他方式表明反对的立场，以拒绝承受这种规则或实践的约束。

三是与国际习惯"接轨"问题。应该慎言与国际习惯或国际惯例"接轨"。从前面的分析我们已经可以看出，无论是适用于国家间关系的国际习惯，还是适用于私人间关系的国际商事惯例，都不是必须与其接轨。是否接轨，要看是否对己有利。在国际经济秩序构建过程中，要特别警惕一些国家将自己的规则包装成"国际惯例"推销，甚至强加给其他国家。对中国这样一些经济全球化进程的后来参加者，西方大国一直在竭力兜售所谓的"国际惯例"。它们的逻辑是：你想同我们一起游戏，你就要做一个"负责任的"游戏参加者，你就一定要接受我们现有的游戏规则。在这种鼓动之下，一些发展中国家轻易地接受了所谓的"国际惯例"。同时，个别大国又善于以各种手法，将自己喜欢的规则转化为国际惯例规则。对此不能麻痹大意。

三、国际组织造法

（一）国际组织并不当然地具有造法能力

"二战"结束以来，政府间国际组织大量涌现，并在国际秩序的构建和维护方面发挥着越来越重要的作用。一些国际组织甚至具备了一定的造法能力。它们所制定的规则或作出的决定对成员国具有法律约束力。由此，在传统的国际条约与国际习惯之外，出现了国际组织决议这样一种新国际造法方式。具有法律效力的国际组织决议性文件当然会对国际经济秩序产生影响。

然而，并非所有国际组织的决议性文件都具有法律效力。判断某一国际组织所制定或通过的决议性文件是否具有法律性质，应考察该国际组织或该组织的特定机构是否具有造法权。如果该组织或该组织的特定机构具有造法权，那么它所制定的规范性文件自然具有法律性质；如果该组织或该机构不具有造法权，那么所它所制订的文件当然就不具有法的约束力，而无论这一决议从字面上看如何具备法的特点。那么，如何判断某一国际组织或该组织的特定机构是否具有造法权呢？简单的方法是看这一国际组织所据以设立的宪章性文件，即成员国为设立这一国际组织所制定的国际公约，如《联合国宪章》。成员国为建立国际组织所制定的宪章性文件是一项国际公约，其国际法性质是不容置疑的。这种宪章性文件在规定成员国间的权利义务关系的同时，也会确立该组织以及该组织的各个机构的法律地位，包括它们所制定的文件对成员国是否具有约束力。例如，《联合国宪章》第 25 条规定："联合国会员国同意依宪章之规定接受并履行安全理事会之决议"，据此，联合国安理会的决议即具有法的效力。又如，根据《欧盟条约》的规定，欧盟部长理事会可基于《欧盟条约》的授权、欧盟委员会可基于欧盟部长理事会的授权制订具有约束力的、称为规定（regulation）的规范性文件；欧盟部长理事会可基于《欧盟条约》的授权制订具有约束力的、称为指令（directive）的规范性文件。规定不仅可以约束各成员国政府，也可以约束成员国的个人和企业组织；指令虽不能直接约束个人和企业组织，却也可以通过约束成员国政府而间接地约束成员国的个人和企业组织。显然，欧盟上述机构被成员国通过《欧盟条约》授予了造法权，它们所制订的规范性文件具有法的效力。

我们说某一国际组织或该组织的某一机构具有造法权，是指该组织或该机构所制定的规范性文件对该组织的成员国具有约束力量。这里有两层含义：第一，该组织或该机构所制定的规范性文件对各成员国均具有约束力，而不论某一成员国是否赞成该项文件；第二，该组织或该机构所制定的文件不能约束非成员国，除非该文件所设立的规则被认定为具有国际强行法的性质。

20世纪六七十年代，联合国大会通过了许多有关国际经济秩序的决议性文件，但就联合国大会决议是否具有法律效力一直存在争议。一种观点认为由于联合国大会不具有造法权，因此大会所通过的各项决议也不可能具有法律的效力，这些决议至多只能被认为是一种"软法"。所谓"软法"，按照这些学者的解释，是指倾向于形成但尚未形成的规则，或者说是一些纲领性的规定。"软法"的共同特点包括：第一，是由不具有造法权的国际组织所制订的；第二，"软法"的条文通常是用条件式语句写成的，或是用"应该"或"尽可能"一类词句表达的；第三，"软法"通常为原则性的、笼统的规定，缺乏具体的内容；第四，"软法"规则的实施需要各国根据本国情况制订国内法来完成；第五，"软法"多为自愿遵守的规范，不遵守软法规定并不构成违法或非法行为；第六，"软法"不拥有制裁手段，通常只具有舆论的压力；第七，"软法"是一种过渡性、试行性的规则，只有通过某种程序才能转变为真正意义上的法。[1]

发展中国家的学者们则通常认为联大决议（至少是那些体现了成员国的"法律确信"的决议）具有法的性质。陈安教授在其主编的《国际经济法总论》中写道："从根本上说，法律是国家意志的体现。国际法之所以是法律，因为它体现了国际社会成员的协调意志，至少是国际间斗争获得妥协后的各国的意志。国际法之所以具有法律效力，重要的是在于人们对它具有法的确信，'自愿遵守'是人们的法的确信的表现，所以不能否认'自愿遵守法'的法律效力。联合国大会的决议，根据《联合国宪章》的确是一种所谓'建议'，然而《建立国际经济新秩序宣言》《行动纲领》《各国经济权利和义务宪章》这样一些决议，分别是在联合国大会第6届特别会议和联合国大会第29届会议上通过的，它们体现了会员国的协调意志，绝大多数国家特别是所有发展中国家，对它们是有法的确信的。这将使得这些决议成为超越'建议'范围，建立'国际经济关系制度的有效文件'，具有法律效

---

[1] 李泽锐：《略论国际经济软法与建立国际经济新秩序的斗争》，载《法学研究》，1983（6）。

力，而不能把它们指为什么'软法'。"①

从某种意义上可以说，判断联大决议是否具有法律效力的标准是国家是否对其具有"法律确信"。在国际法领域，法律确信的含义应为国家对某项意图约束国家的规则具有约束力的肯定。如同前面所分析的那样，国际法规则可分为两类：一类为强行法规则，另一类为约定法规则。强行法是一种不因各别国家的意志而影响其约束力的规则，但这种规则也必须建立在国家对其具有"法律确信"的基础上，因为它必是"国家之国际社会全体接受并公认为不许损抑且仅有以后具有同等性质之一般国际法规律始得更改之规律"。"国家之国际社会全体接受"即是指某一强行法规范之所以是一种国际法规则，是因为整个国际社会（不一定包括国际社会的每一个国家）表示出对该项规则的"法律确信"。约定法规范是基于个别国家的同意而对其具有约束力的规范。除强行法规范之外，一项国际法规范若要对一个国家构成约束，必须基于这一国家对该项规范的明示或默示的接受。在国际实践中，明示的接受即为国际条约的签署，默示的接受即为对国际习惯法的认可（不明确表示反对）。无论是明示的接受还是默示的接受，都可以看作是国家对某一规则具有"法律确信"。

某些国际组织的决议或其他形式的规范性文件具有法律效力，也是因为该组织的成员国对其具有"法律确信"。这种"法律确信"的产生是成员国通过条约的方式表示愿意接受某类决议或其他规范文件的约束，即赋予该国际组织或其特定机构造法权。《联合国宪章》第 25 条规定："联合国会员国同意依宪章之规定接受并履行安全理事会之决议"，即表明联合国各成员国通过条约确立了对联合国安理会的决议的法律确信，也即表明各成员国授予联合国安理会造法权。

根据《联合国宪章》的规定，联大也可以做出不同类型的决议。而且，严格地说，并不是联大做出的所有决议都不具有法的约束力。联大基于《联合国宪章》的明确授权，为处理联合国内部事务所做出的决议（例如就接纳会员国、停止会员国权利所做出的决议）是具有法律效力的。但通常所讨论的联大决议的法律效力问题是指联大是否有权以决议的方式为会员国创设一般的行为规则，而不是"针对会员国作出的非为联合国内部事务的决议的法律效力问题。"② 从这个意义上说，

① 陈安：《国际经济法总论》，145 页，北京，法律出版社，1991。
② 蒋圣力：《联合国大会决议法律效力问题重探》，载《国际法研究》，2020（5）。

联合国大会不具有造法权，因为就非内部事务，《联合国宪章》对联合国大会的权限的规定主要是"讨论"和"建议"，也就是说，联合国成员国在制定《联合国宪章》这一国际公约时，无意将联大决议作为具有法律约束力的文件，因此，联大决议基本上只属"建议"性文件，无法对成员国产生法律约束力，很难被视为法律性文件。1945 年旧金山制宪会议上曾讨论过是否赋予大会制定对会员国有拘束力的国际法规则的权力，但有关提案都被绝对多数的反对票所否决。[①] 有学者在承认"法律确信"是国际法规则具有约束力的前提下，认为联大决议可反映这种"法律确信"："国家的法律确信可以通过明示的或默示的协议表现出来。前者如订立条约，后者如形成习惯。对于国际组织的决议，国家可以订立条约（组织约章或其他协定）赋予其法律效力，也可以通过实践逐渐形成对决议规范的法律确信。除了这两种途径之外，国家的法律确信还可以从决议本身反映出来。现代国际组织的机构，特别是像联大这样的'世界讲坛'，为世界上绝大多数国家提供了方便条件，使各会员国能够充分和及时地对讨论的问题发表自己的法律意见。如果它们在决议案的讨论中明确承认决议条款为法律规范，并表示愿意承担遵守的义务，而且决议的文字用语也体现了这一点，那么就应该认为已经存在了关于这一决议的法律确信。"[②] 其实，上述分析是很难令人信服的。首先，某个国际组织是否能为绝大多数国家提供方便条件、是否能使会员国充分和及时地对讨论的问题发表自己的意见（即被称作"法律意见"），对于该组织所通过的决议是否具有法律效力并不产生实质性影响；其次，一项决议的文字用语如何也并不能决定该项决议是否具有法律效力，没有造法权的机构所制订的文件无论采用什么样的用语都不能使得该项文件具有法律效力；最后，联合国会员国并非在所有的联大决议决议中都"明确承认决议条款为法律规范，并表示愿意承担遵守的义务"，而且即使会员国都"明确承认决议条款为法律规范，并表示愿意承担遵守的义务"，也不应认为是联大决议产生了国际法规则，而应认为是联大决议表述了一项国际习惯法规则。如前所述，国际习惯，是指"作为通例之证明而经接受为法律者"，因此，国际习惯需具备两个构成要件，即各国的反复的相同的实践和被各国认为具有法的约束力。如果联合国会员国认为在某类实践中应适用相

---

① 秦娅：《联合国大会决议的法律效力》，载《中国国际法年刊》，1984 年卷，第 164 页。

② 秦娅：《联合国大会决议的法律效力》，载《中国国际法年刊》，1984 年卷，第 167 页

同的规则，而且这一规则应具备法律约束力，它们自然可以通过联大决议的形式将其表述出来。"决议作为宣示现有法律的，使习惯法成为书面形式，就与法典编纂的多边条约具有某些相同的特征，而且同样地，使习惯规则在书面上明确化的行为本身在某种程度上将使习惯规则在性质上发生变化。作为对发展习惯法的贡献，重要的是要搞清楚：这个过程不是立法过程。即使一个接近普遍性团体如联合国大会所一致通过的决议并不一定反映一个法律确念，或者从而产生一项新的习惯规则。"① 由于联大决议至多也只是宣示了一项国际习惯法规则，所以，它只能约束那些表示接受这一规则约束的国家，对于投反对票的国家来说，决议所宣示的规则是没有约束力的。如果一个成员国对一项联大决议投了赞成票，但却在投票时附有声明，认为该决议不是制订法律而只是政治意向的说明，那么，该项决议也不能对该成员国产生法律约束力，因为该成员国并未接受其为法律。

在讨论联大决议是否具有法律效力时，还必须明确"法律效力"这一概念的含义。由于我们是在"联大决议是否具有法律属性"这一命题下讨论联大决议的法律效力问题的，所以，这里的"法律效力"的含义即为"作为法律而具有效力"，或"具有法律的拘束力"。需要注意的是，学者们在讨论联大决议的"法律效力"时，并不总是在同一含义上使用这一概念的。尽管多数学者在讨论联大决议的法律效力时是在"作为法律而具有效力"这一含义上使用这一概念的，② 也有学者扩展了这一概念的内涵，将其等同于"法律效果"或"具有法律上的意义"。例如，有学者认为"法律效力可包括拘束效力和拘束效力以外的其他法律效力的各种情况。所谓'其他法律效力'主要是指能够引起法律后果、改变法律情势以及对法律的形成和发展产生影响和作用的各种法律上的后果"。③ 如果将"联大决议具有法律效力"这一判断解释为"联大决议具有法律上的意义"，而不是"联大决议具有作为法律的效力"，那么，在这一问题上就很少可能产生争议。否认联大决议是一种法律渊源并不等于否认联大决议具有法律上的意义或可以产生一

---

① ［英］詹宁斯、瓦茨：《奥本海国际法》第一卷第一分册，王铁崖等译，29 页，北京，中国大百科全书出版社，1995。

② 陈安：《国际经济法总论》，第四章第三节，北京，法律出版社，1991。曾华群：《国际经济法导论》，第三章第四节，北京，法律出版社，1997。

③ 秦娅：《联合国大会决议的法律效力》，载《中国国际法年刊》，1984 年卷，第 166 页。

定的法律后果。① 那么，如何评价联大决议和其他一些不具有造法权的国际组织或机构所通过的决议的法律上的意义呢？我们认为：第一，如果一项决议是对某项国际习惯法规则的宣示，那么该决议表示出投赞成票的国家对一项习惯法规则的法律确信，从而可以明确这一习惯规则对哪些国家是适用的；第二，如果一项决议并没宣示国际习惯规则的作用，那么，对于赞成该项决议的成员国而言，尽管它们在该项决议中表达了创设某种规范的共同意志，并采用了书面的形式，但只要该决议没有履行条约的缔结程序，它就不具备条约的约束力。但由于该项决议毕竟表达了投赞成票的国家承认某种规则的允诺，因此，也不能否认该决议对这些国家具有某种道义上的约束力量；对于不赞成该项决议的成员国而言，由于它从未承诺接受该机构所通过的决议的约束，所以没有理由认为它必须接受其他一些成员国所通过的决议的约束；第三，从发展的角度分析，国际组织所制定的决议对某些国际经济法规范的最终形成可能具有推动的作用。某些国际组织的决议所意欲创设的规则可能会被日后通过的国际条约所接受，从而演变为真正的法律规范；另外一些国际组织决议所意欲设立的规则则可能由于被国际社会普遍接受而成为国际习惯规则。

论证联大决议和其他一些不具有造法权的国际组织或机构所通过的决议具有法的性质，反映出广大发展中国家依靠多数力量来影响国际经济秩序的努力。在联大这样一些国际组织或机构中，发展中国家占据多数，因而比较容易通过一些反映发展中国家意志的决议。但是，在当今的国际社会中，还没有形成"多数裁决"这一国内法上的惯用立法规则；除非是国际法强行规范出现的场合，任何国家或国家集团都无法将某种规则强加给一个不愿意承认该项规则的国家。因此，如果通过一项决议的国际组织或机构不具有造法权，那么，无论这一决议如何反映着国际社会的发展前途，也无论赞成这一决议的国家如何对该项决议"具有法的确信"，该项决议终究不会在事实上产生法的约束力量。对于这类决议的约束力量盲目乐观，并不会给发展中国家带来任何实际的利益。

虽然软法并不具有法律上的效力，但它对国家仍具有一定的约束或引导的力量，因而，对国际经济秩序的建立和维持也会发挥一定的作用。《巴塞尔协议》

---

① ［英］詹宁斯、瓦茨：《奥本海国际法》第一卷第一分册，王铁崖等译，75 页，北京，中国大百科全书出版社，1995。

在现实中的作用就是一个很好的例证。《巴塞尔协议》是巴塞尔委员会于 1988 年 7 月在瑞士的巴塞尔通过的《关于统一国际银行的资本计算和资本标准的协议》的简称。巴塞尔委员会是 1974 年由十国集团中央银行行长倡议建立的，其成员包括十国集团中央银行和银行监管部门的代表。《巴塞尔协议》第一次建立了一套完整的国际通用的、以加权方式衡量表内与表外风险的资本充足率标准，意在有效地扼制与债务危机有关的国际风险。然而，《巴塞尔协议》并不是国际法意义上的国际条约或协议，因为该协议的签订并未履行条约签订程序，该协议的内容对各当事国也并不具有法律上的约束力，因此，《巴塞尔协议》是典型的软法。但是，在《巴塞尔协议》（以及随后的《巴塞尔资本协议》《巴塞尔协议Ⅲ》）通过之后，十国集团各成员国的监管部门都依据该协议在本国实施了相关监管措施，一些非十国集团成员的国家，特别是那些国际金融参与程度较高的国家也都自愿地遵守了相关规定。我国相关部门对诸项巴塞尔协议积极回应。中国银监会还于 2012 年 6 月颁布了与《巴塞尔协议Ⅲ》内容相一致的《商业银行资本管理办法（试行）》，鼓励银行在 2013 年 12 月 31 日之前逐步达到合规要求。各国对诸项巴塞尔协议的落实，在一定程度上避免或化解了金融风险。

有人曾将软法的功能优势做出如下归纳：第一，"软法有助于减少国际合作中的缔约成本"，因为软法的创制程序简单，易于达成协议；第二，"软法有助于减少国际合作中的主权成本"，因为软法内容相对模糊，对国家的约束具有弹性；第三，"软法对不确定性的合理适应性可以应对不可预知的国际形势"，在情势发生变化时，国家可以选择退出机制；第四，"软法制定主体的广泛性能够更好地兼顾各方的利益"；第五，"软法有助于提高国际合作的专业化程度"，各专门机构参与软法制定可满足国际社会对于规范的技术性要求。[1] 上述归纳比较全面地反映了"软法"的现状。

还需要强调的是，由于国际组织可以脱离成员的意志而创设新的具有法律效力的规则，因此，在国际经济秩序的构建过程中，必须坚持只有国家间的合意才可以创设国际法规范，而不能轻易地将国际造法权交给某个特定的国际机构。

---

[1] 韩书立：《国际合作中的制度选择：以软法为视角的分析》，载《暨南学报：哲学社会科学版》，2016（5）。

（二）WTO争端解决机构不具有造法能力

在确立国际经济秩序，特别是国际贸易秩序方面，WTO无疑发挥着十分重要的作用；而WTO争端解决机构在其中起着无可替代的作用。但一些学者高估了WTO争端解决机构的地位，认为争端解决机构就个案所做出的决定具有"先例"作用或造法功能。[①] 其实，只要稍加分析，就可以看到：第一，WTO争端解决机构的裁决并不具有"先例"的性质；第二，WTO争端解决机构的裁决只是对现有规则的解释；第三，不应赋予WTO争端解决机构裁决"先例"的地位。

1. WTO争端解决机构的裁决并不具有"先例"的性质

裁决（判决）的"先例"性质，是指裁决所确立的规则，对做出裁决的裁判机构或下属机构具有约束力。[②] 承认裁决"先例"性质的实质，是赋予裁判机构造法权。[③]

在国内法体系中，大陆法系国家，原则上不赋予司法机关造法权，因此，不存在一般的"遵循先例"原则。在英美法系国家，随着制定法的扩张，法院通过"先例"造法的空间也受到限制。在存在制定法的情况下，法官在判决中所发表的意见，如果说仍有"先例"作用的话，那也只是创设对现行立法解释的先例，而不是创设新的法律规则的先例。

当今国际社会中的各个裁判机构几乎无一例外地不具有创设"先例"的权限。《国际法院规约》第59条规定："法院之裁判除对于当事国及本案外，无拘束力。"该《规约》的第38条在列举法院所适用的法律时，又明确指出，司法判决只能作为确定法律原则之辅助资料。其他国际裁判机构，例如联合国海洋法国际法庭等，也都只能就当事国提交的本案做出具有约束力的裁决，而不能创设一般的法律规范。当今国际社会中唯一具有创设"先例"功能的国际裁判机构可能就是国

---

① 国内外学界都有关于WTO争端解决机构裁决性质的讨论。多数人的观点是承认此类裁决不具有英美法中"先例"的性质，但通常会论证此类裁决"事实上"具有"先例"的作用，或者主张在未来的实践中确认此类裁决的"先例"作用。

② 美国《布莱克法律辞典》（*Black's Law Dictionary*）对遵循"先例"原则（stare decisis, doctrine of precedent）的解释是："under which it is necessary for a court to follow earlier judicial decisions when the same points arise again in litigation."

③ 布莱克法律辞典对"先例"（precedent）的解释是："the making of law by a court in recognizing and applying new rules while administering justice."

际刑事法庭了。依据《罗马国际刑事法庭规约》第 21 条第 2 款的规定，该法庭可以适用其先前裁判中解释过的法律原则和法律规则（may apply principles and rules of law as interpreted in its previous decisions）。

WTO 并没有赋予其争端解决机构创设"先例"的权限。

首先，WTO 相关法律文件明确排除了争端解决机构具有创设"先例"的权限。《建立世界贸易组织协定》第 9 条第 2 款规定："部长级会议和总理事会拥有通过对本协定和多边贸易协定所作解释的专有权力"，而且，通过一项解释的决定应当由全体成员的 3/4 多数做出。《关于争端解决规则与程序的谅解》（DSU）第 3 条第 2 款指出："各成员认识到该体制适用于……依照解释国际公法的习惯规则澄清这些协定的现有规定。"而且，如果争端当事方对专家组或上诉机构所做出的解释不满，可以向部长会议或总理事会申请做出正式解释（DSU 第 3 条第 9 款）。

其次，争端解决机构的自身实践表明，争端解决机构的裁决意见不具有"先例"性质。在"日本酒税"案中，上诉机构明确指出，缔约方全体在做出通过专家组报告的决定，并非想使它们的决定成为对 GATT1947 有关条款的正式解释；同时，上诉机构也不认为可以对 GATT1994 作此设想。而且，WTO 专家组在裁判实践中也并非总是"遵循先例"。

2. WTO 争端解决机构的裁决只是对现有规则的解释

WTO 争端解决机构的裁决事实上起着重要影响。一个重要表现就是专家组及上诉机构在裁决意见中经常援用以前的专家组或上诉机构的裁决意见。也正因为如此，争端解决的裁决才被许多人认作具有"先例"的作用。然而，只要在 WTO 体系内不具有"遵循先例"的原则和实践，就不能认为 WTO 争端解决机构的裁决具有"先例"的作用。专家组和上诉机构的裁决意见，并非"先例"，而是"先理"，即属于对 WTO 现存规则的解释或说明。

事实上，任何法律适用机构都必须对适用的法律规则作出解释。首先，任何法律规范，无论表述得多么具体，仍旧属于对社会现实的高度抽象，因此，必须经过法律适用机关的解释，才可能对具体的社会关系予以适用。其次，在某些情况下，法律规范不得不作出笼统、模糊的表述，在这种情况下，法律的适用就更需要法律适用机关的法律解释。最后，与现实生活相比，法律规范总是具有一定的滞后性。对于立法之后所出现的新的社会现象，如果还没有达到必须制定新的法律或改变已有法律的地步时，就必须通过法律解释的方法，将新的现实纳入原有的法律体系之下。

因此，无论是国内法的适用，还是国际法的适用，一项裁判文书的推理过程必须包含法律规范的解释过程。所不同的是，在英美法系国家，允许法官通过法律解释来创设新的法律规范（创设"先例"），而在其他法律体系（包括国际法体系），法律解释只能对现存法律的含义加以明确，而不允许通过解释来创设新的法律规范。

还需要指出的是，WTO 争端解决机构的法律解释不同于部长级会议或总理事会的法律解释。在 WTO 体系内，除争端解决机构可在案件审理过程中对相关法律作出解释之外，部长级会议和总理事会也可以对 WTO 法律作出解释。根据《建立世界贸易组织协定》第 9 条第 2 款规定，部长级会议和总理事会拥有对本协定和多边贸易协定作出解释的"专有权力"。这种法律解释属于"立法解释"，而争端解决机构对 WTO 规则的解释应类似于"司法解释"。根据 DSU 第 3 条第 9 款的规定，尽管有争端解决机构对 WTO 规则的解释，但该谅解"不妨害各成员方通过《WTO 协定》或一属诸边贸易协定的适用协定项下的决策方法，寻求对一适用协定规定的权威性解释的权利"，也就是说，WTO 体系内的两种法律解释其实是有等级之分的：部长级会议或总理事会的立法解释在效力上要高于争端解决机构的司法解释。

WTO 争端解决机构在裁决意见中所做的解释虽然不构成"先例"，可却可以推动 WTO 规则的完善。如前所述，由于法律规范具有抽象性、模糊性和滞后性等特点，必须通过法律解释来使具体的社会现实与法律所确定的权利义务相联结，必须通过法律解释来明确笼统的法律规范所留下的灰色地带，必须通过法律解释来明确法律制定之后所新出现的社会现象的法律后果，因此，WTO 规则的解释对 WTO 法律体系的完善是十分重要的。由于 WTO 体系内的立法解释事实上被"偏废"了，[①] 因此，争端解决机构的司法解释，特别是对那些表述不很清晰法律条文的司法解释就显得格外重要。例如，在"海龟"案中，上诉机构依据《建立世界贸易组织协定》序言中"依照可持续发展的目标……寻求环境的保护

---

① 王贵国：《世界贸易组织法》，288 页，北京，法律出版社，2003。

和维护"这一立法宗旨，对 GATT1994 第 20 条（g）项作出大力向环境保护倾斜的司法解释，从而作出了肯定美国相关立法符合 GATT1994 第 20 条（g）项规定的裁决，为协调贸易与环境保护的关系开辟出一条道路。[①]

其实，关于 WTO 规则的其他解释，对于推动 WTO 法的完善也会起到一定的作用。例如，学者的学理解释以及当事方和代理律师的解释，尽管只能被称作"无权解释"，但这些解释对于专家组或上诉机构最终解释相关法律规则仍会发挥一定的影响。[②]

3. 为什么不能赋予 WTO 争端解决机构裁决"先例"的地位？

首先，赋予 WTO 争端解决机构裁决"先例"地位，与当今国际社会的造法原则与实践相违背。在当今国际社会，不存在超越社会成员的立法机关，无论是国际条约还是国际习惯，国际法规则的创设原则上都要基于国家的同意。国家之所以不肯赋予国际裁判机构创设"先例"的权限，是为了掌握国际造法权，即坚持只有通过国家的合意才能创设国际法规范，不肯将国际造法权交给某一特别的机构。虽然当今的某些国际组织也具有造法权，但具有造法权的国际组织或特定机构通常包含该组织的全体成员；即使只是部分成员被赋予造法权（如联合国安理会），也是赋予个别国家造法权，而不是赋予几名法官或仲裁员造法权。

其次，赋予 WTO 争端解决机构裁决"先例"地位，与世界贸易组织的性质相违背。世界贸易组织是一个国家间的组织，而不是国家之上的组织。同绝大多数政府间国际组织一样，它是一个平面的国际组织，而不是一个立体的国际组织：由各成员的集体意志来形成组织的意志，而不是由脱离成员国的组织或其特定机构来决定各成员的意志。例如，作为 WTO 的最高权力机构的部长会议是由各成员主管外经贸的部长、副部长级官员或其全权代表组成；在部长会议休会期间代行其职能的总理事会也由各成员方派出的代表组成。虽然在议决事项方面，WTO 有其确定的多数裁决规则，但事实上，WTO 总是力求持续"一致通过"的决议方式。可以看出，各创始成员在创设世界贸易组织的时候，并没有将世贸组

---

① 赵维田：《垂范与指导作用——WTO 体制中"事实上"的先例原则》，载《国际贸易》，2003（9）。

② 可参见 ALAN BOYLE, CHRISTINE CHINKIN. *The Making of International Law*. Oxford University Press, 2007, p.290.

织设计成为成员方之上的组织，而只是将其设计为成员方之间的组织，并由此将世界贸易组织规则的解释权专门归属于由各成员方代表组成的部长级会议和总理事会。因此，如果我们赋予 WTO 争端解决机构通过"先例"而加以立法的权力，那显然是背离各成员方创设这个组织的初衷的。

最后，赋予 WTO 争端解决机构裁决"先例"地位，不利于国家利益的维护。由于世界贸易组织创设了庞大的规则体系来约束各成员方的贸易及相关管理制度，而且对成员方之间的争端具有强制性管辖权，因此，许多成员在接受这一规则体系的同时，都谨慎地看护着自己的主权。例如，几乎没有国家承诺世界贸易组织规则在国内法院的直接适用。美国曾经在国会中讨论过，是否建立一个由 5名联邦巡回法院法官组成的专门委员会，对 WTO 的争端解决报告加以评审，以维护美国的利益。[①] 尽管这一提案未获通过，但美国国会于 1994 年底制订的《乌拉圭回合协议法》还是规定美国法有优先于 WTO 规则的效力。

第三节　国际经济秩序的体制

一、实现国际经济秩序的两种体制

所谓"体制"，通常是指社会组织形式方面的制度。国际经济秩序体制，是指作为国际经济秩序成员的国家的在组织形式方面的制度，主要表现为有多少国家处于同一套法律制度的约束之下。在这个意义上，国际经济秩序体制通常被划分为多边体制和区域体制（广义的区域体制也应包括双边体制）。例如，在国际贸易领域，既存在 WTO 多边体制约束下的多边秩序，也存在欧盟、美加墨、东盟等区域性的秩序。

国际经济秩序不同体制并存的情形既反映了不同国家在不同情况下的不同的利益诉求，也取决于国际法在本质上是国家之间约定的法律这样一种性质。如同有学者所指出的那样："现代国际法在发展普遍性规范的同时，并不排斥基于区域共同利益而制订特殊的国际法规范，相反，区域性的造法活动有助于国际法作

---

① 张乃根：《论 WTO 争端解决机制的若干国际法问题》，载《法律适用》，2001（10）。

为普遍性法律总体的发展。这种背景下，美洲国际法、欧洲国际法、非洲国际法以及阿拉伯国家联盟法、东盟法等一些区域或次区域国际法相继产生，从而为各区域或次区域内的国家间合作与和平稳定提供了比普遍性国际法规范更为发达的法律形式。"① 由于国际社会缺少"中央政府"，并且国际法总体上属于"约定法"，因此，以法律为基础的国际经济秩序并非是大一统的秩序。既存在多边体制之下的秩序，也存在区域体制之下的秩序。由于多边体制具有适用范围广、制度统一等优势，因此，通常被认为是更佳模式；与此同时，各种区域体制也是国家的选择，并且也是值得鼓励的。

就国际经济秩序的多边体制与区域体制的关系而言，《关税与贸易总协定》第24条关于关税同盟与自由贸易区的规定，以及《服务贸易总协定》第5条关于一体化的规定显然是持一种"多边 plus"的立场，即倡导多边体制，但"允许部分成员先走一步"。这样一种制度安排，从长远看来，显然更有利于实现贸易自由化的宗旨。

从法学角度来看，区域体制增多的一个直接后果就是规则的"碎片化"（fragmentation）。所谓"碎片化"是指"一个法律体系内部的法律规则增多，并且这些规则之间产生矛盾和冲突的现象。"② 可见，碎片化所带来的主要负面影响是由于规则的冲突导致规则实施成本的增大。但这并不意味着规则碎片化的总体效果一定是负面的。如果规则的碎片化更能实现规则所追求的目标和价值，那么，这种碎片化就应该是受到鼓励的。前进一步的"碎片化"要优于僵化的"完整化"，而且，"碎片化"的下一步就应该是更高层面的"完整化"。

正因为如此，中国政府在不同场合多次申明：中国坚定支持多边经济贸易体制，同时也赞成对多边经贸体制构成有益补充的各种区域性制度安排。例如，早在《跨太平洋伙伴关系协定》（TPP）谈判刚完成之时，中国商务部部长就在接受新华社等中央媒体采访时指出："中国是多边贸易体制的积极参与者、维护者和贡献者，主张以 WTO 代表的多边贸易体制是全球贸易规则的主渠道，区域贸易自由化是其有益补充，两者相互促进、共同发展。"③

---

① 古祖雪：《现代国际法的多样化、碎片化与有序化》，载《法学研究》，2007（1）。
② 车路遥：《论区域经济一体化对多边贸易体制的碎片化作用》，载《武大国际法评论》，2014（2）。
③ 《商务部部长高虎城就〈跨太平洋伙伴关系协定〉接受采访，中国坚定支持多边贸易体制》，载《人民日报》，2015 年 10 月 09 日，第 2 版。

二、多边体制

（一）什么是理想的多边体制

国际多边体制因更便于解决国际社会所面临的问题，而成为第二次世界大战结束以来经常被采用的一种国际治理模式。然而，多边体制的选择仅仅表明国家对治理模式的一种偏好，更深层次的问题是我们需要什么样的多边体制。在一些西方国家善于从价值层面表达自己的利益诉求，例如，以"公平贸易"来抗衡现行的多边自由贸易体制的情况下，我们不应满足于表达对多边体制的坚守，更应该明确我们在多边体制质的方面的追求。理想的多边体制应能有效应对人类社会共同面临的挑战，有效实现各成员国的共同努力，并能公平地惠及各成员方和国际社会。

1. 理想的多边体制应能有效应对人类社会所共同面对的现实问题

理想的多边体制不是用来欣赏的，而是能有效应对人类社会所共同面对的现实问题。"体制是为应对问题而出现的。"[1]

创设某种多边体制一定是为了解决现实的国际问题，只有应对现实问题的多边体制才是有意义的。例如，《关税与贸易总协定》的制定是为了解决两次世界大战之后所形成的极高的贸易壁垒问题。"第二次世界大战将近结束时，交战国的全部贸易与大多数中立国的贸易均受政府控制"。[2] 因此，如何在战后大幅度削减关税和其他贸易壁垒，就成为各国面临的一项迫切的任务。正因为如此，虽然原先设想的"国际贸易组织"未能如愿成立，但"临时适用"的《关税与贸易总协定》所确立的多边贸易体制却能够长期发挥作用并演变成今天的世界贸易组织。

相比之下，1966 年设立的解决投资争端国际中心（International Centre for Settlement of Investment Disputes，ICSID），作为国际投资争端解决的多边体制，在其成立后最初的 30 多年时间里基本上处于赋闲状态。ICSID 是基于《关于解决国家与他国国民间投资争端公约》（1965 年华盛顿公约）而设立的。尽管今

---

① [美] 奥兰·杨：《世界事务中的治理》，陈玉刚、薄燕译，103 页，上海，上海世纪出版集团，2007。

② 王贵国：《世界贸易组织法》，3 页，北京，法律出版社，2003。

天的 ICSID 已经"是国际投资争端解决方面的领先机构"，^① 但直到 20 世纪末，ICSID 的实际作用仍旧十分有限。根据 ICSID 的统计，自公约 1966 年生效，直到 1972 年才有了第一个案件。到公约生效 30 年后的 1996 年，ICSID 总共受理了 38 起案件。^② 作为一个"解决投资争端国际中心"，在长达 30 年的时间里几乎没有什么作为，其原因值得探讨。但无论是何原因，ICSID 的设立很难说是应对了现实中的问题。

多边体制所应对的问题应该是人类社会共同面对的问题，而不是少数国家所关注的问题。只有当某一多边体制所应对的是国际社会或多数国家所共同面对的问题时，这种问题的解决才可为各国带来实际的利益，各国也才有兴趣参与到多边体制的创立和建设中来。

理想的多边体制不仅要应对人类社会共同面临的现实问题，还必须能够有效地解决这些问题。无论是前面所提到的世界和平与安全问题，还是政府管制所带来的贸易壁垒问题，都远非一个或数个国家有能力解决的，因此，有建立多边体制的必要。首先，理想的多边体制应能够通过有效措施，解决各国所关心的现实问题。其次，理想的多边体制不仅能够通过有效的措施，解决各国所关心的现实问题，而且，同其他解决方案相比，其所提供的方案应该是最佳或更佳方案。1948 年 1 月 1 日开始生效的《关税与贸易总协定》，尽管具有"临时适用"的性质，但它所提供的多边谈判体制却为各缔约方逐步削减关税和降低非关税壁垒提供了最佳的途径。

依据《解决国家与他国国民间投资争端公约》所设立的以"解决投资争端国际中心"为主要运作机构的多边投资争端解决体制近年来多遭非议，笔者认为主要原因之一在于它并非是解决问题的最佳选择。创设 ICSID 这一多边体制力求解决的问题是投资者与东道国的争议。投资者与东道国因征收补偿等事宜产生争议是一个现实的问题，但这一问题的解决可以有多种方法。除了 ICSID 所设计的将纠纷交由仲裁庭解决之外，至少还有另外两种可以采用的方法。一是"东道国救济"，将纠纷提交东道国的争端解决机制，包括行政程序、仲裁程序和司法程序；

---

① 见 ICSID 官网，https://icsid.worldbank.org/en/Pages/about/default.aspx，最后访问日期：2020 年 3 月 21 日。

② https://icsid.worldbank.org/en/Documents/resources/The%20ICSID%20Caseload%20Statistics%20 2020-1%20Edition-ENG.pdf.fangwen，最后访问日期：2020 年 3 月 21 日。

二是可将投资者与东道国之间的争议转化为投资者母国与东道国之间的争议，从而将其提交政府间争议解决机制，如同 WTO 争端解决机制，或政府间双边争端解决机制。在多种选择并存的情况下，考虑到 ICSID 裁决的案件多属于涉及东道国的公共政策的纠纷，而非投资者与东道国政府的商事纠纷，以商事仲裁为模板的 ICSID 仲裁很难说是一种最佳选择。①

2. 理想的多边体制应能实现成员国的共同努力

创设多边体制是为了依靠多数国家的共同努力来解决国际社会所共同面临的问题，因此，理想的多边体制应有利于实现成员国的共同努力。

在缺少一个"世界政府"的情况下，国家之间彼此约束，包括多边体制的创立和维持，都要通过条约的缔结和履行来加以实现。无论是条约型多边体制还是组织型多边体制，一定要有以条约形式存在的一套规则体系，而这套规则体系必然要基于各成员国的共同意志。国家基于自由同意原则而选择了某种多边体制，国家基于信守约定的原则而维持多边体制的效力。如同《条约法公约》在序言中所强调的那样："自由同意与善意之原则以及条约必须遵守规则乃举世所承认。"因此，多边体制是以成员国的共同同意作为其存在基础的。

正因为如此，中国政府在多种场合下强调全球治理的"共商"理念。例如，习近平主席于 2019 年 3 月 26 日在巴黎出席中法全球治理论坛闭幕式的致辞中说："要坚持共商共建共享的全球治理观，坚持全球事务由各国人民商量着办，积极推进全球治理规则民主化。"②因为要"共商"，所以就要求同存异。能够达成共识的就可以通过条约条款将其确定下来，而那些经过磋商无法达成一致的事项就可以暂时搁置一边。

"共商"不排除一国或数国在多边体制建立过程中发挥主导作用。关贸总定体制则是在美国的主导下建立的。面对各国居高不下的关税和其他贸易壁垒，美国国会于 1934 年通过了《互惠贸易协定法》，授权总统与其他国家进行相互减让关税的贸易协定谈判。随后，美国与二十几个国家签订了双边贸易协定，大幅度降低了各自的关税，并根据最惠国待遇原则，将这些减让惠及其他国家。"二战"临近结束时的 1944 年 7 月，美国提议召开了联合国货币与金融会议，并倡

---

① 可参见王燕：《国际投资仲裁机制改革的欧美制度之争》，载《环球法律评论》，2017（2）。
② http://jhsjk.people.cn/article/30998648。最后访问日期：2020 年 3 月 30 日。

导组建国际贸易组织。虽然由于美国国会态度消极导致国际贸易组织未能建成，但美国主导制定的《关税与贸易总协定》在此后几十年的时间里发挥了重要作用，并成长为现今的世界贸易组织。

关于多边体制的运行，条约型多边体制与组织型多边体制有所不同。条约型多边体制是指不具备相应的组织机构，仅靠缔约国之间的彼此监督来保证规则的遵守；组织型多边体制则不仅有条约所创设的规则，且有条约所创立的组织机构，并据此保证条约义务的履行。条约型多边体制的运行依靠缔约方之间的彼此监督。如果出现背离规则的情形，则可依据条约中约定的程序加以解决。因此，条约型多边体制的运行完全是在缔约国的掌握之下。组织型多边体制的运行当然也依靠缔约国的彼此监督，但除此之外，还会通过组织的集体决策来维持多边体制功能的发挥。

WTO 的决策机制是全体成员共同参与型的。无论是作为最高决策机构的部长级会议，还是部长级会议休会期间的总理事会都是由所有成员方组成，每个成员方均拥有一票表决权。如果有成员提议修改《建立世界贸易组织协定》和多边贸易协定条款，部长级会议首先应尝试"协商一致"通过，如果在规定期间内无法达成一致，则需要有 2/3 以上的成员方投票赞成方能通过，且其修改只对接受修改的成员有效。某些条款的修改必须经所有成员方的同意。[①] 或许正因为如此，WTO 秘书处才会说："WTO 是由成员方政府管理的。""如果说 WTO 的规则将纪律强加于各国政策之上，那就是指 WTO 成员间通过谈判达成的结果。"[②]

无论是采取何种决策方式，国际多边体制的运行一定要保障其成员的直接或间接的参与。全体参与的决策机制更多地考虑到各成员的意愿，但会影响决策效率；授权机构决策会提高决策效率，但有时要以背离个别成员的意愿为代价。因此，两种决策类型的互补是应该考虑的方案。联合国的决策权交给了少数会员国组成的安理会，但《联合国宪章》宗旨和大会监督会对安理会的决策有所约束。相比之下，世贸组织"协商一致"的决策机制，因为照顾到所有成员的意愿，因而比较难以形成新的规则，但从《关税与贸易总协定》时即已确立的"区域贸易安排"使得少数成员可以在贸易自由化的路上先走一步，从而在一定程度上弥补

① 薛荣久主编：《世界贸易组织（WTO）教程》，116～119 页，北京，对外经济贸易大学出版社，2003。
② 世界贸易组织秘书处编：《贸易走向未来：世界贸易组织概要》，张江波等译，111 页，北京，法律出版社，1999。

了"协商一致"决策机制的不足。

3. 理想的多边体制应能公平地惠及成员方并有益于国际社会

理想的多边体制为应对各国所面临的现实问题而创设，而现实问题的解决自然会产生实际的利益。一方面，多边体制所带来的利益应公平地惠及其成员方；另一方面，这种利益也应惠及国际社会。

理想的多边体制是为了解决国际社会共同面临的现实问题所设立，机制的运行又依靠各成员的共同努力，因此这种体制所产生的利益应首先能普遍地惠及各成员方。以 GATT/WTO 为例，该体制的创设是为了削减各种贸易壁垒，促进贸易自由化。通过各缔约（成员）方多年不懈的努力，不仅各方的关税水平大为降低，各种非关税措施受到严格约束，从而在很大程度上实现了货物贸易的自由化和便利化，同时，还影响了服务贸易、国际投资和知识产权保护等领域。GATT/WTO体制 70 多年来的成功运行为各成员带来了实际的利益。

中国政府特别强调国际关系中的共享理念。2013 年 3 月 23 日，习近平在莫斯科国际关系学院的演讲中明确强调："我们主张，各国和各国人民应该共同享受发展成果。每个国家在谋求自身发展的同时，要积极促进其他各国共同发展。世界长期发展不可能建立在一批国家越来越富裕而另一批国家却长期贫穷落后的基础之上。只有各国共同发展了，世界才能更好发展。那种以邻为壑、转嫁危机、损人利己的做法既不道德，也难以持久。"

在一个多边体制内，各成员的共同受益往往意味着彼此的给予或相互的让步。这就是国际关系中的互惠原则（principle of reciprocity）。但互惠原则并不要求相互的给予或彼此的让步一定是对等（等量）的。一些多边体制已经注意到互惠原则下的非对等安排的必要性并为此而做出特别的制度设计。GATTA/WTO 体制内的非对等安排就是一例。20 世纪六七十年代，发展中国家通过贸发会机制成功地说服了发达国家接受普惠制安排，并在 1973 年开始的东京回合谈判中通过了"授权条款"，规定发展中国家的产品可在非互惠、非歧视基础上以更优惠的市场准入条件进入发达国家市场。非对等性安排是对发展中国家和发达国家之间经济实力不对等的一个回应，这种不对等必然导致贸易流向的扭曲，而完全的义务对等将意味着经济上的不对等会持续地以不利于发展中国家的方式运行。

理想的多边体制不仅应能公平地惠及成员国，还应当有益于国际社会。从积极层面看，所谓的有益于国际社会是指能够为国际社会带来更多的福祉；从消极层面看，是指至少不会对国际社会带来利益损害。

世贸组织及其前身《关税与贸易总协定》通过确立贸易管理规则、提供多边谈判场所以及贸易争端解决机制，不仅使成员方（缔约方）的各种贸易壁垒大幅降低，从而促进贸易增长、提供就业机会和增加各方国民的福祉，其影响也及于非成员方。例如，虽然非成员方并不受 GATT/WTO 规则的约束，但可以通过与成员方双边协议的最惠国待遇条款而享受到 GATT/WTO 所带来的利益。而且，为享有双边协定中的对方所提供的优惠待遇，其自身也会承担降低关税和削减非关税壁垒的义务。此外，非成员方在申请加入 GATT/WTO 体制时会向现有成员承诺关税及其他措施的减让，因此，非成员方即使处于 GATT/WTO 体制之外，也会在无形的压力之下，采取与 GATT/WTO 的举措同向而行的举动。

（二）WTO 的成就与局限性

1. WTO 的成就

无论是作为一个国际组织，还是作为一套国际法规则，WTO 无疑都发挥着极其重要的作用。如果依据前述标准衡量，应该说 GATT/WTO 多边体制有效地应对了国际社会就国际贸易惯例所共同面对的现实问题，该体制为各成员方实现其宗旨的共同努力提供了很好的平台，该体制的运行也使其成员方和国际社会总体上受益。因而，可以说 GATT/WTO 体制是国际社会在当今条件下所能创设的较为理想的国际多边体制。WTO 对国际经济秩序的贡献尤其表现在以下两大方面。

第一，WTO 规则所约束的国际贸易领域空前广泛，从而扩展了国际经济秩序的范围。

与其前身 GATT 相比，WTO 的管辖范围扩展到服务贸易、知识产权等领域。与《联合国宪章》不同，《马拉喀什建立世界贸易组织协定》仅就世界贸易组织的"组织"问题作出规定，而并不包含实体规范。WTO 的实体规范是规定在作为《马拉喀什建立世界贸易组织协定》的附件的各项协定当中的。这些协定可分为五组。第一组是有关货物贸易的多边协议，包括：《1994 年关税与贸易总协定》《农业协定》《实施卫生与植物卫生措施协定》《纺织品与服装协定》《技术性贸易壁垒协定》《与贸易有关的投资措施协定》《反倾销协定》《海关估价协定》

《装船前检验协定》《原产地规则协定》《进口许可程序协定》《补贴与反补贴措施协定》和《保障措施协定》。第二组是《服务贸易总协定》及附件。第三组是《与贸易有关的知识产权协定》。第四组是《关于争端解决规则与程序的谅解》。第五组是《贸易政策审议机制》。WTO 规则的制订者似乎追求着这样的目标：所有的贸易问题都归入 WTO；与贸易有关的问题也尽量归入 WTO。例如，纺织品和服装贸易，曾一直游离于 1947 年《关税与贸易总协定》多边贸易体制之外。经过乌拉圭回合的多年谈判，成员间终于达成了纺织品与服装协定。依照该协定，纺织品和服装贸易分四阶段归入 WTO 多边贸易体制。[①] 再如，知识产权本身并不属于贸易问题，却因为与贸易相关，因此，在 WTO 之下便有一个《与贸易有关的知识产权协定》。

与其他国际公约相比，WTO 的适用范围也极为广泛。从条约发展史来看，早期的条约基本上是双边条约，除了一些交战国之间的和约。普遍性的国际公约是"二战"结束后所发展起来的。一些公约"接近于实现普遍参加的原则"，[②] 如 1949 年的日内瓦四公约、1961 年的《维也纳外交关系公约》、1963 年的《维也纳领事关系公约》、1969 年的《维也纳条约法公约》和 1982 年的《联合国海洋法公约》，等等。这些公约的一个共同特点在于它们都是仅就国际关系中的某一领域或事项创设规则。作为一套国际公约的 WTO 虽然也可以说是仅就国际贸易问题制订规则，但由于国际贸易自身就是一个非常广泛的领域，而且，如前所述，WTO 还纳入了很多"与贸易有关"的问题，所以其管辖范围更加广泛。正因为如此，WTO 文件（包括作为附件的成员方彼此的减让承诺）厚达 26000 页。[③]

说 WTO 大大扩展了国际经济秩序的范围，还因为 WTO 缔约方的广泛性。《关税与贸易总协定》生效时只有 23 个缔约方。到乌拉圭回合谈判结束时，《关税与贸易总协定》的缔约方已有 120 多个。1995 年 12 月 12 日，关贸总协定 128 个缔约方在日内瓦举行最后一次会议，宣告历经近半个世纪风风雨雨的关贸总协

---

① 按照约定，到 1995 年 1 月 1 日，各缔约方至少将相当于 1990 年纺织品和服装贸易量 16% 的产品实施"回归"；到 1998 年 1 月 1 日，至少再将 1990 年进口量的 17% 的产品实行"回归"；到 2002 年 1 月 1 日，至少再将 1990 年进口量的 18% 的产品实行"回归"；到 2005 年 1 月 1 日，则将其余所有产品实行"回归"。

② 李浩培：《条约法概论》，91 页，北京，法律出版社，2003。

③ JOHN H JACKSON, *The Jurisprudence of GATT & the WTO*, 399 页，北京，高等教育出版社，2002。

定的历史使命结束。① 世界贸易组织成立之后，其成员又增加许多。根据 WTO 官方网站的介绍，截至 2021 年 5 月，世界贸易组织成员已达 164 个，其贸易额占全球的 98%。② WTO 规则适用领域的扩展及成员的广泛性都进一步扩大了国际法规范的适用范围，是 WTO 对国际经济秩序的重要贡献。

第二，WTO 对缔约方形成前所未有的约束，使贸易领域中的国际经济秩序更具刚性。

同国内法一样，国际法的功能首先在于约束。作为当代国际法的主要表现形式的国际条约，其首要作用也在于规范缔约方之间的权利义务关系，从而对缔约方构成约束。那么，WTO 对缔约方的约束在哪些方面有别于其他的国际条约呢？其主要表现在于 WTO 对缔约方的国内法构成经常和严格的约束。以往的国际条约虽然也规范缔约国的行为，但缔约国的国内法不会经常地受到挑战。而 WTO 赋予成员方的却是挑战其他成员方国内立法的权利，表现为要求其他成员取消与 WTO 规则不一致的"措施"。我国入世以来，已经多次按照 WTO 争端解决机构所作出的裁判意见修改了国内相关立法。③ 即使像美国这样强大而且经常置他国意见于不顾的国家，也多次在 WTO 败诉后或与质疑其国内立法的成员方磋商后修改了国内立法。④

WTO 为什么可以对缔约方的国内立法构成如此普遍、经常而严格的约束呢？其主要原因在于：

首先，WTO 是约束成员方贸易管理方面的行为的，而贸易管理是当今各国政府最为日常性的工作之一，因此，WTO 对各成员方政府的约束必然会是经常

---

① 虽然世界贸易组织已于 1995 年 1 月 1 日正式成立，但作为机构的关贸总协定与世界贸易组织有一年的并存期。根据乌拉圭回合所达成的协议，世界贸易组织于 1996 年 1 月 1 日取代作为机构的关税与贸易总协定。见东人：《五十春秋梦终圆——从关贸总协定到世界贸易组织》，载《经济视角》，1997（4）。

② https://www.wto.org/english/thewto_e/whatis_e/inbrief_e/inbr_e.htm. 最后访问时间：2021 年 5 月 22 日。

③ 例如我国务部于 2013 年 7 月 29 日公布的《执行世界贸易组织贸易救济争端裁决暂行规则》第 2 条规定："世界贸易组织争端解决机构作出裁决，要求我国反倾销、反补贴或者保障措施与世界贸易组织协定相一致的，商务部可以依法建议或者决定修改、取消反倾销、反补贴或保障措施，或者决定采取其他适当措施"。

④ 例如，在 WTO 争端解决机构就诉美国钢铁保障措施案（2002）作出不利于美国的裁决之后，美国总统不得不宣布终止其保障措施的实施。

性的。以 WTO 所覆盖的货物贸易为例，处于 WTO 规则监管之下的政府行为包括：装船前检验管理、进口许可、普通关税征收、反倾销税征收、反补贴税征收、保障措施税征收、海关估价、原产地确认、卫生检疫、技术标准实施以及可能影响贸易的投资管理行为等。由于许多政府部门（而不仅仅是国际贸易管理部门）的职能的日常行使都与上述事项相关，所以，WTO 对成员方政府的约束必然是普遍而经常的。以我国为例，无论是作为国务院组成部门的各个部委，还是作为国务院直属机构的局、署、室，或是国务院的办事机构和直属事业单位，其工作职责都可能涉及 WTO 管辖的领域。例如，教育部关于中外合作办学的管理会与 WTO 服务贸易总协定以及我国的相关承诺相关，国家发改委关于扶持某类企业的某个文件可能触及 WTO 有关补贴问题的规定，国家质量监督检验检疫总局对于进口集装箱中子超标情况的处理，会涉及 WTO 有关技术标准、进口检验等方面的规定。正因为如此，国务院各部门几乎都有专门机构或人员关注其履行职责的行为与 WTO 规则的一致性问题。

其次，WTO 明确规定了其规则对各成员的国内法的约束。《马拉喀什建立世界贸易组织协定》第 16 条第 4 款规定："每一成员应保证其法律、法规和行政程序与所附各协定对其规定的义务相一致。"可以看出，WTO 规则的约束对象被直接明确为成员方的国内法，而不是成员方政府的具体行为，由此，WTO 所约束的就不仅是各成员方的政府（行政部门）的行为，也包括成员方的立法机构的行为。由于 WTO 直接将成员方的国内立法置于其监督之下，所以，任一成员方在质疑另一成员方的行为的合法性时，都可以将其主张表达为要求对方修改其相应的国内立法，包括法律（laws）、法规（regulations）和行政程序（administrative procedures）。因此，WTO 争端解决机构的裁决所带来的后果主要是败诉方修改其立法或停止相关立法的执行。

最后，WTO 确立了纠纷解决方面的强制管辖权。与联合国国际法院的"任意强制管辖"（Optional Compulsory Jurisdiction）[①] 不同，WTO 成员不可以拒绝 WTO 对争端解决的管辖。WTO《关于争端解决的规则和程序的谅解》（*Understanding on rules and procedures governing the settlement of disputes*,

---

① 根据《国际法院规约》第 36 条第 2 款的规定，缔约国可自愿选择是否接受国际法院的强制管辖权，因此，这种管辖被称作"任意强制管辖"。

DSU）第 23 条第 1 款规定："当成员寻求纠正违反义务情形或寻求纠正其他造成适用协定项下利益丧失或减损的情形，或寻求纠正妨碍适用协定任何目标的实现的情形时，它们应援用并遵守本谅解的规则和程序。"DSU 第 23 条第 2 款进一步要求各成员在处理彼此间的争端时，除按 DSU 的规则与程序寻求解决外，不得诉诸其他争端解决程序。与此同时。DSU 所确立的"反向一致原则"，使得在专家组的设立、专家组和上诉机构裁决报告的通过等方面，除非全体成员一致否决（这在事实上是不可能的），即可获得通过，从而使得每个成员都无法规避 WTO 对其行使管辖。通过强有力的争端解决管辖权的行使，使 WTO 对成员的约束能更好地实现。

WTO 管辖范围的扩展和对成员方约束的刚化都增强了国际法在国际社会中的影响力，使国际经济秩序呈现出新的局面。也许正因为如此，WTO 被看作"是有史以来世界范围内经济和法律合作中最为成功的范例"。①

2. WTO 的局限性

在肯定 WTO 的成就的同时，也应看到 WTO 的局限性。在 WTO 处于鼎盛时期的时候，其局限性很容易被忽视；而在 WTO 处于比较窘迫境遇的今天，其局限性就显露无遗了。

WTO 的局限性其实是源自国际法的局限性。与国内法相比，国际法最大的局限性就在于它总体上是一套以国家同意作为约束国家的条件的法律规则。尽管人们给了 WTO 很多很高的评价，将世界贸易组织比作"经济联合国"，将世界贸易组织规则比作"国际经济宪章""国际行政法典"，但经过冷静分析就会发现，WTO 并没有对传统的国际法原则带来任何突破。

首先，无论是作为规则体系的 WTO 还是作为国际组织的 WTO 都遵循着传统的国家主权平等原则。主权是国家最重要的属性。虽然主权几乎总是被表述成国家的一种"最高权力"，但准确地说，主权应该是国家的一种身份。世界贸易组织和 WTO 规则完全恪守了国家主权平等原则。无论是 WTO 组织还是 WTO 规则都是成员方基于主权平等原则，通过协商而创设出来的。② 正如 WTO 在其

---

① ERNST-ULRICH PETERSMANN. The Future of The WTO: from Authoritarian "Mercantilism" to Multilevel Governance for The Benefit of Citizens?. *Asian J. WTO & Int'l Health L & Pol'y*, 2011，p.54.

② 虽然 WTO 也包含中国香港这样的独立关税区而非主权国家的成员方，但总体上看，WTO 是一套国际条约规则和一个以主权国家为成员的国际组织。

官方网站中自我介绍的那样："WTO 是经协商而产生的，它所做的一切都是协商的结果。"① 而且，在 WTO 规则面前，各成员方平等地享有权利和承担义务，虽然发展中国家在某些领域被赋予优惠待遇，但也是成员间平等协商的结果；在作为国际组织的 WTO 内部，各成员方一律平等，没有任何法律身份上的差异。

其次，WTO 完全遵行国际法中传统的自由同意原则。由于主权者地位平等，所以，除非存在国际强行法的情形，一个国家只接受自己所接受的规则的约束。国家不仅可以自由地表达自己对某项国际法规则的接受，也可以自由地变更自己的同意。② 《马拉喀什建立世界贸易组织协定》及各项附件，均为乌拉圭回合各谈判方经过长期谈判所达成的协议。WTO 的各项规则之所以对它们构成约束，是因为各方同意接受此种约束。此后加入世界贸易组织的成员必须向现有成员表达这种接受 WTO 规则约束的意愿，并就其他相关事项与其他成员达成一致，才可以加入世界贸易组织并接受世贸组织规则的约束。如出现对 WTO 规则加以修改的情形，只要此项修改涉及成员方的权利义务，则修改后的规则只约束哪些接受修改的成员。③ 而且，既然接受世贸组织规则约束的基础是成员方的同意，成员方当然也可以按照程序规则撤销自己的同意，退出世界贸易组织。④

最后，WTO 遵循着国际法中传统的信守约定原则。由于国际法是国家之间的法，国际法的本质是国家间的约定，因此，信守约定就成为国际法中最为重要的原则之一。《马拉喀什建立世界贸易组织协定》要求 WTO 成员严格履行条约义务，"保证其法律、法规好行政程序与所附各协定对其规定的义务相一致。"⑤ 为了落实信守约定原则，世界贸易组织创设了贸易政策审议机制和争端解决机制，以及时纠正成员违背条约义务的情形。

正因为 WTO 是建立在主权平等、自由同意和信守约定三大传统原则的基础上的，其本质是各缔约方之间的约定，因此，缔约方的意志可以说是 WTO 体系的基础。当美国对 WTO 争端解决机制中的上诉机构的运作不满意的时候，它就

---

① https://www.wto.org/english/thewto_e/whatis_e/who_we_are_e.htm。最后访问时间：2021 年 5 月 16 日。

② GERALDO VIDIGAL. From Bilateral to Multilateral Law –making: Legislation, Practice, Evolution and The Future of Interse Agreement in The WTO, *European Journal of International Law*, 2013，1028.

③ 《马拉喀什建立世界贸易组织协定》第 10 条。

④ 《马拉喀什建立世界贸易组织协定》第 15 条。

⑤ 《马拉喀什建立世界贸易组织协定》第 16 条第 4 款。

可以利用 WTO 规则约定时的留下的薄弱之处，以"不合作"的方式使 WTO 争端解决机制近乎瘫痪。

而且，从国际组织进化角度来看，1995 年成立的世界贸易组织的组织化程度不及 1945 年成立的联合国。所谓组织化程度，是指国际组织成员国向国际组织交付权力的程度。成员国交付的权力越多，国际组织脱离成员而自行决策的空间就越大，国际组织就越接近一个独立于成员国的实体。虽然政府间国际组织都会通过宪章性文件（如《联合国宪章》）将自己设定为一个具有独立法律人格的实体，但每个组织的组织化程度却不尽相同。有的国际组织无法形成自己的独立意志——组织的意志就是全体成员的意志，而另外一些国际组织则可以脱离个别成员的意志而形成自己的意志——作出组织自己的决定，而不是全体成员的共同决定。联合国是一个组织化程度较高的国际组织。在这个组织之内，决策权被赋予由少数成员国所组成的机构——安全理事会，而不是由全体成员国所组成的大会。相比之下，世界贸易组织的组织化程度偏低。在世贸组织当中，并不存在由部分成员组成的"小机构"进行决策的机制；决策权集中于由所有成员方代表组成的部长级会议。在部长级会议休会期间，决策权则由所有成员代表所组成的总理事会来行使。虽然世贸组织的决策并不排斥票决制，但其更倾向于采取"协商一致"的决策方法。因此，从总体上看，世界贸易组织尽管以组织的形式存在，但实质上并没有成为一个可与其成员相分离的实体。它的意志就是全体成员方的意志，它的决策就是全体成员方的决策。它的所谓独立法律人格其实是全体成员方的集合。

WTO 规则无疑是当今国际经济领域中最为重要的一套法律规则。然而，从过去 20 多年的经历来看，WTO 在培育新的国际经济规则方面的表现并不尽如人意，WTO 多哈回合谈判历程艰难。

经过乌拉圭回合谈判，WTO 大大扩展了 GATT 原有的管辖范围，不仅将规则扩展到服务贸易领域，而且也扩展到"与贸易相关"的其他一些领域（如知识产权、投资措施等）。[①]1996 年 12 月，WTO 在新加坡召开首届部长级会议，会上成立了新的工作组，准备将 WTO 规则扩展到与贸易相关的投资领域和竞争政

---

① 对于这种"与贸易相关"的谋划，有人会不假思索地接受，认为真的是"相关"，所以才被归入 WTO。但是，如果真的是考虑"相关性"的话，是否更应该有"与贸易相关的物权协定"和"与贸易相关的合同协定"？

策领域。1999 年在西雅图举行的 WTO 第三届部长级会议，明确了新一轮多边贸易谈判的新议题，包括竞争政策、贸易便利、电子商务和政府采购透明度等。新生的 WTO 仍要雄心勃勃地开疆辟土。

然而，在多哈回合启动之前，就已经出现了部分成员方"拒绝合作"的现象。在第三届部长级会议上，美国等少数发达国家试图将劳工标准等问题纳入新一轮谈判，受到了广大发展中国家的抵制。2001 年 11 月在卡塔尔首都多哈举行的 WTO 第四次部长级会议正式启动了新一轮多边贸易谈判。该轮谈判确定了 8 个谈判领域，即农业、非农产品市场准入、服务、知识产权、规则、争端解决、贸易与环境以及贸易和发展问题。然而，2003 年 9 月在墨西哥坎昆举行的 WTO 第五次部长级会议上没有取得任何实质性的谈判进展。2004 年 8 月，总理事会决定，不再推动就贸易与投资关系、贸易与竞争政策相互关系以及政府采购透明度等新议题的谈判。多哈回合谈判陷入停滞局面。

2005 年 12 月在香港举行的 WTO 第六届部长级会议仅在取消棉花出口补贴和农产品出口补贴等方面取得有限的进展，同时，将原定于 2005 年 1 月 1 日前结束的多哈回合谈判推迟到 2006 年底。然而，2006 年国际社会并没有看到多哈回合的完成，而是等来了多哈回合谈判的正式、无限期的中止。随后，两年一次的部长级会议被推迟召开。2009 年 11 月 30 日至 12 月 2 日，WTO 第七届部长级会议在日内瓦举行。与往届会议不同，此次会议并不进行实质性的谈判，而仅是为各成员方提供一个回顾和审议世贸组织工作的平台。会议也没有形成"宣言"类的法律文件。除了就两个具体事项作出决定，会上只是由各成员方代表就具体议题表态和声明。有评论人士将此次会议概括为"务虚不务实""避重就轻""低调落幕"。[①] 会议再次推迟结束多哈回合谈判的时间。2011 年 12 月，WTO 第八届部长级会议在日内瓦举行。由于各成员方无法在会前就多哈回合谈判早期收获协议达成一致，因此无法按原计划将其提交即部长级会议。2013 年 12 月 7 日，世贸组织第九届部长级会议在延期一天后，终于就多哈回合"早期收获"协议达成一致。2015 年 12 月 19 日，世贸组织第十届部长级会议在内罗毕落幕，各成员代表经过激烈讨论，最终通过了《内罗毕部长宣言》及涉及农业、棉花和最不发达国家议题等领域的 9 项部长级会议决定，承诺继续推动多哈议题。2017 年

---

① 黄志瑾：《WTO 第七届部长级会议述评》，载《世界贸易组织动态与研究》，2010（1）。

12 月，世界贸易组织第十一届部长级会议在阿根廷召开。包括中国、加拿大、澳大利亚和韩国等在内的 44 个世贸组织成员在此次会议期间发表联合声明，重申支持多边贸易体制。本次会议达成了渔业补贴部长决定、电子商务工作计划部长决定、小经济体工作计划部长决定、知识产权非违反之诉和情景之诉部长决定。原本计划于 2020 年 6 月在哈萨克斯坦召开的第十二届部长级会议，因新冠肺炎疫情影响被迫推迟到 2021 年。

多哈回合谈判的艰难历程，使人们对 WTO 的"谈判"功能日渐失望。WTO 的其他功能更加引起关注。WTO 时任总干事拉米曾提请补齐 WTO "失去的中间"部分（missing middle），即介于"谈判"和"争端解决"之间的那一部分，包括贸易监督、能力建设和日常的技术性工作，以强化多边贸易体制的基础。[①] 但是，WTO 的任何功能的完善或增加都必须基于新的规则的创设，而任何新规则的创设又都必须基于成员方之间的谈判。如果 WTO 的谈判功能出现衰竭，如何期待它还能成为培育新规则的温床？

在这种情况下，近年来风生水起的各种区域体制更有希望成为培育新的国际经济规则的温床。

三、区域体制

（一）区域体制的兴起

在 WTO 发展迟缓的同时，各种区域性安排却得到快速发展。根据世界贸易组织公布的数据，截至 2020 年 9 月 20 日，世贸组织收到过通知的区域性自由贸易协定（RTAs，含双边协定）共有 496 项，其中有 306 项正在实施当中。[②] 仅中国近年来就与十多个国家或地区签署了具有 RTA 性质的协定，并正在同澳大利亚、挪威等国家进行自由贸易协定的谈判。[③] 当下的自由贸易区协定早已超出

---

① World Trade Organization, *World Trade Report* 2013，287.

② 见 WTO 官方网站，https://www.wto.org/english/tratop_e/region_e/region_e.htm#facts. 最后访问时间：2020 年 10 月 12 日。

③ 见中国自由贸易区服务网，http://fta.mofcom.gov.cn/fta_tanpan.shtml. 最后访问时间：2020 年 10 月 12 日。

"贸易"的范围，并扩展到 WTO 多哈回合最初确定的议题。美、加、墨三国于 1993 年签署的《北美自由贸易协定》（*North American Free Trade Agreement*，NAFTA）已就投资问题、竞争政策等问题作出规定。美国近年来与其他国家签订的自由贸易协定则进一步细化了相关问题的规定。例如，在 NAFTA 当中，关于竞争政策、垄断和国有企业的专章（第 15 章）规定共有 5 项条款，而美国与秘鲁于 2006 年 4 月签署的自由贸易协定中关于同一事项的规定已有 11 条之多。

在近年来诞生的区域贸易协定中，《全面与进步跨太平洋伙伴关系协定》（*Comprehensive and Progressive Agreement for Trans-Pacific Partnership*，CPTPP，2018 年 12 月 30 日生效）、《美国、墨西哥、加拿大协定》（*United States-Mexico-Canada Agreement*，USMCA，2020 年 7 月 1 日生效）和《区域全面经济伙伴关系协定》（*Regional Comprehensive Economic Partnership*，RCEP，2020 年 11 月 15 日签署，将于东盟 10 国中至少 6 国、5 个东盟外伙伴国中至少 3 国完成各国立法机构批准程序后正式生效）尤其引人关注。

CPTPP 脱胎于 TPP（《跨太平洋伙伴关系协定》）。美国自 2009 年加入 TPP 谈判后就一直发挥着主导作用。2017 年，特朗普就任美国总统的当天便宣布美国退出 TPP。此后，只签署但未生效的 TPP 开始由日本主导。在搁置了包括知识产权在内的 5% 左右的条款后，11 国最终达成协议，形成了今天的 CPTPP。该协议被认为是目前世界上高水平的区域贸易安排。据测算，CPTPP 覆盖 4.98 亿人口，国内生产总值之和占全球经济总量的 13%。[1] 此前中国没有参加 TPP 和 CPTPP 的谈判。一方面因为美国有意排斥中国的参加；另一方面也因为当时中国对协议文本中的某些内容，包括国有企业和指定垄断、劳工标准、竞争政策、环境保护等存在一定的忧虑。如今，随着中国近年来在相关领域的深层次改革和高水平开放的推进，协议中与这些内容相关的规则已经变得不再是难以对接和实施的严苛标准。[2]2020 年 11 月 20 日，习近平主席以视频方式出席亚太经合组织（APEC）领导人非正式会议时明确表示："中方将积极考虑加入全面与进步跨太平洋伙伴关系协定。"CPTTP 的一些成员也表达了欢迎中国加入该协定的意向。

---

① 李高超：《被中央提到的 CPTPP 是个啥？》，载《国际商报》，2020 年 12 月 21 日第 002 版。
② 章玉贵：《中国与 CPTPP：高标准开放对接与区域繁荣共生》，载《第一财经日报》，2020 年 11 月 26 日，第 A11 版。

美国、墨西哥和加拿大三国在其原有的《北美自由贸易协定》（NAFTA）基础上经重新谈判形成的 USMCA 在许多方面超出了原先 NAFTA 的规定。在 USMCA 的全部 34 个章节中有 25 个章节可以在原 NAFTA 中找到对应章节；USMCA 中的劳工和环境这两个章节在 NAFTA 中有相关附加协议；而 USMCA 中的部门附件、数字贸易、中小企业、竞争、反腐败、良好监管实践、宏观经济政策与汇率事项等 7 个章节，在 NAFTA 中并无对应。① 值得警惕的是 USMCA 包含了所谓的"毒丸条款"。USMCA 第三十二节第 10 条规定："如果一国被协议签署国的任何一方认定为非市场经济国家，同时该国与美墨加三方均没有签订自贸协定，三方中任何一方与该国开始自贸协议谈判之前至少 3 个月，需要通报其他各方。如果任何一方与非市场经济国家签订自贸协定，其他各方有权在提前 6 个月通知的条件下终止协定。"据此，USMCA 的任一缔约方与所谓"非市场经济地位国家"展开自由贸易谈判都将面临限制。

　　RCEP 是由中国、日本、韩国、澳大利亚、新西兰和东盟十国共 15 方成员签署的自由贸易协定。15 个成员国总人口 22.7 亿，国内生产总值合计 26.2 万亿美元、总出口额 5.2 万亿美元，均占全球的约 30%。成员国中既有发达国家，也有发展中国家和最不发达国家，协定最大限度兼顾了各方诉求，给予最不发达国家差别待遇，帮助发展中成员加强能力建设，促进本地区开放、包容、普惠、平衡、共赢发展。中国商务部部长撰文指出，"RCEP 以全面、现代、高质量和普惠的自贸协定为目标，对标国际高水平自贸规则，形成了区域内更加开放、自由、透明的经贸规则，涵盖货物贸易、服务贸易和投资领域等，协定文本长达 1.4 万多页。货物贸易零关税产品数量整体上超过 90%，大幅降低了区域内贸易成本和商品价格。服务贸易开放承诺涵盖了大多数服务部门，显著高于目前各方与东盟现有自贸协定水平。投资方面，15 方均采用负面清单对制造业、农林渔业、采矿业等领域投资作出较高水平开放承诺，政策透明度明显提升。各方还就中小企业、经济技术合作等作出规定，纳入了知识产权、电子商务、竞争政策、政府采购等现代化议题，适应知识经济、数字经济发展的需要。"② 在该协定的谈判过程中，

① 参见龚柏华：《USMCA 如何冲击全球经贸规则》，载《第一财经日报》，2020 年 7 月 13 日，第 A11 版。

② 钟山：《开创全球开放合作新局面》，载《人民日报》，2020 年 11 月 24 日，第 011 版。

中方始终支持东盟中心地位，全程参与谈判并发挥了积极的建设性作用。当谈判面临困难的时候，中方积极协调各方立场，提出中国主张、中国方案，促进各方形成共识、达成一致。中国通过自身深化改革、扩大开放，带动和提升了区域贸易投资自由化便利化水平。

（二）区域体制的探索特征

从理论上讲，国际经济秩序的发展不可能是一个直线过程。按照马克思主义哲学，世上万物都是依照否定之否定的规律演进的。"辩证法在对现存事物的肯定的理解中同时包含对现存事物的否定的理解，即对现存事物的必然灭亡的理解；辩证法对每一种既成的形式都是从不断的运动中，因而也是从它的暂时性方面去理解。"① 如果我们只观察事物发展的某个阶段，那么它的发展可能是直线的；但如果全过程地考察，我们就会发现这种直线经常会改变。"从发展过程来看，事物总是沿着某一特定轨迹向前发展的。有时，这种轨迹可通过一条现行的路径达到平衡状态；有时，这种轨迹可能会陷入一个简单循环的模式，还有时，在特定条件下，这种轨迹会陷入杂乱无章、不可预测、不可重复的状态；但更多的时候，事物的发展轨迹是循着螺旋式上升破浪式前进迂回曲折的非线性发展的。"②

回顾历史，我们可以看到，《联合国宪章》《建立世界贸易组织协定》这样的普遍性规则只是最近几十年才出现的情况。只有各国可以分享共同的价值时，才可能出现共同的规则。如果没有19世纪的双边贸易协定的积累，就不会出现"二战"之后的布雷顿森林体系。同样道理，今天以各种区域安排所表现的"碎片化"的造法，正在为未来的"完整化"造法积蓄能量。

"二战"结束以来的国际经济秩序基本上都朝着一个方向发展。这个方向就是：跨国交易应该是被鼓励的，交易应主要由私人企业而不是国有企业进行，政府对交易的干预必须遵守相应的规则。③ 但如果我们回溯一下历史，就可以看到，20世纪的前一半（两次世界大战时期及期间）则是贸易保护主义盛行的一个阶段；

---

① 马克思：《资本论》第1卷第2版跋，马克思、恩格斯：《马克思恩格斯选集》，第2卷，218页，北京，人民出版社，1972。

② 严黎昀、洪明：《非线性发展是科学发展过程的重要向度》，载《湖北大学学报：哲学社会科学版》，2010（5）。

③ 参见 ANDREAS F. LOWENFELD. *International Economic Law*. Oxford University Press, 2002, p.23.

而更早的一个阶段——19 世纪，则是贸易相对自由的阶段。与此相对应，19 世纪的欧洲存在着数量可观的以削减贸易壁垒为目标的双边协定。①从 19 世纪的双边协定到 20 世纪的多边协定是一个规则创设方式的转变，而从 20 世纪上半段的贸易保护主义到 20 世纪下半段的贸易自由主义则是规则内容的转变。

国际经济秩序的近期发展可能出现一个转变，即法律规则从自由主义向保护主义的转变。"二战"结束以来的贸易（后来又有投资等）的自由化已经持续了 70 多年。自由的经济体制当然会带来很多利益，但利益在不同人群的分配却是不均衡的，而且，一些人的利益在这一过程中还受到伤害。因此，在经济全球化的进程中，反全球化的呼声一直是存在的。1999 年在西雅图举行的 WTO 部长级会议，自开幕式起就遭到劳工、环境与动物保护组织和其他团体谴责。示威者们抗议 WTO 倡导的全球自由贸易给劳工、环境和动物带来的危害。2005 年在香港举行的 WTO 部长级会议，也同样持续地受到示威抗议活动的干扰。有学者指出，一个"后全球化"时代可能正在到来，而"后全球化则意味着，以促进自由贸易为特征的国际经济秩序，以及各国政府的政策范式，都向限制这些流动的方向转变。"②有观察人士惊呼"贸易保护在悄然回归"。有学者通过长期的历史考察指出，在过去的两个世纪，贸易限制一直是世界经济的普遍特征。在历史上，自由贸易是例外，而保护主义才是惯例。③"后全球化"时代是否正在来临，目前还很难定论，但国际经济规则的内容出现转变的可能性似乎是存在的。

总之，国际经济秩序的发展不会是线性的，我们对国际经济法律规则的非线性发展应有所准备。在积极维持 WTO 多边贸易体制的同时，我们更应该对区域体制正在培育的新规则予以关注。

从这个意义上说，CPTPP 等区域性经济贸易安排是未来新的多边贸易体制的探路者。中国应与其他国家合作，总结包括 CPTPP 在内的各种区域合作模式的经验，一方面，"在 WTO 提出'多边化'的建议，为 WTO 的发展注入新的

---

① 参见 JACK L. GOLDSMITH & ERIC A. POSNER..*The Limits of International Law*. Oxford University Press, 2005, p.140.
② 高柏：《奥巴马政府与正在到来的后全球化时代》，载《观察与交流》2010（54）。
③ [美]罗伯特·吉尔平：《全球政治经济学——解读国际经济秩序》，杨宇光、杨炯译，178 页，上海，世纪出版集团、上海人民出版社，2006。

活力。"① 另一方面，以区域合作的创新推动多边体制的演进。

在多边谈判难以取得进展的时候，少数国家就双边或区域安排达成一致，具有向其他国家施压并为未来的多边体制奠定基础的作用。有学者明确指出："当全球谈判止步不前时，双边谈判有利于美国贸易代表的领导地位——就像21世纪初的那样，它们有时也可以通过'竞争自由化'对范围更大的谈判施加有益的压力。"② 而且，由于所有区域自由贸易安排达成后都可能对非成员产生一定的贸易投资转移效应，因此，CPTPP等安排的创设在短期内一定会对我国的贸易和投资产生影响。

应该看到，在相当长的时间里，我国也在持续地实行改革开放，这会在很大程度上减轻CPTPP等安排可能对我国带来的不利影响。例如，在外资的市场准入问题上，我国已于2013年8月设立了中国（上海）自由贸易试验区。在国务院批准和印发的《中国（上海）自由贸易试验区总体方案》中，明确要求上海市人民政府"探索建立投资准入前国民待遇和负面清单管理模式"，"对外商投资试行准入前国民待遇"。上海市人民政府颁布的《中国（上海）自由贸易试验区管理办法》也明确规定："自贸试验区实行外商投资准入前国民待遇，实施外商投资准入特别管理措施（负面清单）管理模式。"2013年9月，《中国（上海）自由贸易试验区外商投资准入特别管理措施（负面清单）》发布。根据该项清单，除列明禁止和限制外资进入的行业，外国投资者与中国投资者在市场准入上享有同等待遇。类似的改革措施当然也会减少CPTPP等安排对我国可能带来的冲击。

而且，CPTPP等安排的某些新规则与我国未来改革的思路是一致的。例如，关于许多人所关注的"竞争中立"问题，在CPTPP要求各国就国有企业实行"竞争中立"的同时，我国近年来也在不断推动国有企业的市场化。"竞争中立"（Competitive Neutrality）的概念最初由澳大利亚于20世纪90年代在国内的国有企业改革过程中提出，旨在确保国有企业与私营企业在市场中的平等竞争地位。进入21世纪以来，美国等西方国家在各种国际场合积极推广竞争中立概念，并将其纳入多项双边、多边谈判。在CPTPP谈判中，美国也将竞争中立规则的确

① 杨国华：《论〈跨太平洋伙伴关系协议〉(TPP)与我国多边和区域一体化战略》，载《当代法学》，2016(1)。
② [美] I. 戴斯勒：《美国贸易政治》，王恩冕、于少蔚译，321页，北京，中国市场出版社，2006。

立视为解决国有企业问题的一个契机。① 根据美国贸易代表办公室的表述，美国在 CPTPP 谈判中关于竞争政策和国有企业的问题，将特别寻求：（1）确保竞争法执行中的程序公平；（2）确保国有企业以商业考虑进行活动和公平地竞争，不得享受政府提供的不公平优势，但不禁止政府对国有企业在国内提供公共服务时给予支持；（3）确保政府支持活动的透明度。② 美欧积极推广竞争中立政策的主要意图在于建立新的国际经济规则以抑制主要来自中国的国有企业在国际市场上的竞争优势。但在客观上，竞争中立政策与我国的国企改革目标具有相当大的一致性。中国共产党第十八届中央委员会第三次全体会议于 2013 年 11 月 12 日通过的《中共中央关于全面深化改革若干重大问题的决定》指出，我国国有企业总体上已经同市场经济相融合，同时必须适应市场化、国际化新形势，进一步深化国有企业改革。2015 年国务院所做《政府工作报告》中也明确提出，将"深化国企国资改革。准确界定不同国有企业功能，分类推进改革。加快国有资本投资公司、运营公司试点，打造市场化运作平台，提高国有资本运营效率。有序实施国有企业混合所有制改革，鼓励和规范投资项目引入非国有资本参股。"可见，由于 CPTPP 中的某些规则与我国自主推动的体制改革有契合之处，因此，CPTPP 对我国的某些冲击甚至有助于推动国内的体制改革。

四、"一带一路"与国际经济秩序的变革

"一带一路"的核心在于"互联互通"，而互联互通不仅会改变物质的世界，也会引起社会关系和社会秩序的变化。"互联互通为各国在同以往不同的方式上思考治理和秩序问题创造了可能。在以往的国际政治理论和实践中，流行词语是排他、区隔、对抗、制裁、干涉、结盟、一体化等，互联互通或许可以使人们超越这些对立性的词语来看待治理和秩序问题。"③

当下以世界贸易组织规则、区域贸易协定和双边投资协定为主要体现的国际经济秩序的基本特征在于以经济发展为主要目标、以市场调节为主要手段、以国

① 王婷：《竞争中立：国际贸易与投资规则的新焦点》，载《国际经济合作》，2012（9）。

② 美国贸易代表办公室："TPP Issue-by-Issue Information Center"，https://ustr.gov/trade-agreements/free-trade-agreements/trans-pacific-partnership/tpp-chapter-chapter-negotiating-7.

③ 苏长和：《互联互通世界的治理和秩序》，载《世界经济与政治》，2017（2）。

际协定为主要规则。我国政府所倡导和推动的"一带一路"建设则有可能为国际经济体制带来创新。这种创新很可能表现在以下三个方面：第一，实现经济发展与社会发展的平衡；第二，在尊重市场规律的同时，注重政府的作用；第三，重视国际条约之外的机制的作用的发挥。

（一）"一带一路"倡议与国际经济秩序的关系

2013年9月和10月，中国国家主席习近平在出访中亚和东南亚国家期间，先后提出共建"丝绸之路经济带"和"21世纪海上丝绸之路"（即"一带一路"）的倡议，得到国际社会高度关注。2015年3月28日，我国中央政府授权国家发展改革委、外交部、商务部联合发布了《推动共建丝绸之路经济带和21世纪海上丝绸之路的愿景与行动》（以下简称《愿景与行动》），就我国倡导的"一带一路"战略提出了比较具体的设想。"一带一路"建设正在从理念走向实践。相关国家已经就道路建设等项目开展合作，新建立的亚洲基础设施投资银行（亚投行）将为"一带一路"的铁路、港口和其他发展项目提供巨额的资金支持。[①] 国务院新闻办公室2021年1月10日发布的《新时代的中国国际发展合作》白皮书进一步指出："共建'一带一路'是中国开展国际发展合作的重要平台。丝绸之路经济带和21世纪海上丝绸之路是中国为世界提供的重要公共产品。中国国际发展合作以共建'一带一路'为平台，积极参与、配合'一带一路'建设，促进相关国家政策沟通、设施联通、贸易畅通、资金融通、民心相通，为将'一带一路'打造成为和平之路、繁荣之路、开放之路、绿色之路、创新之路、文明之路、廉洁之路作出积极贡献。"可见，"一带一路"建设的意义绝不仅限于相关国家的基础设施建设的合作或商贸往来。正如有学者所指出的那样，"互联互通改变着人们对事物和问题的看法。设想一下，在一个互不往来的世界中，事物之间是互不影响的，但是一旦人财物智的因素相互来往和流动，几乎一切都会呈现关联的特点。彼此关联从积极意义上为行为主体创造和扩大了新的活动空间，从而为

---

① 亚洲础设施投资银行（Asian Infrastructure Investment Bank，AIIB，简称亚投行）是一个政府间的亚洲区域多边开发机构，重点支持基础设施建设。2014年10月24日，包括中国、印度、新加坡等在内的21个首批意向创始成员国的财长和授权代表在北京签约，决定成立亚洲基础设施投资银行。2015年3月12日，英国正式申请加入亚投行，成为首个申请加入亚投行的主要西方国家。随后，法国、德国、意大利等国家也提出加入亚投行的申请。

探索新的秩序模式提供了可能，但是从被动意义上说，其也意味着行为主体需要对权利、责任、利益进行新的界定，以在相互约束中换取更大的活动空间。互联互通产生的彼此关联或者关联性，迫使国家在国际政治系统中重新看待自己的权利、责任和利益等概念。"[①]

对于"一带一路"的建设与国际经济秩序的关系，中国政府并不讳言。在谈到"一带一路"建设的时代背景时，《愿景与行动》指出，"当今世界正发生复杂深刻的变化"；"国际投资贸易格局和多边投资贸易规则酝酿深刻调整"；"共建'一带一路'符合国际社会的根本利益，彰显人类社会共同理想和美好追求，是国际合作以及全球治理新模式的积极探索，将为世界和平发展增添新的正能量。"

在国家依旧是国际社会的基本主体的情况下，任何形式的国际合作与全球治理，首先必须尊重国家主权原则。如同《愿景和行动》中所说的那样，"一带一路"建设将"恪守《联合国宪章》的宗旨和原则。遵守和平共处五项原则，即尊重各国主权和领土完整、互不侵犯、互不干涉内政、和平共处、平等互利。"这就决定了"一带一路"建设所推动的国际经济体制的改革不可能对现存国际经济秩序带来根本性的突破。未来的国际经济秩序依然要以国家合意为基础，以国家间关系为表现，以市场主体为作用对象。但从我国政府所提出的思路来看，"一带一路"建设仍有可能从以下几个方面为国际经济秩序带来创新。

（二）"一带一路"倡议发展目标的多元性

现行国际经济体制基本上以经济发展作为唯一目标。《马拉喀什建立世界贸易组织协定》序言部分将"提高生活水平、保证充分就业和大幅度稳步提高实际收入和有效需求，扩大货物与服务的生产和贸易，在按照可行的发展目标考虑对世界资源的最佳利用时，寻求对环境的保护和维护，并根据它们各自需要和不同经济发展水平的情况，加强各种相应的措施"作为目标，并"希望通过大幅度消减关税和其他贸易壁垒以及在国际贸易关系上消除歧视待遇的互惠互利安排对以上目标作出贡献。"

几乎与 WTO 协定同时产生的《北美自由贸易协定》是区域性贸易与投资安排的典型代表。该协定在前言部分如此表达其目标：加强缔约方的友谊与合作，

---

① 苏长和：《互联互通世界的治理和秩序》，载《世界经济与政治》，2017（2）。

致力于世界贸易的协调发展和促进更广泛的国际合作，为各缔约方的货物与服务创造扩大的和稳定的市场，减少对贸易的扭曲，建立透明和互利的贸易管理规则，确保为商业规划与投资提供一个可预见的商业框架，确立各缔约方基于关贸总协定及其他多边或双边合作机制的权利与义务，增强各缔约方企业在全球市场上的竞争能力，培育创新能力并促进以知识产权为标的的货物贸易和服务贸易，在各缔约方域内创造就业机会和改善工作条件及生活水准，在实现上述目标的同时与环境保护相一致，保留为保障公共福利所需的灵活性，促进可持续发展，强化环境法规的发展与实施，保护、加强与保障实施基本的工人权利。《北美自由贸易协定》所确立的目标中虽然增加了环境保护和劳工权益保护等内容，但总体上看，依然以促进贸易和投资自由为核心目标。

在国际投资领域，现存的国际法律框架事实上主要由几千件双边投资协定（Bilateral Investment Treaty， BIT）所支撑。美国四处推行的 BIT 范本也是以投资自由化为主要目标。美国现行的 2012 年 BIT 范本所确立的目标包括：促进一国的国民与企业在另一国领土内在投资方面的经济合作，承认就投资待遇达成一致将有助于激励缔约方私人资本的流动和经济的发展；承认一个稳定的投资框架将最大限度地利用经济资源并且提高国民生活水平；认识到依据国内法和通过国际仲裁为投资权利保障途径的重要性；愿在实现这些目标的同时与保护健康、安全和环境，促进国际公认劳工权利相一致。与《北美自由贸易协定》相一致，美国模式的双边投资协定也仅仅是在投资之外提到了环境与劳工问题。

以国际贸易和投资协定所确立的国际经济体制当然要以经济目标为主要追求。但问题在于如果国际经济体制仅考虑贸易或投资价值而置环境、健康等价值于不顾，必然会在实践中产生以规范冲突为表现形式的价值冲突。澳大利亚关于烟草包装的立法所引发的健康权与知识产权的冲突就是一例。2011 年 11 月，澳大利亚议会通过了《2011 年烟草简明包装法》（*Tobacco Plain Packaging Act 2011*，No. 148， 2011）。根据这项法律，自 2012 年 12 月 1 日起，所有在澳大利亚销售的烟草，必须采用统一的简明包装。在烟草包装及烟草制品上都不得出现生产商的品牌标识，不得出现具有品牌辨识功能的颜色和相关设计；烟草包装材料的颜色统一使用单一色调的黄褐色；在烟草包装明显位置印刷统一的健康警语和警示图片，如腐烂的牙齿、失明的眼睛。该法律仅允许烟草商在不起眼的位置——警示图片下方用统一的小号字体印刷烟草生产商的名称，以使不同厂家的产品得以区别。由于烟草简明包装将降低烟草产品对消费者的吸引力，同时也降低了烟草制品的品牌价值，所以，澳大利亚的该项立法立即遭到各大烟草公司的反对。一些烟草公司向澳大利亚高等法院提起了烟草简明包装法违宪之诉。他们指控烟草简明包装法违反澳大利亚宪法关于保护财产权的规定，因为烟草简明包装法禁止在烟草包装上适用制造商的品牌标示相当于剥夺了烟草公司们的知识产权。虽然澳大利亚高等法院裁决烟草简明包装法并不违反宪法规定，也没有超越立法权限，从而驳回烟草公司的诉求，但一些世贸组织的成员，包括乌克兰、洪都拉斯、多米尼加等却向世贸组织争端解决机构提出与澳大利亚进行磋商的申请。它们认为澳大利亚对烟草产品的商标和外观提出的简明包装的要求，违反了《与贸易有关的知识产权协议》和《技术性贸易壁垒协议》。在澳大利亚的法律被一些国家质疑违反 WTO 规则的同时，世界卫生组织却表达了对澳大利亚立法的支持，认为简明包装是对抗烟草行业营销手段的有效方式，完全符合《烟草控制框架公约》。[①] 这一事件告诉我们，在确立国际贸易和投资体制的时候，不能仅仅追求经济方面的价值，而应该考虑贸易和投资利益与其他利益的平衡或衔接。

"一带一路"建设虽然也以国际贸易与投资为主要内容，但其追求的目标更具综合性。根据《愿景与行动》所表达的内容，"一带一路"建设将着眼下述目标：

第一，沿线各国的政策沟通。在"一带一路"建设中将加强政府间合作，积极构建多层次政府间宏观政策沟通交流机制，深化利益融合，促进政治互信，达成合作新共识。沿线各国将就经济发展战略和对策进行充分交流对接，共同制定推进区域合作的规划和措施，协商解决合作中的问题，共同为务实合作及大型项目实施提供政策支持。

第二，沿线各国的设施联通。在尊重相关国家主权和安全关切的基础上，沿线国家将加强基础设施建设规划、技术标准体系的对接，共同推进国际骨干通道建设，逐步形成连接亚洲各次区域以及亚欧非之间的基础设施网络。

第三，沿线各国的贸易畅通。"一带一路"建设将着力研究解决投资贸易便

---

① 见赵健文：《澳大利亚"烟草简单包装法"对实施〈烟草控制框架公约〉的全球影响》，中国社会科学网，http://www.cssn.cn/fx/fx_gjfx/201310/t20131023_465344.shtml。最后访问时间：2021 年 5 月 16 日。

利化问题，消除投资和贸易壁垒，构建区域内和各国良好的营商环境，积极同沿线国家和地区将共同商建自由贸易区，激发释放合作潜力，做大做好合作"蛋糕"。

第四，沿线各国的资金融通。各相关国家将深化金融合作，推进亚洲货币稳定体系、投融资体系和信用体系建设。扩大沿线国家双边本币互换、结算的范围和规模。推动亚洲债券市场的开放和发展。各国还将加强金融监管合作，推动签署双边监管合作谅解备忘录，逐步在区域内建立高效监管协调机制。完善风险应对和危机处置制度安排，构建区域性金融风险预警系统，形成应对跨境风险和危机处置的交流合作机制。

第五，沿线各国的民心相通。包括广泛开展文化交流、学术往来、人才交流合作、媒体合作、青年和妇女交往、志愿者服务等，为深化双多边合作奠定坚实的民意基础。各国还将强化在传染病疫情信息沟通、防治技术交流、专业人才培养等方面的合作，提高合作处理突发公共卫生事件的能力。各国还将加强科技合作，共建联合实验室（研究中心）、国际技术转移中心、海上合作中心，促进科技人员交流，合作开展重大科技攻关，共同提升科技创新能力。

我国不仅为"一带一路"建设提出了多元的目标，而且还与相关国家为实现上述目标作出了实际努力。基于国务院新闻办公室发布的《新时代的中国国际发展合作》白皮书提供的信息，在深化政策沟通方面，本着求同存异、聚同化异的理念，中国通过举办官员研修、派遣专家顾问等方式，促进与共建国的双向交流和了解，推动共建"一带一路"国家发展同向发力、协同增效。为共建"一带一路"倡议对接各国发展战略搭建平台。围绕基础设施互联互通合作、国际产能和装备制造标准化、贸易便利化、技术标准化等与共建"一带一路"相关的主题，为相关国家举办4000余期官员研修项目。参训人员就共建"一带一路"倡议更好对接非洲联盟《2063年议程》《东盟互联互通总体规划2025》、欧盟欧亚互联互通战略等区域发展规划，以及巴基斯坦"新巴基斯坦"、老挝"变陆锁国为陆联国"、菲律宾"大建特建"、哈萨克斯坦"光明之路"、蒙古国"发展之路"等有关国家发展战略开展交流，谋划合作成果，推进共建"一带一路"。在加快设施联通方面，中国积极支持共建"一带一路"国家公路、铁路、港口、桥梁、通信管网等骨干通道建设，助力打造"六廊六路多国多港"互联互通大格局。中欧班列联通欧亚20多个国家100多座城市，疫情期间发挥了重要物流通道作用，为稳定国际产业供应链作出了突出贡献。在推动贸易畅通方面，中国通过促贸援助，帮助相关国家改善贸易条件、提升贸易发展能力，为共建"一带一路"国家间实现贸易畅通夯实基础。例如，中国向格鲁吉亚、亚美尼亚、坦桑尼亚、肯尼亚、菲律宾等20多个国家援助了集装箱检查设备，以加快货物通关速度和效率，更好地打击走私犯罪。中国支持的孟加拉国油轮和散货船项目，为孟加拉国航运公司建造了3艘油轮和3艘散货船，增强了综合运输能力。中国还支持老挝建立农村电子商务政策、规划和体系，帮助缅甸、柬埔寨等国建设农产品检测、动植物检验检疫和粮食仓储体系，提高出口竞争力。在促进资金融通方面，中国积极帮助有关国家完善金融体系、搭建融资合作平台，为资金融通提供保障。例如，援建老挝国家银行卡支付系统，为维护老挝金融稳定、促进周边国家资金融通发挥了积极作用。与国际货币基金组织建立联合能力建设中心，为共建"一带一路"国家完善宏观经济金融框架提供智力支持。成立"一带一路"财经发展研究中心，为加强资金融通领域能力建设搭建了重要智库平台。中国还与世界银行、亚洲基础设施投资银行、亚洲开发银行、拉美开发银行、欧洲复兴开发银行、欧洲投资银行、美洲开发银行、国际农业发展基金等共同成立多边开发融资合作中心，通过信息分享、支持项目前期准备和能力建设，推动国际金融机构及相关发展伙伴基础设施互联互通，为"一带一路"建设聚集更多资金红利。在增进民心相通方面，中国通过实施民生援助，加大人文交流、文化合作，形成相互欣赏、相互理解、相互尊重的人文格局，筑牢共建"一带一路"的社会基础。中国在共建"一带一路"国家实施一批住房、供水、医疗、教育、乡村道路、弱势群体救助等民生项目，帮助补齐基础设施和基本公共服务短板。帮助科特迪瓦、喀麦隆、埃塞俄比亚、吉布提等国建设供水系统，解决民众饮水难、水质差等问题。为斯里兰卡、塞内加尔、几内亚、尼日尔、莫桑比克、刚果（金）、南苏丹、牙买加、苏里南、多米尼克等国援建的医院，提升了当地医疗服务水平，使民众看病更加便捷。帮助白俄罗斯建设社会保障住房，改善弱势群体居住和生活条件。2016年至2019年，帮助斯里兰卡、巴基斯坦、乌兹别克斯坦等国2000余名白内障患者重见光明。中国邀请斯里兰卡、巴基斯坦、哈萨克斯坦等共建"一带一路"国家的代表来华交流，增进对中国国情和文化的认知和了解。向老挝、文莱等共建"一带一路"国家派出青年志愿者，成为促进民心相通和文化交流互鉴的桥梁。中国还与 17 个共建"一带一路"国家开展 33 个文物援助项目，包括柬埔寨吴哥窟、缅甸蒲甘地区震后受损佛塔、乌兹别克斯坦花剌子模州希瓦古城等保护修复和哈萨克斯坦伊赛克拉特古城拉哈特遗址、孟加拉国毗河罗普尔遗址联合考古等。在非洲 20 多个国家实施"万村通"项目，为 1 万个村庄安装数字电视，为它们打开了解世界的新窗口。为塞舌尔、科摩罗、坦桑尼亚、毛里求斯援助实施广电中心合作项目，提高广播电视传播能力，成为当地文化传播的重要载体。

由于"一带一路"建设设立了多元目标，并为实现这些目标作出实际付出，因此可以避免或减少"一带一路"倡议实施过程中贸易利益、投资利益与其他利益的冲突，因而有可能为未来的国际经济秩序的提供新的体制模式。

（三）"一带一路"倡议注重政府的作用

与单一追求经济目标相一致，"二战"之后所形成的国际经济秩序以减少政府对贸易和投资的干预为特色。以世界贸易组织为例，它主要从五个方面来推动贸易自由化。一是不断推动关税减让；二是通过采取"逐步回退"办法，逐步减少配额和许可证的应用范围；从取消数量限制向取消其他非关税壁垒延伸；把一般地取消量限制原则扩大到服务贸易领域；三是严格管理措施透明方面的纪律，要求各成员将有效实施的有关管理对外贸易的各项法律、法规、行政规章、司法判决等迅速加以公布；四是通过适用最惠国待遇原则，将上述措施的效果普遍展开；五是禁止政府以补贴或国有贸易等方式扭曲国际贸易。

国际贸易和投资的市场化本身并没有错，但一味地削弱政府对国际经济交往的干预和管理会使政府无法很好地发挥社会生活的组织者的功能，会出现其他利益无法得到政府的关照的后果。近些年来多次出现的金融危机恰好说明了政府对经济活动进行适当监管的必要。

与现行国际经济体制强调政府的不作为不同，"一带一路"建设将在"遵循市场规律和国际通行规则，充分发挥市场在资源配置中的决定性作用和各类企业的主体作用"的同时，"发挥好政府的作用"。应该看到，与现行国际经济体制相比，"一带一路"建设将会为政府留下广泛的作用空间。

首先，"一带一路"建设是一项系统工程，必须积极推进沿线国家发展战略的相互对接。所谓发展战略对接，是指沿线各国就经济发展战略和对策进行充分交流对接，共同制定推进区域合作的规划和措施，协商解决合作中的问题，共同为务实合作及大型项目实施提供政策支持。从这个意义上说，国家将发挥主体的作用。

其次，由于基础设施互联互通是"一带一路"建设的优先领域，而基础设施建设向来都是由政府主导的，这就决定了政府在这一过程中要发挥重要作用。《愿景与行动》提出，在基础设施互联互通方面，将抓住交通基础设施的关键通道、关键节点和重点工程，优先打通缺失路段，畅通瓶颈路段，配套完善道路安全防护设施和交通管理设施设备，提升道路通达水平。沿线各国还将推动口岸基础设施建设，畅通陆水联运通道，拓展建立民航全面合作的平台和机制。各国还加强能源基础设施互联互通合作，共同维护输油、输气管道等运输通道安全，推进跨境电力与输电通道建设，积极开展区域电网升级改造合作。此外，各国还要共同推进跨境光缆等通信干线网络建设，提高国际通信互联互通水平，畅通信息丝绸之路。这无疑都需要政府的组织和引导。

最后，"一带一路"建设不但需要沿线国政府实现发展战略的对接和确立重大基础设施建设项目，还需要各国政府采取具体的行政措施以便利"一带一路"各项目标的实现。例如，沿线国家需要加强基础设施建设规划、技术标准体系的对接；需要推进建立统一的全程运输协调机制，促进国际通关、换装、多式联运有机衔接；需要加强信息互换、监管互认、执法互助的海关合作，以及检验检疫、认证认可、标准计量、统计信息等方面的双多边合作；需要加强金融监管合作，构建区域性金融风险预警系统，形成应对跨境风险和危机处置的交流合作机制。这些任务是市场主体难以完成的，也不是仅仅通过国际协定的签署即可实现的，而是需要沿线各国政府直接的参与和持续的努力。

"一带一路"倡议实施以来，中国政府注意与其他发展中国家分享治理经验，帮助这些国家的政府提高管理能力，以推动当地经济和社会发展。例如，中国积极帮助其他发展中国家科学谋划发展蓝图，共派出 39 名高级规划咨询专家，帮助相关国家制定经济发展、基础设施、电力等领域发展规划和政策法规，增强规划和统筹发展能力。帮助格林纳达制定国家发展战略规划，2017 年交付格林纳达。向埃塞俄比亚和柬埔寨派遣海关、税务和农业领域高级专家顾问，为其贸易投资便利化提供智力支持。与古巴共同开展工业中长期发展规划建议联合编制，提出了机械工业、冶金与回收、化工等领域发展思路和路径。帮助柬埔寨制定国家路网规划和现代农业发展规划，助其改善综合交通运输体系、提升农业生产力。为老挝编制国土资源规划和环境保护规划。为孟加拉国等国编制河流、防洪综合规划，为其水利资源发展探索方向。中国还通过举办系列研修研讨和学历学位项目，积极分享法治政府建设、政府"放管服"改革、产业创新升级、数字经济等国家治理的实践和经验，帮助提高其他发展中国家公共部门官员政策制定能力。[①]

在自由主义思潮盛行、经济全球化扩展的背景下，许多人有意无意地贬低国家的作用。的确，在当今世界，公司等非国家实体对经济和社会生活正发挥着前所未有的影响。但必须看到，国家依旧是国际社会的基本主体，主权依旧是国内社会的最高权威，政府依旧是国内政治、经济等各领域的组织者和管理者。国际经济体制自身就是国家行为的结果，尽管国家行为会受到公司等利益集团的影响。"一带一路"建设中政府作用的积极发挥，有可能转变现有国际经济体制所推崇的"公司主导"模式，走出一条"市场引导经济活动""政府平衡重大利益"的新路。

（四）"一带一路"倡议重视软机制的作用

在所有的制度安排当中，法律制度安排有其明显的优势，包括法律规则的明确性、稳定性和可强制实施性等。WTO 被许多人津津乐道的地方是它的"皇冠上的明珠"——"有牙齿的"争端解决机制。但是也应该看到，刚性的制度安排也有其弱点，即灵活性或柔性不够。在刚性的规则面前，当事人会缺少回旋余地。这也正是为什么 WTO 的争端解决机制设立了一个前置的"磋商"程序。

虽然说以法律为基础或"规则导向"的经贸安排是国际经济合作的常见模式，但也应该看到，越来越明确的市场准入、国民待遇和其他标准对一些发展中国家来说是难以达到的。"正如发达国家从不发达到发达所经历的发展过程一样，一个国家的经济增长和法治建设一般都是渐进的，发展中国家需要的是现实可行的渐进务实、灵活开放的合作模式。"因此，"'一带一路'倡议除了采取 BIT、FTA 等硬法化的条约形式，还采取了大量的融资协议、贷款协议、项目协议、框架协议以及合作纲要、发展规划、行动计划、谅解备忘录等各种政策软法形式。这些灵活开放的合作形式有助于通过试点合作、以点带面、务实合作、先行收获、渐进铺开等方式和路径，启动和推进'一带一路'广大发展中国家和地区的经济

---

① 见国务院新闻办公室 2021 年 1 月 10 日发布的《新时代的中国国际发展合作》白皮书第六部分。

增长和社会发展。"①

　　从中国起始的"一带一路"建设，在体制安排上自然应该体现东方的智慧。因此，我们从《愿景与行动》中看到，未来的"一带一路"体制会给非规则机制更大的作用空间。其主要表现为：

　　第一，"一带一路"建设将不刻意寻求新的多边规则体系的建立，而是积极利用现有的双边和多边合作机制。《愿景与行动》中强调，将"积极利用现有双多边合作机制，推动'一带一路'建设，促进区域合作蓬勃发展。"包括开展多层次、多渠道沟通磋商，推动双边关系全面发展；推动签署合作备忘录或合作规划，建设一批双边合作示范；建立完善双边联合工作机制，研究推进"一带一路"建设的实施方案、行动路线图；充分发挥现有联委会、混委会、协委会、指导委员会、管理委员会等双边机制作用，协调推动合作项目实施；发挥上海合作组织（SCO）、中国－东盟"10+1"、亚太经合组织（APEC）、亚欧会议（ASEM）、亚洲合作对话（ACD）、亚信会议（CICA）、中阿合作论坛、中国－海合会战略对话、大湄公河次区域（GMS）经济合作、中亚区域经济合作（CAREC）等现有多边合作机制作用，加强相关国家间的沟通，让更多国家和地区参与"一带一路"建设。

　　第二，"一带一路"建设将发挥非规则机制的效用。《愿景与行动》中提出，要继续发挥沿线各国区域、次区域相关国际论坛、展会以及博鳌亚洲论坛、中国－东盟博览会、中国－亚欧博览会、欧亚经济论坛、中国国际投资贸易洽谈会，以及中国－南亚博览会、中国－阿拉伯博览会、中国西部国际博览会、中国－俄罗斯博览会、前海合作论坛等平台的建设性作用；支持沿线国家地方、民间挖掘"一带一路"历史文化遗产，联合举办专项投资、贸易、文化交流活动，办好丝绸之路（敦煌）国际文化博览会、丝绸之路国际电影节和图书展；倡议建立"一带一路"国际高峰论坛。

　　第三，不刻意追求一致性。《愿景与行动》指出，共建"一带一路"的途径是以目标协调、政策沟通为主，不刻意追求一致性，可高度灵活，富有弹性，是多元开放的合作进程。中国愿与沿线国家一道，不断充实完善"一带一路"的合作内容和方式，共同制定时间表、路线图，积极对接沿线国家发展和区域合作规

① 王彦志：《"一带一路"倡议下的国际经济秩序：发展导向抑或规则导向》，载《东北亚论坛》，2019（1）。

划。中国愿与沿线国家一道，在既有双多边和区域次区域合作机制框架下，通过合作研究、论坛展会、人员培训、交流访问等多种形式，促进沿线国家对共建"一带一路"内涵、目标、任务等方面的进一步理解和认同。

总之，"一带一路"建设是不仅为沿线各国及其他国家的经济与社会发展带来了重大机会，也为国际经济体制的发展提供了机遇。"创新发展'一带一路'国际经济规则，不仅可以优化'一带一路'沿线国家从事经济交往的法制环境，而且可以为其他区域性乃至全球国际经济规则的创新发展提供经验和范例。"[①]每个时代有每个时代的规则。我们期待着"一带一路"建设在平衡经济与社会及其他发展目标、平衡市场与政府的作用以及平衡法律规则和非规则机制的作用方面开拓出新路，为推动国际经济体制向更加公正的方向发展作出贡献。

当然，也如同有的学者所指出的那样，我国在推动区域合作方面虽然作出了一些引领性的努力，包括"一带一路"建设倡议、金砖国家合作体制、亚洲国家基础设施投资银行创设等，但还缺少一些框架性思路和具体规范设计。也许我们可以"根据自己在历史上的独特经历和广大发展中国家的共同遭遇，创立与西方国家主导的单纯促动自由化的国际经济秩序异质的国际经济新规范、国际经济新秩序。"[②]

第四节　全球性秩序需要全球化的法律

一、国际经济秩序的构建促进法律全球化

由于国际经济秩序的构建过程其实就是国际经济关系的法律化过程，因此，国际经济秩序的范围越广泛，法律的"全球化"特征也就越明显。卷入法律全球化进程的，既包括国际法，也包括国内法；既包括公法，也包括私法。"二战"结束后国际经济秩序的构建对法律全球化的兴起无疑具有强大的促进作用。没有战后国家间经济关系的总体构建，就不会有国际贸易、国际投资等国际经济交往

① 鲁洋：《中国参与"一带一路"国际经济规则创新发展的方略研究》，载《国际法学刊》，2020（2）。
② 何志鹏：《国际经济法治格局的研判与应对——简论 TPP 的中国立场》，载《当代法学》，2016（1）。

的蓬勃发展，私人之间的交易关系以及政府对私人交易活动的管理也就不会具有现今这样丰富的内容，法律全球化也就不会发展成今天这种情形。

　　首先，需要对"法律全球化"这一概念作一界定。国内外学者对法律全球化的内涵曾作过不少的表述，但从目前所见到的资料分析，形形色色的"法律全球化"大致可归为两大学派，可称之为"非法化"学派和"法治化"学派。"非法化"学派将法律全球化描述成一个法律逐渐脱离其本来属性的过程。依据这一学派学者的观点，全球化的市民社会将不断产生由跨国公司、工会、新闻媒介联合体等实体所创设的，介乎国内法与国际法之间的"无国家的全球法"，从而出现法律的非国家化（denationalization）。"法治化"学派则将法律全球化看作是法律在全球范围内更有效地实现其调整社会关系的功能的过程。属于这一学派的学者，或者从法的表现形式的角度将法律全球化表述为"法律趋同化"，或者从法的作用的角度将法律全球化解释为法律解决全球性问题的作用的增强，或者从法律在国际社会中的地位的角度将法律全球化解释为法治进程的加快。① 显然，相比之下，"法治化"学派的观点是更接近世界范围内法律变革的现状及近期发展趋势的，我国学者关于法律全球化的观点也大都属于这一学派。②

　　如此，我们可以从以下两个方面来对法律全球化加以描述，即全球范围内法律规范的趋同化和一体化。

---

① 高鸿钧教授认为，在法律全球化理论研究方面，葡萄牙学者桑托斯和美国学者邓肯·肯尼迪的理论较为系统，且影响较大。根据桑托斯的分析，当代全球化有四种路径，一是全球化的地方主义（globalized localism）；二是地方化的全球主义（localized globalism）；三是世界主义（cosmopolitanism）；四是人类共同遗产（common heritage of humankind）的保护。目前是以前两种进路为主要路径。肯尼迪则是从西方法律和法律思想的演变及其对世界的影响角度来认识法律全球化的。他提出，从 1850 年到 2000 年，西方法律和法律思想大体上经历了三个发展阶段，分别是古典法律思想支配阶段（1985—1914）、社会法学思想得势阶段（1900—1968）和政策分析进路和公法新自由主义并存阶段（1945—2000）。从西方向世界输出法律的角度看，第一阶段输出的是德国法模式；第二阶段输出的是法国法模式；第三阶段输出的是美国法模式。从社会治理角度看，第一阶段是自由放任时期的立法治理阶段；第二阶段是福利国家时期的行政治理阶段；第三阶段是新自由主义所主导的经济全球化和法律全球化阶段。见高鸿钧：《全球化视野的比较法与法律文化》，4～6 页，北京，清华大学出版社，2015。
② 可参见王贵国：《经济全球化与中国法制兴革的取向》，载陈安主编：《国际经济法论丛》（3），法律出版社，2000；潘抱存：《中国国际法理论新探索》，148 页，北京，法律出版社，1999；周永坤：《世界法及法的世界化探索》，载《东吴法学》，1996（2）；朱景文：《关于法律与全球化的几个问题》，胡元梓、薛晓源主编：《全球化与中国》，101～123 页，北京，中央编译出版社，1998。

所谓法律趋同化，是指调整相同类型社会关系的法律制度和法律规范趋向一致，既包括不同国家的国内法的趋向一致，也包括国内法与国际法的趋向一致。世界范围内的法律趋同首先表现在民商法领域。经济全球化意味着不同国家间的商人的交易的增多。为了降低交易风险、保障预期利益，除了其他方面的努力之外，还需要为商人之间的跨国交易设立规则，特别是推动世界范围内商法规则的统一。一方面，商人通过自己的机构创设或统一了大量的商法规则，如国际商会所编订的《国际贸易术语解释通则》；另一方面，各国通过国内立法使商事法律规范趋向统一。同时，商法的统一还在很大程度上借助于近几十年来大量的国际公约的制订。

　　所谓法律一体化，是指全球范围内法律规范的相互联结。各国之间的法律规范是互不隶属的，国际法与国内法也被一些人看作是两个不同的法律体系。然而在现实生活中，我们已经清楚地看到这些法律规范正在联为一体，国际法与国内法之间界限正在变得模糊不清，[①] 由于国际强行法概念的确立，任何违反国际强行法规范的国内法都是无效的；就一般国际法规范而言，只要一国明示或默示地承认了一项规范，那么，它就必须接受其约束，从而承担使其国内法与其所承认的国际法规范相一致的国际义务。这样，国际法与国内法就并非是两个并行的体系，而是处于同一法律体系，各国的国内法也经由国际法的联结处于同一体系之中。当国际法还不很发达的时候，不仅国际法与国内法之间的关系不够清晰，各国的国内法也显现不出多大的关联性，而在国际法体系趋向完整的今天，法律一体化的走向已日趋明显。今天已不会有人对 WTO 确立的贸易管理规则应约束成员方的贸易管理规则提出质疑，也不会对不同成员国的规则之间的相互影响和作用产生怀疑。全球范围内的法律规则正在联为一体。

　　法律趋同化是法律一体化的基础。各种法律规范之间如果存在很大的差异，那么它们就很难结为一体。法律一体化是法律趋同化的高级表现形式和必然发展结果。当各种法律规范之间的差异逐渐缩小时，为了使国际关系的法律调整更具有一致性和稳定性，就会产生一种将现有法律规范联为一体的客观要求，就会出现以国际法为联接纽带而将各种法律规范联为一体的后果。"随着国际法规范逐

---

① 　可参见 E. BROWN WEISS. The New International Legal System, Nandasiri Jasentuliyana. Perspectives on International Law, *Kluwer Law International*, 1995, p.77.

渐和稳定地进入国内法，各国的规定、原则、标准以及法律价值，会持续地向趋同的方向发展。"①

二、公法的全球化与国际法的全球化

现实中所出现的法律趋同化和法律一体化主要发生在私法领域。但这并不意味着公法不能全球化。

首先，公法也在全球化已经是活生生的现实。最重要的例证就是 WTO 条约群及各成员国与其相一致的法律规范体系。WTO 规则是规范成员国的国际贸易管理行为的，相应的规则也存在于各成员国的国内立法之中。这些规则不能不说是属于公法范畴。自《关税与贸易总协定》实施以来，各缔约方在对外贸易管理方面即开始彼此约束。各个国家的相关立法必须与其承担的条约义务相一致，使全球范围内国际贸易管理方面的法律规范走向趋同化和一体化。最初的《关税与贸易总协定》只涉及国际货物贸易的政府管理问题，而且主要是规定关税问题，对于非关税管理措施只做了笼统的规定。但在随后的几十年时间里，总协定条约体系所涉及的领域不断扩大，约束的国家和地区也在不断地增多。目前，几乎所有国家的对外贸易管理制度和措施都已置于世界贸易组织的各类规则之下。一国已不能任意确定其关税水平，也不能任意行使配额、许可等进出口管理措施，除非其准备承担由此所产生的国际法后果。

其次，从理论上分析，也存在着公法全球化的可能性和必要性。无论是公法还是私法，都是国家意志的体现。虽然公法领域中包含更多的强行法规范而私法领域中包含更多的任意法规范，但两者在性质上是相同的。从法律渊源的角度来看，法律全球化其实是国内法与国际法以及不同国家的国内法的协调与融合。如果全球范围内的私法可以协调和融合的话，那么没有理由认为公法是绝对不可以协调和融合的。问题在于是否存在这种协调与融合的必要性，或者说国家可以在什么程度和范围上接受或容忍这种协调和融合。事实上，国际公法自身就是公法领域中存在协调和融合的证明。当国家的控制和开发能力还仅限于领陆及有限的

---

① Guiguo Wang. Globalising the Rule of Law. *Indian Journel of International Law*, Vol. 48, January-March 2008, p.42.

领海时，制订各种水域的统一立法的要求就不会十分迫切。因此，在相当长的历史时期内，领海宽度事实上是由各国的国内法来加以规定的。至于更为遥远的水域及水下资源，则几乎仅存在着"公海自由"的规则。随着人类对海洋资源的开发和控制能力的增强，就出现了有关海洋的法律的协调和统一问题。《联合国海洋法公约》则在缔约国范围内初步实现了这种协调和统一。同样的道理也可以解释世界范围内环境法、产品责任法，以及刑法的协调与统一，并预示着其他公法领域的全球化也并不是不可期待的事情。

法律全球化是国内法的全球化还是国际法的全球化？应该说两种全球化同时存在。由于法律全球化是全球范围内法律规范的趋同化与一体化，所以国际法与国内法均将卷入法律全球化的进程。国内法的全球化可体现为不同国家之间的法律的趋同以及国内法与国际法的一体化，那么，国际法的全球化将意味着什么呢，毕竟，国际法本身即具有国际性。回答是：国际法的全球化主要意味着特别国际法向普遍国际法的转化。

国际法的称谓很容易使人将其与世界性或全球性的法律联系到一起，而事实上，国际法只是国家之间的法律，至于一项国际法规范究竟是多少国家之间的法律，则需要对其进行具体的考察。也就是说，国际法并不当然是全球性的法律。从规则的效力范围上看，国际法规范可分为普遍性规范和特别性规范，或普遍国际法与特别国际法。在当今的国际社会中，大量的国际法规范是特别国际法规范。当普遍性国际法规范无从产生时，特别国际法规范的创设也是应当鼓励的。但全球化（特别是经济全球化）的发展，必然要求更多的普遍性国际法规范的确立，而普遍性国际法比较容易的产生途径将是特别国际法的转化。一部分特别国际法将转化为普遍国际法，而与其相对立的特别国际法将缩小适用空间，甚至最终消亡。什么样的特别国际法将转化为普遍性国际法，将取决于国家力量的对比。例如，在外资国有化的补偿标准上一直存在着"充分补偿"和"适当补偿"的冲突。目前的趋势似乎是越来越多的国家在越来越多的场合下接受了"充分补偿"标准。在发达国家及国际资本的双重压力之下，我们无法预测多数发展中国家所坚持的"适当补偿"标准还能持续多久。

法律全球化并不是一个不可思议的现象。按照历史唯物主义的观点，法律属于一定社会的上层建筑，它是由当时社会的经济基础来决定的。经济基础的变革总是要引起包括法律制度和相应法律现象的上层建筑的变革。因此，对人类历史上所出现的一切法律现象，都只能从与之相适应的时代的物质生活条件中来加以理解。法律全球化的出现和发展主要是基于经济全球化的发展。经济全球化其实是各种经济增长要素在市场规律的支配下日益突破国界限制的过程。资本主义的生产方式已决定了该生产方式之下的经济必将是全球性的。得益于科学技术的进步，特别是运输和通信技术的进步，同时也部分地得益于社会主义国家在过去的20多年的时间里所发生的社会制度的改革和改变，经济全球化无论在规模上还是在速度上都出现了前所未有的进展。从近年来世界商品与服务贸易额、国际金融市场交易额、国际直接投资数额以及跨国公司的数量的变化上，都可清楚地看到这一点。[①] 既然国际范围内的社会关系已发生了重大的变更，那么，国际社会的法律制度就不可能对此无动于衷。以法律趋同化和法律一体化为基本内容的法律全球化就是在现存国际格局下（以主权国家作为基本社会成员并缺少超越国家的组织形式）所能作出的法律方面的反应。

第五节　本章小结

由于任何社会秩序都离不开法律的支持，因此，构建国际经济秩序的基本途径是创立和维持相关的法律规则，并使其作用于国内法体系。

虽然国际法规范有多种表现形式，但当下最常见的国际法规范表现为国际条约。因此，构建国际经济秩序的基本途径依靠国际条约规范的制定。在确认国际条约在国际经济秩序构建过程中的突出地位之后，条约的谈判、条约的适用等问题必须予以关注。与此同时，还应考虑如何设立我国的条约评估制度和细化我国的条约审批制度。

国际惯例因适用主体的身份的不同而分为两类：即公法意义上的国际惯例和私法意义上的国际惯例。中国政府对两种类型的国际惯例均给予充分的尊重。中国政府经常表达的对"国际关系准则"和"国际法"的尊重即包含着对国际习惯

---

① 可参见柳剑平：《经济全球化与我国经济安全战略的选择》，载胡元梓、薛晓源主编：《全球化与中国》，193 页，北京，中央编译出版社，1998。

的尊重。中国制定的几十部民商事法律中规定"可以适用国际惯例",更是明确地肯定了私法意义上的国际惯例的法律效力。

除了国际条约与国际习惯,某些国际组织的决议也具有法律效力,从而也会对国际经济秩序的构建产生影响。然而,并非所有国际组织的决议性文件都具有法律效力。判断某一国际组织所制定或通过的决议性文件是否具有法律性质,应考察该国际组织或该组织的特定机构是否具有造法权;而判断某一国际组织或该组织的特定机构是否具有造法权的简单方法是查阅这一国际组织所据以设立的宪章性文件是否赋予该组织以造法权。虽然不具有造法权的国际机构所制订的软法不具有法律上的效力,但它对国家仍具有一定的约束或引导的力量,因而,对国际经济秩序的建立和维持也会发挥一定的作用。WTO 争端解决机构的裁决并不具有"先例"的性质,而只是对现有规则的解释;同时也不应赋予 WTO 争端解决机构裁决"先例"的地位。

构建国际经济秩序的模式大体上可分为两类:一是多边模式,二是区域模式(包括双边模式)。鉴于多边模式具有适用范围广、制度单一等优势,中国政府一直明确支持 WTO 为代表的多边模式,与此同时,中国政府也对区域合作模式持积极立场。

WTO 管辖范围的扩展和对成员方约束的刚化都增强了国际法在国际社会中的影响力,使全球治理呈现出新的局面。从全球范围来看,WTO 规则是国际法中最具活力的部分之一。

由于以世界贸易组织为代表的多边贸易机制允许区域贸易安排的设立,而世界贸易组织的多边谈判多年未能取得有效进展,WTO 的部分成员又有意通过区域性安排推动新的国际规则的创立,因此,众多区域性贸易安排的出现,是必然的事情。

国际贸易体制的发展不可能是一个直线过程。如果我们只观察事物发展的某个阶段,那么它的发展可能是直线的;但如果全过程地考察,我们就会发现这种直线经常会改变。回顾历史,我们可以看到,《联合国宪章》《建立世界贸易组织协定》这样的普遍性规则只是最近几十年才出现的情况。只有各国可以分享共同的价值时,才可能出现共同的规则。如果没有 19 世纪的双边贸易协定的积累,就不会出现"二战"之后的布雷顿森林体系。同样道理,今天以各种区域安排所表现的"碎片化"的造法，正在为未来的"完整化"造法积蓄能量。

当下，以世界贸易组织规则、区域贸易协定和双边投资协定为主要体现的国际经济秩序的基本特征在于以经济发展为主要目标、以市场调节为主要手段、以国际协定为主要规则。我国政府所倡导和推动的"一带一路"建设则有可能为国际经济体制带来创新。这种创新很可能表现在以下三个方面：一是实现经济发展与社会发展的平衡；二是在尊重市场规律的同时，注重政府的作用；三是重视国际条约之外的机制的作用的发挥。

国际经济秩序的构建过程其实就是国际经济秩序的法律化过程。在人类社会相对隔绝的情况下，法律应该是一种"地方性知识"。然而，随着国家间交往的增多，法律的趋同化和一体化就成为一种客观趋势。法律全球化既包括私法的全球化，也包括公法的全球化；既包括国内法的全球化，也包括国际法的全球化。

第五章

中国与国际经济秩序

作为一个在世界上具有举足轻重地位的大国，中国对国际经济秩序的立场始终受人关注。自 1949 年以来，时而有人将中国称作国际秩序的"反对者"，时而又将中国看作是国际秩序的"改革者"或"修正者"。那么，中国与国际经济秩序的关系到底如何呢？

第一节　中国的国际秩序观

一、中国古代的国际秩序观

中国古代的国际秩序观需要从中国古代的外交实践中探寻。"中国对外关系理论的渊源，可以上溯到周代，乃至更远。然而，作为统一王朝构建国际关系的实践，则应始于秦汉。"[①] 自秦汉至清朝中期，中国所长期追求的是一种"中国中心主义"（sinocentrism）[②] 的国际秩序，或类似君臣关系的国际秩序。这种秩序的制度性安排主要表现为朝贡体制。

据史学家的研究，中国朝贡制度的渊源虽可追溯到先秦时期，但正式形成则是在两汉时期。到了唐代则达到了"万方来朝"的局面。到清朝时，阿富汗、塔什干、朝鲜、安南、琉球、缅甸和暹罗等国均定时向中国进贡。在鸦片战争以前，英、法、美、俄、西、葡、荷等西方国家也被清政府列为"贡国"。1789 年英

[①]　韩昇：《中国古代的外交实践及其基本原则》，载《学术研究》，2008（8）。

[②]　"中国中心主义"是费正清对古代中国的国际秩序观的概括，并在其主编的《中国的世界秩序：中国传统的对外关系》一书中得以充分阐述。见 [美] 费正清：《中国的世界秩序：中国传统的对外关系》，杜继东译，北京，中国社会科学出版社，2010。

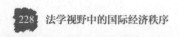

国派使马噶尔尼来华，中国官员就在他的船上挂上了"贡使"旗。[①]

朝贡制度背后的理念在于：中国是世界的中心，中国的皇帝是天下至高无上的统治者，其他国家与中国不能处于平等地位，它们要向中国进贡，接受中国册封。在今天看来，这种"中国中心主义"的国际秩序观显然是一种偏颇的国际秩序观，与当今的国际法原则与制度是相悖的。然而，这样一种秩序观在历史上不仅在中国被认为是天经地义的，而且也被许多其他国家所接受。出现这种情况，是因为中国在历史上长期处于领先其他国家的地位，不仅经济和军事力量强大，而且还具有文化上的优势，使其他国家逐渐接受了这样一种国家间的秩序。正如有学者所言："'中国世界秩序'是有着久远历史的中华意识，就帝制时代而言，这种意识实质是居于至高无上统治地位的中国历代皇帝，负有抚驭、开化四夷的责任意识，以及对礼仪文化优越感的自负。"[②]

"中国中心主义"的国际秩序能够长期持续，还在于这样一种国际秩序虽分等级，却并不施加压迫。与国内的君臣关系不同，朝贡关系虽然以承认中国的高一级的地位为前提，但并不要求其他国家服从中国的旨意。中国并不强使其他国家向中国屈服，而只是把向中国进贡和承认藩属地位作为彼此间进行交往的前提。正因为如此，朝贡体制才得以大体和平地存续了上千年。

中国古代的国际秩序观体现了中国古代思想家所提出并被长期坚持的"和合"思想，体现了古代中国对和谐的国际秩序的追求。

儒家创始人孔子提出"君子和而不同，小人同而不和"的观点，认为"和"不必一定要"同"，而"同"者也可能不"和"。不"同"，并不意味着不能"和"，君子就能够在"不同"中求"和"。儒家学说的另一位创始人孟子也说过，"天时不如地利，地利不如人和"，把"人和"看作是成就事业的最重要的条件。孔子的弟子有子曾明确提出"礼之用，和为贵"，认为在礼的适用中，"和"是最为重要的。

中国古代的"和合"思想对历代统治者都产生了重要的影响。我国历史上许多统治者都力求达到对内和对外的"和合"。对内的"和合"，主要表现为君民

---

① 宋四辈：《古代中国所建立的国际秩序的两重性及其现实意义》，载《郑州大学学报（哲学社会科学版）》，1998（5）。

② 许建英：《"中国世界秩序"观之影响及其与中国古代边疆研究》，载《中国边疆史地研究》，2006（1）。

关系的协调和君臣关系的协调。在中国古代社会，虽然始终贯穿着阶级矛盾和阶级斗争，但许多统治者也都注意阶级关系的协调。在秦末、西汉末、隋末、元末、明末等农民大起义后建立起来的西汉、东汉、唐、明、清等封建王朝，都曾实行过某种让步政策，减轻赋税，抑制豪强，蠲免钱粮，兴修水利等。[①]从而在一段时期和一定程度上缓解了社会矛盾，促进了当时经济和社会的发展。中国封建社会的许多贤明君主也都注意到君臣关系的协调，以求更好地维护其统治。唐太宗曾与臣僚说道："君臣本同治乱，共安危，若主纳忠谏，臣进直言，斯故君臣合契，古来所重。若君自贤，臣不匡正，欲不危亡，不可得也。君失其国，臣亦不能独全其家。至如隋炀帝暴虐，臣下钳口，卒令不闻其过，遂至灭亡，虞世基等寻亦诛死。前事不远，朕与卿等可得不慎，无为后所嗤！"[②]唐代贤相魏征曾效力于太子李建成。他曾屡次劝谏李建成在与李世民的争斗中先下手为强。玄武门之变后，唐太宗对魏征摒弃前嫌，委以重任。魏征则竭诚辅佐，不惜犯颜直谏。君臣肝胆相照，相得益彰，传为历史佳话。

我国古代统治者对外的"和合"则表现为实行睦邻友好的外交政策。汉代所开辟的"丝绸之路"成为中国与沿途各国友好交流之路。郑和率领当时世界上最强大的舰队七下"西洋"，并不以抢掠土地或夺取财物为目的。明朝规模庞大、历时多年的远涉30多个国家和地区的航行，一直看重邦交友谊和互利贸易。[③]

中国古代先哲及统治者所倡导的"和合"思想还表现为中华文化对其他文化所持的开放和包容的立场。中华文化持久不衰的一个主要原因在于它并不妄自尊大，而是不断吸收外来文化的精髓，从而使自身不断丰富发展。例如，公元前后，佛教传入中国。到了公元3世纪，佛教已在中国广为传播，并出现了各种学派。到了公元7世纪，佛教在中国已进入鼎盛时期。佛教与中国本土的儒道思想经过长期融合，创造出丰富多彩的佛教文化。中国对基督教文化和伊斯兰文化的传入，也多持包容的立场。唐朝政府先后在长安等地修建许多基督教堂。对于境内的穆

---

① 孙祚民：《论让步政策》，载《社会科学战线》，1980（2）。

② 吴兢：《贞观政要君臣鉴戒篇第6》，上海，上海古籍出版社，2007。

③ 有学者指出："从表面上看，郑和船队每次出海，'云帆蔽日'，浩浩荡荡，但实质上却是'孤帆远影'，它的后面没有，也不许跟随民间海商的船队。明成祖对于沿海居民的海外贸易，下令'严禁绝之'。明朝的海禁与清朝的闭关锁国政策直接导致中国远离世界舞台的中心。"[见赵磊：《从世界格局与国际秩序看"百年未有之大变局"》，载《中共中央党校（国家行政学院）学报》，2019（3）]。这也许可以说明，没有商业目的支持的航行是不能持久的，国家间偶尔的接触难以形成国际秩序。

斯林，唐宋两朝政权均宽容待之。在政治上，给予平等的晋升机会和相应的待遇，甚至向他们开放科举，允许入仕；在经济上，宋朝政权鼓励穆斯林蕃客扩大业务，多纳赋税；在生活上，尊重他们的宗教信仰与生活习俗，允许在蕃坊内建造清真寺，设置"蕃学"，特辟穆斯林公共墓地等。因较为宽松的宗教民族政策，唐宋两朝的穆斯林基本上与中国的汉民族和其他少数民族和睦相处、安居乐业。[①]

综上所述，中国古代的国际秩序观的实质内容是各国的和平共处。

二、中国当代的国际秩序观

1840 年的鸦片战争彻底打碎了中国原有的国际秩序观。西方列强不仅不承认中国的"中心"地位，反而一步步迫使中国沦落为半殖民地半封建的国家，被排斥在西方主导建立的国际秩序之外。直到第二次世界大战爆发，中国才有机会争得自立于世界民族之林的地位。

1949 年，中华人民共和国成立。饱受列强欺压之苦的中国一开始就坚持独立自主的和平外交政策。中国政府所奉行的独立自主的和平外交政策，以及中国政府为维护世界和平与促进国际友好合作所付出的努力，隐含着对建立公平的国际秩序的追求。

中国人民政治协商会议于 1949 年制定的《共同纲领》规定："中华人民共和国外交政策的原则为保障本国独立、自由和领土主权的完整，拥护国际的持久和平和各国人民之间的友好合作，反对帝国主义的侵略政策和战争政策。"《共同纲领》的上述规定，确立了新中国独立自主的和平外交政策的宪法性基础，也表达了新中国对国际秩序的一般立场。

1953 年 12 月 31 日，周恩来总理在接见印度政府代表团时，首次提出和平共处五项原则。他说：新中国成立后就确定了处理中印两国关系的准则，那就是，互相尊重领土主权，互不侵犯，互不干涉内政，平等互利和和平共处的原则。1954 年 6 月底，周总理应邀访问印度和缅甸，分别同印度总理尼赫鲁和缅甸总理吴努就共同关心的问题举行了会谈。会谈后的联合声明重申了和平共处五项原

---

① 陈敏华：《国情、心态与政策——对唐宋元明清伊斯兰政策的若干思考》，载《回族研究》，2007（2）。

则为指导双边关系的原则。1955 年 4 月，在印尼万隆召开了有 29 个国家参加的亚非会议。面对少数代表在发言中对新中国的攻击，周总理在发言中说，中国代表团是来求团结，不是来吵架的；是来寻求共同的基础，不是制造分歧的。他倡导与会各国把社会制度和意识形态的差异放在一边，在和平共处五项原则的基础上找共同点。周总理的讲话得到了与会代表的广泛赞同，和平共处五项原则被写入《万隆会议公报》。

和平共处五项原则的核心是和平共处。尊重国家主权和领土完整是和平共处的基础，互不侵犯、互不干涉内政和平等互利是和平共处的主要体现。对于当时的中国，面临西方国家的封锁和压力，我们不仅需要与社会主义阵营的国家紧密团结，也需要与其他国家特别是发展中国家和平共处，以争取和平发展的时间和空间。对于国际社会而言，和平共处原则是对"二战"之后理想的国际秩序的高度概括，是对《联合国宪章》所倡导"力行容恕，彼此以善邻之道，和睦相处"美好愿望的实现所提出的制度和规则设计。

自 20 世纪 60 年代起，广大发展中国家作为一支重要力量登上了国际舞台，并开始了反对强权、建立国际经济新秩序的努力。在这一历史背景下，我国提出了三个世界的理论。1973 年 6 月，毛泽东主席在会见马里国家元首特拉奥雷时说："我们都是叫作第三世界，就是叫作发展中国家。"1974 年 2 月，在会见赞比亚总统卡翁达时他又说："我看美国、苏联是第一世界。中间派，日本、欧洲、加拿大，是第二世界。咱们是第三。"中国政府提出的三个世界理论，突出了当时苏美两个推行霸权主义的国家同世界反霸力量的矛盾，强调在世界反霸斗争中第三世界国家的重要作用，以及联合第二世界国家和利用两个超级大国间矛盾的重要意义，指明了在建立国际经济新秩序的斗争中不同国家的地位和力量对比，对于新的国际秩序的建立具有积极意义。

国际经济新秩序的概念，由 1964 年举行的第二次不结盟国家首脑会议首次提出。在发展中国家的推动下，1974 年联合国大会第六届特别会议通过了《建立新国际经济秩序宣言》和《建立新国际经济秩序行动纲领》。建立国际经济新秩序，就是要对原有的国际经济旧秩序进行改造，坚持进步、合理的规则，抛弃落后、不合理的东西，同时也要改变某些领域中的无序状态，从而建立起符合世界现实的、体现人类社会发展进步方向的新的经济秩序。中国是建立国际经济新秩序的积极倡导者和推动者。早在 1974 年，邓小平出席联合国大会发言时即指出，国家之间的政治和经济关系都应当建立在互相尊重主权和领土完整、互不侵犯、互不干涉内政、平等互利、和平共处五项原则的基础上；各国的事务应当由各国人民自己来管。发展中国家人民有权自行选择和决定他们自己的社会、经济制度；发展中国家对自己的自然资源享有和行使永久主权；国家不论大小，不论贫富，应该一律平等，国际经济事务应该由世界各国共同来管，而不应当由一两个超级大国来垄断；国际贸易应当建立在平等互利、互通有无的原则基础上；对发展中国家的经济援助，应当严格尊重受援国的主权，不附带任何政治、军事条件，不要求任何特权或借机牟取暴利；对发展中国家的技术转让必须实用、有效、廉价、方便。

1982 年 9 月 1 日，胡耀邦在中国共产党第十二次全国代表大会上的报告中高度肯定广大第三世界国家为建立国际经济新秩序所作出的努力，他指出："第三世界在战后国际舞台上的崛起是我们时代的头等大事。第三世界改变了联合国仅仅是受某些大国操纵的一架表决机器的情况，使帝国主义、霸权主义、扩张主义经常在这里受到正义的谴责。拉丁美洲国家发起的反对超级大国海洋霸权的斗争，石油输出国和其他原料生产国争取对自己的自然资源享有和行使永久主权的斗争，不结盟国家反对强权政治和集团政治的斗争，所有发展中国家为建立国际经济新秩序而进行的斗争，这一切形成了当代强大的正义潮流，大大改变了超级大国可以任意摆布世界命运的局面。"

20 世纪 80 年代中后期，我国又明确提出了建立国际政治新秩序的主张。1988 年 12 月，邓小平在会见日本客人时指出，当前国际政治出现了由对抗转到对话、由紧张转向缓和的新情况。在这种发展趋势下，我们应该提出建立国际政治新秩序的问题。同年 12 月 21 日，在会见印度总理拉吉夫·甘地时，他进一步强调，世界上现在有两件事情要同时做，一个是建立国际政治新秩序，一个是建立国际经济新秩序。同年 12 月，在中共中央政治局第十四次会议上，他再一次指出，我们要积极推动国际形势朝着长期缓和的方向发展，积极倡导在和平共处五项原则的基础上建立国际政治新秩序和在平等互利的基础上建立国际经济新秩序。

1992 年 10 月 12 日，江泽民在中国共产党第十四次全国代表大会所做的报告中，重申中国对建立国际新秩序的基本立场，他指出："建立什么样的国际新秩序，是当前国际社会普遍关心的重大问题。根据历史经验和现实状况，我们主张在互相尊重主权和领土完整、互不侵犯、互不干涉内政、平等互利、和平共处等原则的基础上，建立和平、稳定、公正、合理的国际新秩序。这一新秩序包括建立平等互利的国际经济新秩序。世界是多样性的，各个国家之间存在着种种差异。各国人民都有权根据本国的具体情况，选择符合本国国情的社会制度和发展道路。国家无论大小、强弱、贫富，都应当作为国际社会的平等成员参与国际事务。国与国之间理应互相尊重，求同存异，平等相待，友好相处。国与国之间的分歧和争端，应当遵照联合国宪章和国际法准则，通过协商和平解决，不得诉诸武力和武力威胁。霸权主义和强权政治，少数几个国家垄断和操纵国际事务，是行不通的。建立国际新秩序是长期的任务，中国人民将同各国人民一道，为此作出不懈的努力。"

中国共产党第十五次全国代表大会（1997年9月）和第十六次全国代表大会（2002年11月）均强调了建立国际政治经济新秩序的基础和维护世界的多样性。例如，中共十六大报告中指出："我们主张建立公正合理的国际政治经济新秩序。各国政治上应相互尊重，共同协商，而不应把自己的意志强加于人；经济上应相互促进，共同发展，而不应造成贫富悬殊；文化上应相互借鉴，共同繁荣，而不应排斥其他民族的文化；安全上应相互信任，共同维护，树立互信、互利、平等和协作的新安全观，通过对话和合作解决争端，而不应诉诸武力或以武力相威胁。反对各种形式的霸权主义和强权政治。中国永远不称霸，永远不搞扩张。我们主张维护世界多样性，提倡国际关系民主化和发展模式多样化。世界是丰富多彩的。世界上的各种文明、不同的社会制度和发展道路应彼此尊重，在竞争比较中取长补短，在求同存异中共同发展。各国的事情应由各国人民自己决定，世界上的事情应由各国平等协商。"

我国政府在不同历史时期提出的和平共处五项原则、三个世界理论以及建立国际新秩序的主张是密切相连的。首先，三个世界理论指明了和平共处的现实条件。和平共处原则要求各国相互尊重、和平共处，而在国际社会中，每个国家的情况各不相同，立场与要求也各不相同。依据经济发展水平的不同，毛泽东同志将各个国家分别归入三个不同的组别，使各国可以在相处过程中明确自己的地位，同时也可以明确哪些国家与自己有更多的共同利益，哪些国家与自己更可能出现利益冲突，如何广泛团结与自己有共同利益的国家与霸权主义和强权政治进行斗争。其次，建立国际新秩序必须坚持和平共处五项原则。我国政府一再申明，建立国际新秩序应该坚持互相尊重主权和领土完整、互不侵犯、互不干涉内政；坚持用和平方式处理国际争端，反对凭借军事优势动辄使用武力或以武力相威胁；所有国家不论强弱、贫富都是国际社会平等的一员，都有平等参与世界事务的权利，任何国家或国家集团都没有凌驾于国际社会之上的特权；每个国家都有权独立自主地选择自己的社会制度与发展道路，各国社会制度和价值观念等方面的差异不应成为发展正常国家间关系的障碍，更不应成为干涉别国内政的理由；各国之间应该相互合作，平等互利，共同发展。最后，三个世界理论和建立国际新秩序的主张以"公平"为旗帜，发展了和平共处原则。和平共处原则只是从秩序角度要求各国的相互尊重和平等相处，但未能涉及国际关系的内容问题；而三个世界理论和建立国际新秩序的主张则深入国际关系的实质内容，要求改变旧的国际秩序，改变历史所形成的不公平局面。建立国际新秩序，特别是国际经济新秩序，不仅是发展中国家的要求，也应该是发达国家的要求。因为从长远看，发达国家的发展不能建立在发展中国家持续落后的基础上。因此，建立国际新秩序绝不意味着发展中国家简单地从发达国家获得利益，而是期待通过努力，使得不同发达程度的国家都得到发展。

在总结前述经验的基础上，我国政府又于 20 世纪初期提出了"和谐世界"的理念。2002 年 11 月，江泽民同志在中国共产党第十六次全国代表大会的报告中指出："我们主张顺应历史潮流，维护全人类的共同利益。我们愿与国际社会共同努力，积极促进世界多极化，推动多种力量和谐并存，保持国际社会的稳定；积极促进经济全球化朝着有利于实现共同繁荣的方向发展，趋利避害，使各国特别是发展中国家都从中受益。"上述讲话初步提出了和谐世界的命题。2005 年 4 月 22 日，胡锦涛主席出席雅加达亚非峰会。他在讲话中提出，亚非国家应"推动不同文明友好相处、平等对话、发展繁荣，共同构建一个和谐世界"，明确了构建和谐世界的理念。同年 7 月 1 日，胡锦涛出访莫斯科，"和谐世界"被写入《中俄关于 21 世纪国际秩序的联合声明》，从而第一次被确认为国与国之间的共识。2005 年 9 月 15 日，胡锦涛在联合国总部发表了题为《努力建立持久和平　共同繁荣的和谐世界》的演讲，全面阐述了"和谐世界"的内涵。他指出："在机遇和挑战并存的重要历史时期，只有世界所有国家紧密团结起来，共同把握机遇、应对挑战，才能为人类社会发展创造光明的未来，才能真正建设一个持久和平、共同繁荣的和谐世界。"为此，他倡导：坚持多边主义，实现共同安全；坚持互利合作，实现共同繁荣；坚持包容精神，共建和谐世界；坚持积极稳妥方针，推进联合国改革。中国政府提出的和谐世界的理念和主张在世界范围内获得积极的回应。上海合作组织已将建设"和谐地区"当作该组织追求的目标，亚太经合组织第十四次领导人非正式会议将"和谐"一词写进了会议的主要文件——《河内宣言》。

和谐世界理论承认国家之间的差异，注重国家间的协调与合作，强调国家间的平等、相互依存和对国际法规则的遵守，是对新中国成立以来所形成的外交思想的深化，是在新的国际形势之下，对和平共处五项原则、三个世界理论和国际政治经济新秩序理念的综合和概括。"和谐世界"的思想不仅对指导我国的外交实践具有重要意义，也将对新世纪的国际关系和国际秩序产生重要影响。

在 2012 年 11 月 8 日召开的中国共产党第十八次全国代表大会上，中共中央提出了"人类命运共同体"的概念。此后，习近平同志不断充实和发展这一概念，使其成为新的历史时期中国政府关于国际秩序的基本立场。在 2013 年 4 月举办的博鳌亚洲论坛年会上，习近平发表《共同创造亚洲和世界的美好未来》主旨演讲，强调"人类只有一个地球，各国共处一个世界。共同发展是持续发展的重要基础，符合各国人民长远利益和根本利益。我们生活在同一个地球村，应该牢固树立命运共同体意识，顺应时代潮流，把握正确方向，坚持同舟共济，推动亚洲和世界发展不断迈上新台阶"。2013 年 10 月 3 日，习近平在印尼国会发表《携手建设中国—东盟命运共同体》的重要演讲，提出了全方位建设"中国—东盟命运共同体"的五大举措，包括：坚持讲信修睦、坚持合作共赢、坚持守望相助、坚持心心相印和坚持开放包容。2015 年 4 月 22 日，习近平出席在印尼雅加达举行的纪念万隆会议召开六十周年会议，并发表《弘扬万隆精神推进合作共赢》的讲话，提出要大力弘扬万隆精神，不断赋予其新的时代内涵，推动国际秩序和国际体系朝着更加公正合理的方向发展，推动建设"人类命运共同体"。2015 年 9 月 28 日，值联合国成立七十周年之际，习近平出席第七十届联大一般性辩论，发表《携手构建合作共赢新伙伴同心打造人类命运共同体》的重要讲话，全面阐述了以合作共赢为核心的新型国际关系理念，系统提出了打造人类命运共同体的具体路径：一是要建立平等相待、互商互谅的伙伴关系；二是要营造公道正义、共建共享的安全格局；三是要谋求开放创新、包容互惠的发展前景；四是要促进和而不同、兼收并蓄的文明交流；五是要构筑尊崇自然，绿色发展的生态体系。

"人类命运共同体"承袭了"和谐世界"的理念。置身于世界多极化、经济全球化、文化多样化和社会信息化的人类社会发展趋势，面对粮食安全、资源短缺、气候变化、网络攻击、人口爆炸、环境污染、疾病流行、跨国犯罪等全球非传统安全问题，各国均已处在一个命运共同体中。在这样一个共识之下，各国才可能求同存异、讲信修睦、善待他人、合作共赢，共同构建公平的国际秩序。

三、中国关于国际经济秩序的一般立场

中华人民共和国成立之后的前三十年，尽管中国政府一再表明愿意依照和平共处五项原则与一切国家发展友好合作关系，但由于主要西方国家对中国实行封锁隔离政策，中国无法融入国际经济体制。虽然我们对外保持着有限的经济贸易交往，但由于长期被排斥在《关税与贸易总协定》及国际货币基金组织和其他一些国际组织和机制之外，我国对于国际经济秩序无法产生直接的影响。当"建立国际经济新秩序"的口号被提出时，中国立刻成为这一口号的坚定支持者。在分析中国政府当时这一立场所形成的原因时，有学者总结道："其一，近代以来，西方列强将大量的不平等条约强加于中国，这种屈辱史造成'受害者'历史记忆与始终存在的'大国'心理暗示交织在一起，极易激发中国反抗西方国家主导的传统国际经济秩序的斗志。其二，当时中国的意识心态充满着斗争的哲学，将东西方两大阵营的对立视为阶级斗争在国际间的延续……中国当然主张……彻底解构既存的国际经济秩序，建构新的国际经济秩序。"[①] 应该说，这两点原因是中国方面的"内在原因"，而西方强国对中国的长期排斥是中国无法从体制内变革国际经济秩序而只能主张另建新的国际经济秩序的"外在原因"。

自改革开放以来，我国不仅扩大了对外经济交往，也陆续同西方发达国家建

---

① 徐崇利：《建立国际经济新秩序斗争的潮落与中国的立场》，载陈安主编：《国际经济法学刊》，2008 年第 2 卷，46 页，北京，北京大学出版社，2008。

立了正式的外交关系和经贸关系，我国在各重要国际组织和机构中的席位也得以恢复。我国加入世界贸易组织成为我国融入国际经济秩序的标志性事件，表明我国对当今国际经济秩序的总体接受。与此同时，中国政府也在不同场合反复宣称，现行国际经济秩序还存在不如人意之处，因此，应推动国际经济秩序向更加公平合理的方向发展。关于现存国际经济秩序的缺陷，人们已从多方面提出批评。有学者从发展的角度将现行国际经济体制的缺陷归纳为如下四个方面：一是不平等的发展。由于现行国际秩序鼓励自由竞争，而竞争者的禀赋与能力不同，因此导致贫富分化；而在国际关系的维度上，自由市场经济逻辑的推衍导致富国与穷国间的差距拉大。二是与社会福利相割裂的发展。经济发展的目标本应该是提升所有人的福利，但由于自由竞争追求的是效益最大化，这在很多时候意味着劳工待遇的恶化和社会福利的整体下降。三是不可持续的发展。经济自由主义对财富的片面追求，引发了环境和资源等方面的问题，并经常使发展中国家承受环境污染等危害后果，而发达国家却单方面受益。四是充满风险的发展。经济自由主义思想在全球的延伸不可避免地引致自由市场制度的全球性普及和国家间依赖程度的加深，从而使全球化时代前的潜在、偶发、局部的风险变成全球化时代的显在、常发、全球的风险。[①]

当今的国际经济秩序，尽管包含着大国政治、偏袒发达国家利益等不合理成分，但也存在尊重各国主权、照顾发展中国家及对大国力量进行制约等积极因素。因此，我们对当今国际秩序的基本立场应该是维护其中合理的部分并努力改变其中不合理的部分。我国应该与其他国家合作，制定新的国际规则、修改旧的国际规则，使国际规则能够反映大多数国家和人民的共同利益。

2015 年 9 月 22 日，习近平在华盛顿州当地政府和美国友好团体联合欢迎宴会上的演讲中再次重申："中国是现行国际体系的参与者、建设者、贡献者。我们坚决维护以联合国宪章宗旨和原则为核心的国际秩序和国际体系。世界上很多国家特别是广大发展中国家都希望国际体系朝着更加公正合理方向发展，但这并不是推倒重来，也不是另起炉灶，而是与时俱进、改革完善。这符合世界各国和全人类共同利益。"习近平的上述讲话明确阐释了中国政府对国际经济秩序的基

---

① 何志鹏、刘璐：《自由主义与后危机时代国际经济体制的发展》，载刘志云主编：《国际关系与国际法学刊》，第 4 卷，66～68 页，厦门，厦门大学出版社，2014。

本立场。一方面，现存国际经济秩序由历史所形成，对于维系相对稳定的国际经济关系实属必要，因此，应维护当今的国际经济秩序；另一方面，现存国际经济秩序并非完全合理，因此，中国将与其他国家一道推动国际经济秩序朝着更加公正合理的方向发展。

四、中国对 WTO 规则的遵守

中国对 WTO 规则的遵守集中体现出中国对现行国际经济秩序的一般立场。

作为世界贸易组织成员，中国严格遵守世界贸易组织的各项规则。中国在"入世"前后对外资法的大规模修改表现出我国对 WTO 相关规则的接受和遵守。

世界贸易组织规则中可直接影响成员方的投资法的主要是两项协定：《与贸易有关的投资措施协定》（TRIMS）和《服务贸易总协定》（GATS）。前者要求成员方不得实施可能限制货物进出口的投资管理措施，后者要求成员方扩大服务业投资的市场准入水平。

在加入世界贸易组织之前，我国的外资法中包含着一些可扭曲正常的货物贸易的规定，例如要求外商投资企业尽量购买我国产品，从而事实上阻止了外国商品的进口。为了履行 WTO 项下的义务，我国在"入世"前后，对这些法律规定做了修改。

TRIMS 采取概括式与列举式相结合的办法，对应予禁止的投资措施做出规定。其所列举的投资措施包括：第一，"当地成分要求"，要求企业购买或使用东道国的、或东道国国内供应的产品；第二，"进出口平衡要求"，要求企业购买或使用的进口产品限制在与其出口的当地产品的数量或价值相关的水平；第三，限制企业进口其生产所使用的或与生产有关的产品或将进口量与企业出口当地产品的数量或价值相联系；第四，通过对企业使用外汇的控制，限制企业进口其生产所使用的或与其生产有关的产品；第五，限制企业出口其产品或为出口销售其产品，不论这种限制是规定具体产品、产品数量或价值，还是规定这些产品出口或出口销售的数量或价值占当地生产中的比例。

为了履行我国"入世"所承担的条约义务，我国于 2000 年 10 月 31 日对《中外合作经营企业法》和《外资企业法》作出修改，又于 2001 年 3 月 15 日对《中外合资经营企业法》作出修改，取消了其中与 TRIMS 不一致的规定。随后，我国对一些行政法规和部门规章也作出相应修改。例如，关于"当地成分"的要求，《外资企业法》原第 15 条规定外资企业所需的物资应尽先在中国购买，现在改为"按照公平、合理的原则，可以在国内市场或者国际市场购买。"我国外资立法原来还规定外国投资者出资的机器设备或其他物料，必须为"中国不能生产，或者虽能生产，但在技术性能或者供应时间上不能保证需要"（如《中外合资经营企业法实施条例》原第 27 条和《外资企业法实施细则》原第 27 条的规定），这种强制性进口替代要求也与 TRIMS 的规定不一致，因此均被废除。《外资企业法》原第 18 条、《中外合作经营企业法》原第 20 条等有关"外汇平衡"的要求，也被废止。关于"出口实绩"的要求，《中外合资经营企业实施条例》原第 14 条（规定合营企业合同应当包括产品在中国境内和境外销售的比例）、原第 61 条（规定"合资企业生产的产品，属于中国急需的或中国需要进口的，可以在中国国内市场销售为主）、《外资企业法实施细则》原第 15 条（规定申请设立外资企业的申请书应当包括销售比例）、原第 45 条和 46 条（关于境内境外销售比例的规定）等，也均已被废除。

世界贸易组织《服务贸易总协定》由于涉及以"商业存在"（commercial presence）为基础的国际服务贸易，因此，对成员方的外资立法也有直接的约束作用。《服务贸易总协定》对我国外资法的最直接的影响是我国大范围地向外国投资者开放了服务贸易的国内市场，允许外资进入许多原先不准或限制进入的产业领域。例如，我国在"入世"时承诺，在"入世"后 5 年之内，逐步取消外资银行在我国经营人民币业务的地域限制；在"入世" 3 年内允许外资在合资旅行社中占有多数股权，6 年内允许外国设立独资旅行社，并取消地域限制和对成立分支机构的限制；在"入世" 1 年内，初步开放网络服务，在"入世"第 2 年，逐步放开增值服务的地域限制；在"入世"第 3 年，对有线网及光缆业务开始放开、全面取消增值服务地域限制；在"入世"第 4 年，允许外资在基础电信中持股比例由放开初期的 25% 逐步提高到 49%；在"入世"第 5 年，逐步取消外资在寻呼机、移动电话进口，以及国内固定网络电话服务等领域的地域限制，完成开放网络服务；在"入世"第 6 年，全面开放有线网及光缆服务。上述承诺导致我国国内相关立法的修改。我国还陆续制订和实施了几十项关于向外资开放金融、保险、证券、商业流通、旅游、电信、建筑、医疗卫生、交通运输、广告、会展、电影电视制作等服务贸易领域的法规、规章，并已按要求通报世界贸易组织。这些法规和规章包括：《外资金融机构管理条例》《外资保险公司管理条例》《外资参股证券公司设立规则》《外商投资电信企业管理规定》《外商投资道路运输业管理规定》《外商投资民用航空业规定》《外商投资商业领域管理办法》《设立外商控股、外商独资旅行社暂行规定》《关于设立外商投资广告企业的若干规定》《外商投资建筑业企业管理规定》《关于设立中外合资对外贸易公司暂行办法》《电影企业经营资格准入暂行规定》，等等。

我国外资立法的上述修改（新制订的法规、规章实质上也是对原先的法规的修改）已满足了 TRIMS 和 GATS 的要求，并履行了我国政府对 WTO 其他成员方的承诺。

我国对世界贸易组织规则的遵守既包括对世界贸易组织一般规则的遵守，也包括对那些我们所作出的特别承诺的遵守。根据 WTO 规则，自 2005 年 1 月 1 日起，世界纺织品贸易进入"后配额时代"，各国承担了取消纺织品贸易配额的义务。随后不久，欧美即以中国纺织品在短期内进口激增、威胁国内相关产业为由，启动了特别保障措施，相继对我国输出到这些国家的超过设限配额的产品实行封关。2005 年 4 月，欧盟发布了《对华纺织品特别限制措施行动指南》，规定了欧盟对来自我国纺织品进行限制的条件和程序。随后，欧盟先后对 10 余种来自我国的纺织品启动了设限调查，并于 5 月 27 日决定对来自我国的亚麻纱和 T 恤衫提出正式磋商请求。按照有关程序，中欧双方应在 15 天内（即 6 月 11 日以前）寻求双方满意的解决办法。否则，欧方将采取设限措施。6 月 10 日，中国与欧盟就中欧纺织品贸易问题签署了备忘录。欧盟承诺对源自中国的棉布、T 恤衫、套头衫、裤子、女式衬衫、床单、女连衣裙、胸衣、桌布、亚麻纱等 10 类纺织品终止调查。中欧双方同意，在 2005 年 6 月 11 日至 2007 年底期间内，对上述十类纺织品合理确定基数，并按照每年 8%—12.5% 的增长率确定中方对欧出口数量。欧盟承诺在 2005—2007 年期间，对于上述 10 类产品之外的 2005 年实现一体化的中国纺织品克制使用中国加入世界贸易组织报告书第 242 段条款，在 2008 年，对所有 2005 年实现一体化的中国纺织品克制使用"242 段"条款。

紧随欧盟，美国商务部也于 2005 年 5 月 13 日宣布，对 3 个类别的中国服装产品重新实行配额限制。将受到限制的三类产品分别为棉质裤子、棉织衬衫和内衣裤。根据这一决定，这三类中国产品进入美国市场的数量当年最多只能增长7.5%。2005年11月，中美两国政府签署了《谅解备忘录》。根据双方达成的协议，美国将在协议期内对中国向美国出口的棉制裤子等21个类别产品实施数量管理。

欧、美对我国出口纺织品设限的背景是全球纺织品贸易配额制度的终止，而设限的依据则是《中国加入世贸组织工作组报告书》第242段（"纺织品与服装特保条款"）。在WTO成立之前，纺织品和服装贸易曾长期游离于《关税与贸易总协定》体制之外。部分发达国家和地区频繁地使用数量限制措施来阻止纺织品的进口。为此，《关税与贸易总协定》设立了棉纺织品委员会。在其主持下，自20世纪60年代起，世界主要纺织品贸易国家和地区签订了一系列多边纺织品协定，使服装和纺织品贸易的限制合法化，这引起了作为纺织品和服装出口国的发展中国家的强烈不满。1986年开始的乌拉圭回合谈判将纺织品和服装贸易列入议题之中，并最终达成了《纺织品与服装协定》（ATC），从而最终将纺织品和服装贸易拉回到GATT的体制之内。根据该协定，在1995年至2005年10年的过渡期内，服装和纺织品的配额应逐步放宽。到2005年1月1日，所有的产品都自动地取消任何数量限制，实现自由贸易，ATC也自行中止。但欧、美等国在长达10年的过渡期内并没有逐渐地开放其国内市场，从而导致2005年1月1日ATC协定终止后，纺织品进口在这些国家出现了"井喷"的局面。于是，这些国家便开始求助于《中国加入世贸组织工作组报告书》中的"242条款"。该条款规定，在2008年12月31日之前，如某一WTO成员认为《纺织品与服装协定》所涵盖的原产于中国的纺织品和服装产品自WTO协定生效之日起，由于市场扰乱，威胁阻碍这些产品贸易的有序发展，则该成员可请求与中国进行磋商，以期减轻或避免此种市场扰乱。在收到磋商请求后，中国同意对纺织品和服装的出口加以限制。如在90天磋商期内，未能达成双方满意的解决办法，则磋商将继续进行，提出磋商请求的成员可继续对磋商涉及的一个或多个类别的纺织品或纺织制成品实行限制，但采取措施的期限不得超过1年。尽管上述规定并不合理，但既然中国在加入世贸组织时已经做了承诺，那么就需要履行承诺所确定的义务。

第二节　中国在当代国际经济秩序中的定位

一、中国是现行国际经济秩序的维护者

作为一个发展中国家，中国对建立国际经济新秩序的努力曾长期持支持和积极参与的立场。然而，在最近十多年，关于国际经济秩序，我国政府在表达了继续推动其向公正合理方向发展的同时，逐渐强化了对其肯定的立场。因此，中国在国际经济秩序中的定位更加合理。

国外一直关注着中国对国际经济秩序的立场。一些外国学者认为，自1949年以来，中国经历了从（国际）"体系的反对者""体系的改革者"到"体系的维护者"的角色转换。我国的一些学者就此也持大致相同的看法。那么，中国究竟是一个国际经济新秩序的建设者，还是一个现存国际经济秩序的维护者呢？

如前所述，发展中国家建立国际经济新秩序的努力兴起于20世纪70年代。广大发展中国家试图在建立国际经济新秩序的过程中改变自己在国际经济体系中的不利和不公地位。然而，自20世纪90年代起，发展中国家建立国际经济新秩序的努力逐步陷入困境。

我国国际经济法学界30年来一直将国际经济新秩序作为一个重要的研究领域。同多数发展中国家学者的研究一致，我国学者的研究也主要集中在建立国际经济新秩序的合理性、可行性及实现路径等方面。近年来，在充分肯定国际经济新秩序运动的积极作用的同时，多数国际经济法学者认为建立国际经济新秩序的运动目前已处于低潮期。一些学者近年来开始突破传统的研究范式，提出了以"可持续发展战略"替代"新秩序"战略，以"人本主义"替代"国家中心主义"，并提出在考察南北矛盾的国际结构根源的同时也应思考发展中国家自身的国内结构根源。

关于我国对国际经济秩序的基本立场，学者们也都提出了各自的观点。陈安教授认为，"中国既是全球弱势群体的一员，又是最大的发展中国家之一。中国积极参与和努力推动建立国际经济新秩序，应属当仁不让，责无旁贷。基于以上

各点，今后中国在构建国际经济新秩序中的战略定位，理应是通过更有效的南南联合，与其他发展中国家一起，共同成为建立国际经济新秩序的积极推手和中流砥柱。"徐崇利教授认为，鉴于我国已经实现了从"体系内的改革者"向更温和的"体系内的改良者"的转变，我们应该从"体系内的维护者和建设者"两个方面来理解中国扮演的"体系内的改良者"的角色。作为"体系内的维护者"，中国不应谋求摧毁现存的国际经济秩序，如若以过高的国际"分配正义"标准现时无法得到满足为由，选择推翻既存的国际经济体制，那么，作为国际经济体制形式结构的秩序就会因无法承受过高标准正义之重而被压垮；作为"体系内的建设者"，中国恰当的角色应当是愈加重视成为南北之间的"桥梁"和"纽带"，为在"双赢"或"共赢"的基础上优化现行的国际经济体制发挥建设性作用。王彦志教授则认为，"中国的国际经济新秩序战略应该包括两个维度，亦即，既应积极审慎地推动自由的国际经济秩序，也应该积极审慎地推动公平的国际经济秩序。"①

我国的国际关系学者也较早关注到我国对国际经济秩序的立场问题的研究。综合他们的研究成果，关于中国对国际经济秩序的立场的观点大体上可分为两种。少数学者认为中国应该摒弃现存的国际经济秩序，而另建国际经济新秩序；多数学者则主张中国制度与国际经济秩序是可以相互包容的。前一种观点可称作"对立论"，后一种观点可称作"共生论"。例如，王湘穗教授认为，现代世界体系本质上是资本主义的世界体系，是资本全球扩张的结果。正是资本的本能推动了资本主义体系向全球的扩张。"二战"之后，美国凭借其实力，通过关贸总协定、布雷顿森林体系等建立起一整套全球制度体系。如今这套体系已出现全面瓦解的态势。资本通吃利益的全球化已经走到尽头。美国体系的终结与以往几次的体系周期更迭不同，它将不是资本主义体系内部的新老交替，而加入了其他文明的现代化成果，其中既包括更关注公平分配的社会主义市场经济，也包括以人为本而不是以资本增值为最终目标的东方式发展模式。这是具有代表性的"对立论"的观点。苏长和教授则认为："当代世界是一个混合体，既存在着一个寄生的国际体系，同时也存在向共生国际体系发展的机会和可能。""在国际体系改革过程

---

① 王彦志：《国际经济新秩序的必要反思与中国的战略定位》，载陈安主编：《国际经济法学刊》，2009年第3卷，129页，北京，北京大学出版社，2009。

中，包容式改进比'另起炉灶'的零和式改进更有助于国际体系在有序的轨道上进行，它有助于国际体系渡过权力转移的风险期。"这是具有代表性的"共生论"的观点。

在关注学者观点的同时，我们应该更加关注我国政府在各种场合所表达出的关于国际经济秩序的立场。在中国共产党第十五次全国代表大会的政治报告（1997年）和第十六次全国代表大会的政府报告（2002年）中，我国依旧明确表达支持建立国际经济新秩序的立场："我们主张建立公正合理的国际政治经济新秩序。"而在2007年召开的中共第十七次全国代表大会的政治报告中，则以"我们将……推动国际秩序朝着更加公正合理的方向发展"替代了"建立国际经济新秩序"的提法。这一提法表明了中国对当时的国际经济秩序已经有了新的认识："较之以往，此处在'公正合理'的国际经济秩序之前添加'更加'这一措辞表明，中国虽然认为现行自由主义国际经济秩序依然存在不公平、不合理之处，但其基本公正性已经接近具备。"[1]同时，也表明中国对其国际经济秩序中的地位有了新的认识，如同由学者所说："现有的国际秩序，确有许多不公正不合理的地方，但中国和发展中国家在现有的国际政治经济秩序中的地位已呈逐步上升之势。在此情况下，中国将不会挑战现有的国际政治经济秩序，而将以负责任的大国身份参与国际政治经济秩序的建设与变革，以渐进的方式、和平的方式、民主的方式改革现有国际政治经济秩序中不合理的方面。以此确立中国在国际社会中作为一个负责任的大国的和平形象，建设性而不是造反者的形象。"[2]中共十八大报告（2012年）则将"推动国际秩序朝着更加公正合理的方向发展"改为"推动国际秩序和国际体系朝着公正合理的方向发展。"

2014年11月29日，中国国家主席习近平在中央外事工作会议上的讲话中强调，中国要发展，必须顺应世界发展潮流。他提出了"世界多极化向前推进的态势不会改变""经济全球化进程不会改变""和平与发展的时代主题不会改变""国际体系变革方向不会改变"及"亚太地区总体繁荣稳定的态势不会改变"的"五个不会改变"的判断。中共十九大报告（2017年）则明确提出，中国将作为"国

---

① 徐崇利：《"二战"之后国际经济秩序公正性之评判——基本逻辑、实力兴衰及收益变化》，载《经贸法律评论》，2019（2）。

② 宫力：《走和平发展道路是中国的战略抉择——解读党的十七大报告在对外关系方面的新亮点》，载《对外传播》，2007（11）。

际秩序的维护者。"2018 年 7 月 25 日，在出席金砖国家工商论坛时发表的讲话中，习近平主席再次申明"现行国际秩序并不完美，但只要它以规则为基础，以公平为导向，以共赢为目标，就不能随意被舍弃，更容不得推倒重来。"这应该是关于中国在当今国际经济秩序中的定位的最权威、最准确的表达。

在肯定当今国际经济秩序的同时，中国不是对其全盘接受，更不会寻求与西方发达国家的经济制度的"接轨"。在 2013 年 3 月 19 日接受金砖国家媒体联合采访时，习近平指出："正如一棵大树上没有完全一样的两片树叶一样，天下没有放之四海而皆准的经验，也没有一成不变的发展模式。中国特色社会主义肯定还要不断发展、不断完善。世界在变化，中国也在变化，中国特色社会主义也必须随着形势和条件的变化而向前发展。只有不断与时俱进，中国才能充满活力。我们愿意借鉴人类一切文明成果，但不会照抄照搬任何国家的发展模式。中国的改革是中国特色社会主义制度的自我完善和发展。只有走中国人民自己选择的道路，走适合中国国情的道路，最终才能走得通、走得好。"习近平的上述讲话表明，中国不会试图根本改变现存的国际经济秩序，因为现存秩序有其存在的合理性，并且中国也是现存秩序的重要受益者，与此同时，中国也将在尊重各国自主选择的基础上推动国际经济秩序的发展和完善。

二、中国在国际经济秩序构建中的话语权

中国在国际经济秩序构建方面的立场应通过国际法律制度的创设而表达出来，而国际法律制度创设的先声是国际法话语的提出，因此，要争取国际法的话语权。

国际法，无论是作为规则体系还是作为话语体系，对中国来说都是舶来品。国际法著作被系统地引入中国是 19 世纪 60 年代的事情。当时，一位曾经为美国驻华公使担任翻译的传教士丁韪良（William Martin）将美国人惠顿（Henry Wheaton）的《国际法原理》（*Elements of International Law*）翻译成汉语的《万国公法》。以国家平等为基石的国际法规则体系颠覆了中国上千年形成的"朝贡体系"观。作为话语体系的国际法对中国人来说当然也是相当陌生。由于中国是在外国列强的武力胁迫之下开始认识国际法的，而在"国际法"的名义之下，中国一次次被迫对外割地赔款，因此，国际法话语难以被中国政府和人民所接受。

中华民国时期，中国政府在巴黎和会期间以及在国际联盟体系内，曾经试图依据国际法来争取自己的权益，但均未得到公平的对待。这增强了中国人对国际法的不信任感。1949年中国新政府成立之后，西方国家长期对中国采取敌对立场，打压中国的国际生存空间。直到1971年中华人民共和国恢复其在联合国中的合法地位，中国才回到国际体系之中。许多人喜欢将中国描绘成一个国际秩序的"叛逆者"，这其实并非真实的情况。作为一个具有悠久儒家文化传统的国家，中国一直愿意与其他国家和平相处。在最近三四十年间，中国更是与其他国家一道，努力推动以国际法为基本依托的国际政治经济秩序向公平合理方向发展。"实践证明，作为国际舞台上一个负责任的大国，恪守国际法对于我国利益来说至关重要。只有在尊重现行法律秩序的基础上，中国政府的政策方针才能够在国际实践中获得更为理想的效果。"[1]

然而，应该承认，我们运用国际法话语的能力还比较欠缺。例如，我们政府的官方文件曾长期以"国际关系准则"来替代"国际法"。很长一段时间里，中国共产党全国代表大会的报告和国务院的政府报告也几乎不提"国际法""国际义务""国际责任""管辖权""条约义务"等国际法话语。同时，我国媒体所发表的新闻报道、评论和理论文章中也很少使用国际法话语。不会使用国际法话语，就丧失了一块与其他国家交流和沟通的领域，并容易使其他国家产生"中国不讲国际法"的错觉（如果不是恶意制造这种效果的话）。正如有学者所指出的那样，"中国虽然已经开始积极广泛地参与国际治理规则的确立、组织的构建、行为方式的设计等进程，但是在国际社会中仍然经常被误解和猜忌。究其原因，除了中国自身强大所造成的压力之外，关键在于中国仍然面临着话语表达不够充分的问题。"[2]

值得关注的是，我国政府近年来已开始注重国际法话语的作用，并频繁地运用国际法话语。例如，2014年6月28日，习近平在和平共处五项原则发表60周年纪念大会上的讲话中明确提出："在国际社会中，法律应该是共同的准绳……我们应该共同维护国际法和国际秩序的权威性和严肃性，各国都应该依法行使权利，反对歪曲国际法，反对以'法治'之名行侵害他国正当权益、破坏和平稳定之实。"2016年6月25日，中俄两国政府联合发表《中华人民共和国和俄罗斯

---

① 贾兵兵：《国际公法：理论与实践》，16页，北京，清华大学出版社，2009。
② 何志鹏：《全球治理的中国话语》，载《厦门大学学报》，2016（2）。

联邦关于促进国际法的声明》，明确表示，中俄两国将"进一步加强合作，以捍卫和促进国际法，建立以国际法为基础的公正、合理的国际秩序。"2021 年 1 月 25 日，习近平在世界经济论坛"达沃斯议程"对话会上发表的题为"让多边主义的火炬照亮人类前行之路"的特别致辞中数次谈到国际法的重要作用。他说："国际社会应该按照各国共同达成的规则和共识来治理，而不能由一个或几个国家来发号施令。联合国宪章是公认的国与国关系的基本准则。没有这些国际社会共同制定、普遍公认的国际法则，世界最终将滑向弱肉强食的丛林法则，给人类带来灾难性后果。"他强调："我们要厉行国际法治，毫不动摇维护以联合国为核心的国际体系、以国际法为基础的国际秩序。"

接受国际法话语，首先应注意使用国际法话语的准确性，不宜随意改变约定俗成的话语。我国在接受某些国际法话语时忽略了其严谨性，甚至将不严谨的话语引入立法。例如，将外国投资者的投资"国有化"（nationalization）或"征收"（expropriation）均属"剥夺"（takeover）外国投资者财产的行为，在法律属性上没有区别。然而在我国的外商投资法律当中，却同时使用"国有化"和"征收"两个概念。三部外商投资企业法均规定：对外商投资企业不实行"国有化"，但在特殊情况下，可实行"征收"。再如，依据习惯国际法和国际条约，一国可对进出口贸易加以限制或禁止，但应明确可作出限制决定的是哪一国家机关，而不应笼统地说"国家"可施加限制或禁止。但我国《对外贸易法》在第八章中一连气用了七八个"国家"，而未明确由哪一国家机关行使"国家"的权利。相比之下，其第三章中有关"国家"的表述则是可取的。该章的第 16 条规定：国家基于维护国家安全等原因，可以限制或者禁止有关货物、技术的进口或者出口；随后即在第 18 条规定：国务院对外贸易主管部门可会同国务院其他有关部门，依照第 16 条的规定，制定、调整并公布限制或者禁止进出口的货物、技术目录。

在接受国际法话语的同时，还要重视国际法话语的重述。国际法话语的重述是指对国际法话语作出新的解释，其中最为重要的是对国际法规则作出非官方的解释。

同其他法律规则一样，国际法规则在适用过程中也需要加以解释。国际法规则的解释可分为官方（有权）解释和非官方（无权）解释。所谓官方解释是指国际法的适用机构在国际法的适用过程中对国际法规则所作出的解释；而非官方解释则是官方解释之外的其他解释。官方解释将直接产生法律效力，当然应该得到重视。非官方解释虽然并不具有法律效力，但也不可轻视。这是因为，首先，非官方解释可能对官方解释产生影响。就某一国际纠纷的处理而言，各当事方及其代理人对国际法规则所作出的解释，具有影响法律适用机构（法庭、仲裁庭等）对国际法规则的理解的作用，因而将影响其作出官方解释。其次，非官方解释，即使在一项纠纷的处理过程中未能影响官方解释，但有可能对未来的规则解释产生影响。最后，非官方解释对于舆论形成具有重要影响。通过非官方解释，一国可以在国际社会树立自己的正面形象，赢得国际社会的支持。

如果说国际法话语的接受是在表明一国与国际社会的融合程度，那么国际法话语的重述则是在表明一国以国际法话语维护自己权益的能力。国际法是确立与维护国际秩序的基本手段，因而它应该是国际社会的公器。与此同时，国际法也是保障个别国家权益的手段，是国际社会个别成员获取救济的工具。事实上，每一项国际法规则的创设大概都起源于个别国家对自己利益的追求，只不过是这种追求若想形成普遍接受的规则，还需平衡其他的利益诉求。因此，不难想象，人们对国际法话语的重述一定也是从自己的利益出发，尽量对规则作出对己方有利的解释。

国际法话语的重述包括国家的重述和其他实体的重述。显然，国家重述的意义应高于其他实体的重述。在国家重述当中，又包括个体（单个国家）重述和集体（多个国家）重述。从效果角度考虑，当然是集体重述优于个体重述。2016年6月25日，中俄两国政府所发表的《中华人民共和国和俄罗斯联邦关于促进国际法的声明》（以下简称《声明》）是一次国际法话语的集体重述。该项《声明》对若干国际法原则和规则作出解释。例如，关于"主权平等原则"，《声明》将其解释为："各国在独立、平等的基础上享有权利，并在相互尊重的基础上承担义务和责任。各国享有平等地参与制定、解释和适用国际法的权利，并有义务善意履行和统一适用国际法。"关于"不得使用或威胁使用武力的原则"，《声明》将"单边军事干预"认定为"使用或威胁使用武力"的情形之一。关于"不干涉他国对内与对外事务原则"，《声明》将"与国际法不符的将一国国内法进行域外适用的做法"认定为"违反不干涉他国内政原则的又一例证。"关于国家主权豁免，《声明》明确"各国在任何时候均须履行与其他国家及其财产和官员豁免相关的国际义务。违反这些国际义务的做法不符合国家主权平等原则，可能会导致紧张局势升级。"《声明》还提出"应善意履行公认的国际法原则和规则，反对采取双重标准或某些国家将其意志强加于其他国家的做法；认为采取与国际法不符的单边强制措施，即单边制裁，是此类做法的一个例证。"该《声明》虽然从性质上看仍属于对国际法规则的非官方解释，但由于是两个重要的国家在特定时期就某些特定国际法原则和规则所作出的解释，因此，对于未来的官方解释，对于未来国际法话语权的形成均将产生重要影响。

对大部分国际法规则而言，中国是后来者。因此，中国有必要在熟悉这些规则之后，对某些规则作出解释。我们是否有能力重述国际法话语并获得认同，在某种程度上决定了现行国际法规范究竟对中国可以产生何种作用。

与国际法话语的解释相比，国际法话语的提出更为重要。作为一个成长中的大国，我国还应注重通过国际法话语的提出来引导国际法律制度的变革。虽然国际法总体上说是国家间协议的产物，但大国在国际法的创建上显然发挥着更为重要的作用。"国际法律体系中最为强大的国家的行为对国际习惯法的形成具有更为重要的作用……多数国际习惯法是由极少数国家创设出来的。""在缔约过程中，具有领先地位的国家自然会在多边程序中产生更大的影响。"[1] 在 2014 年 12 月 5 日中共中央政治局进行第十九次集体学习的过程中，习近平同志强调，"加快实施自由贸易区战略，是我国积极参与国际经贸规则制定、争取全球经济治理制度性权力的重要平台，我们不能当旁观者、跟随者，而是要做参与者、引领者，善于通过自由贸易区建设增强我国国际竞争力，在国际规则制定中发出更多中国声音、注入更多中国元素，维护和拓展我国发展利益。"所谓"争取全球经济治理制度性权力"应该是指就全球经济治理获得制度设计方面的话语权或优势。由于种种原因，我们没有机会参与 WTO 规则的制订，我们也没有机会影响 CPTPP 及 USMCA 等规则的制定。"一带一路"建设、"金砖五国"合作及"G20"会议在中国的召开，应是我们通过创设国际法话语来引领国际法律制度变革的重要机会。

我国也做过创设国际法话语的尝试。例如，关于外资国有化的补偿标准，曾长期存在着"充分补偿"标准和"适当补偿"标准之争。1949 年我国中央人民政府成立前后，曾征收了某些外国人的在华投资，并且没有给予补偿。但是

---

[1]　ALAN BOYLE & CHRISTINE CHINKIN. The Making of International Law. Oxford University Press. 2007，p.28.

1970 年后，在我国政府与英、美等国建立外交关系时，我国与对方就征收的补偿问题都作出了约定。从补偿数额来看，我国政府并没有就征收的财产给予充分补偿。1979 年 7 月《中外合资经营企业法》的制定标志着我国又开始允许外国投资者来华投资，但在很长一段时间里，我国法律对征收及补偿问题保持着沉默。1986 年 4 月制定的《外资企业法》首次就外资的征收及补偿问题向国际社会表明了我国的立场。该法第 5 条规定："国家对外资企业不实行国有化和征收；在特殊情况下，根据社会公共利益的需要，对外资企业可以依照法律程序实行征收，并给予相应的补偿。"1990 年修订后的《中外合资经营企业法》就征收问题做了与外资企业法完全一致的规定。引人注目的是，关于补偿标准，我国法律所规定的既不是"充分补偿"，也不是"适当补偿"，而是"相应补偿"。关于什么是"相应补偿"，至今未见任何立法解释或司法解释。在学界，有人认为"相应补偿"就是"充分补偿"，也有人持相反观点。"相应的"应解释为"相对应的"，可是与什么相对应？是与没征收的财产的账面价值（book value）相对应？还是与被征收财产的市场价值（market value）相对应？或是与其市场价值相对应但要做出合理扣除（reasonable discount）？这才是问题的关键，然而我国法律并没有给出明确规定。无论如何，我国法律所规定的"相应补偿"至少从表述上看，有别于国际上通行的"充分补偿"和"适当补偿"标准，并至少在客观上是一种话语创新。

然而，遗憾的是我国并没有以随后的国家行为来巩固这种话语创新。关于外资征收的补偿标准，除了上述国内法的规定之外，我国与外国政府所签订的 100 余项双边投资保护协定中也做了规定。与国内立法不同，我国对外签订的双边投资保护协定对征收补偿标准的规定大都比较详细。其中的一些协定在征收补偿标准方面已经接受了"充分补偿"标准。虽然我国的一些学者还在尽力论证我国签署的双边投资协定关于征收补偿标准的规定并不等同于"赫尔标准"，但难以服人。《美国投资协定范本》第 6 条第 2 款对"即时、充分、有效的补偿"的解释是：（a）不加迟延的支付；（b）相当于征收前一刻被征收的投资的公平的市场价值；（c）价值不应因征收被较早得知而发生改变；（d）能被充分兑现并自由转移。通过与《美国投资协定范本》的简单比较，我们可以看到，我们在一些协定中是接受了"充分补偿"标准的。由于我国政府已实际上向其他国家允诺了征收补偿将是充分的补偿，并由此承担了相应的国际义务，我国国内法中的"相应补偿"很可能要被解释为"充分补偿"，因此，我国在外资征收补偿标准方面的话语创新被大大地打了折扣。

三、人类命运共同体理念的实现

人类命运共同体的理念为国际经济秩序的构建指明了方向。为了更好地实现其价值，应将人类命运共同体的理念转化为国际法，并依此来规范国家间经济关系和指导国家间的经济合作。有学者曾对国际关系的法制化，即"国际法制化"（international legalization）的内涵与特征进行过深入的分析，认为对国际法制化可从"义务"（obligation）、"精确性"（precision）和"授权"（delegation）三个维度加以考量。所谓"义务"是指国家或其他行为体接受规则或承诺，特别是法律性质的规则或承诺的约束；所谓"精确性"是指要求、允许或禁止采取一项行为的规则是明确和清晰的；所谓"授权"是指第三方被授权来实施、解释和适用规则，解决纠纷，甚至制订新的规则。[①] 显然，"义务"越具约束性、规则的"精确性"越高、"授权"越广泛，国际法制化的程度就越高，国际关系也就越稳定，全球治理也就会更加有效和合理。

但是，一种理念不会自行转化为法律制度，因此，需要对人类命运共同体理念如何转化为国际法律制度的途径加以研究。从以往的国际造法实践来看，将人类命运共同体的理念转化为国际法律制度应注重以下几个环节。

（一）将人类命运共同体理念转化为国际法话语

一种理念之所以能够转化或落实为法律制度，除了现实生活中存在对相应的法律制度的需求之外，这一理念还应该首先成为一种人们所普遍接受的话语。例如，早在《联合国海洋法公约》最终确立专属经济区制度之前，一些拉丁美洲国家即提出了"200海里海洋权"的概念。1947年6月，智利和秘鲁先后宣布建立

---

① 见 Kenneth W.Abbot，Robert O. Keohane，Andrew Moravcsik，Anne-Marie Slaughter，and Duncan Snidal，The Concept of Legalization，载于 Beth A.Simmins and Richard H.steinberg edited，Iernational Law and Interational Relations，Cambridge University Press，2006，p.115.

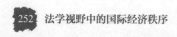

200 海里宽度的海洋管辖区域。1952 年 8 月，智利、秘鲁和厄瓜多尔在智利首都圣地亚哥举行会议，通过了《关于海洋区域的圣地亚哥宣言》，宣布与会各国对距离海岸不超过 200 海里的海域具有独占性的主权和管辖权。随后，又有一些拉美国家宣布了类似的立场。拉美国家 200 海里海洋权的主张逐渐被一些亚洲和非洲国家所接受，于是"200 海里海洋权"遂成为流行于世界的话语，并最终促使《联合国海洋法公约》确立了专属经济区制度。

自 2012 年 11 月"人类命运共同体"的理念被写进中共十八大报告以来，我国政府在国内外各种场合都不断重申和阐释这一理念，使其在国际社会中逐渐被接受。2017 年 2 月 10 日，联合国社会发展委员会第五十五届会议协商一致通过"非洲发展新伙伴关系的社会层面"决议，呼吁国际社会本着合作共赢和构建人类命运共同体的精神，加强对非洲经济社会发展的支持。这是联合国决议首次写入"构建人类命运共同体"理念。在 2017 年 3 月 1 日举行的联合国人权理事会第三十四次会议上，中国代表 140 个国家发表题为《促进和保护人权，共建人类命运共同体》的联合声明，使"人类命运共同体"的理念在国际舞台上再次得以宣示。通过类似的方式，"人类命运共同体"会逐渐成为国际社会所熟悉的话语。

由于人类命运共同体是一个高度抽象的概念，而且也并非仅具有国际法方面的含义，因此，如果要将其转化为国际法，需要将其以法律的语言加以细化，以便于其最终转化为国际法律制度。例如，美国在最初提出其大陆架政策之后，即以法律术语细化其大陆架政策的具体内容，将其表述为：位于公海之下但邻接美国海岸的大陆架海底和底土的自然资源属于美国，美国享有管辖权和控制权；当大陆架延伸到其他国家海岸，或存在于邻近国家共享大陆架的情形时，大陆架界限应由美国会同相关国家根据公平原则确定；大陆架上覆水域的公海性质及其自由与无碍通行的权利并不因此受到任何影响。上述表述其实已经为大陆架法律制度的核心内容提供了可直接采用的文本，为大陆架法律制度的形成创造了条件。美国政府的这类实践为我们提供了很好的借鉴。

（二）将人类命运共同体理念转化为国内法

国际法必须源于国家实践，而国内立法是国家实践的一种，因此，国际法往往源自国内法。从许多国际条约中都可以看到有关国家国内法的影子。例如，有学者指出，国际环境法中的排放交易制度即源自美国的《大气净化法》。关于国家主权豁免问题，基于不同国家的反复实践曾形成了国家及其财产"绝对豁免"的国际习惯法。1952 年，美国国务院法律顾问泰特（Lack B. Tate）致函美国司法部提出了"限制豁免"的理念，导致美国国会于 1976 年通过了《外国主权豁免法》。该法虽首先肯定了国家及其财产享有豁免权，但却随即大量地列举了外国国家及其财产不享有豁免的例外情况，如自愿放弃豁免、从事商业活动以及由于侵权行为而产生损害赔偿请求权等。美国的国内立法随后影响了其他一些国家，英国、加拿大、新加坡等国也都先后通过立法明确表示了限制国家主权豁免的立场。上述国家的国内立法最终推动了主权豁免方面的国际造法程序。1977年 12 月 19 日，联合国大会通过了第 32/151 号决议，建议国际法委员会着手研究国家及其财产管辖豁免的法律，以逐步发展与编纂这方面的规则。在国际法委员会和各会员国的积极努力下，联合国大会终于在 2004 年 12 月通过了《联合国国家及其财产管辖豁免公约》（*The United Nations Convention on Jurisdictional Immunities of States and their Property*），并向各国开放签署。

正因为如此，国际秩序在某种程度上可以说是强国国内秩序的国际化。有学者明确指出，"国际秩序源于国内。领导国国内经济秩序的调整会扩展到国际层面，并成为国际经济秩序。"[①]就战后国际经济秩序而言，所谓"嵌入式自由主义"并非突如其来，而是源于美国国内的"新政"秩序。"'二战'后，美国凭借自身的经济与军事优势，将其国内秩序扩展成为国际秩序。类似逻辑同样可以解释新的变迁，即'新自由主义'国际经济秩序的兴起。"[②]

人类命运共同体理念的制度化也应该从国内法做起，将我们认为适当的内容先以国内法律制度的形式确定下来，然后再推动其为国际法所吸纳。

（三）借助国际组织的国际造法功能

将人类命运共同体的理念转化为国际法的最直接的方式是缔结国际条约。尽管双边条约、区域性条约与普遍性条约（国际公约）均为国际法的表现形式，但

---

① 黄琪轩：《国际秩序始于国内——领导国的国内经济秩序调整与国际经济秩序变迁》，载《国际政治科学》，2018（4）。

② 黄琪轩：《国际秩序始于国内——领导国的国内经济秩序调整与国际经济秩序变迁》，载《国际政治科学》，2018（4）。

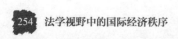

国际公约无疑更具有影响力。这不仅是因为国际公约对更多的缔约国具有约束力从而成为普遍性国际法，还因为国际公约可能被视作国际习惯的法典化，从而对非缔约国也产生拘束力。

当下，国际公约多由政府间国际组织发起动议、组织谈判并最后由各国签署，而在众多的政府间国际组织当中，联合国的地位尤为重要。当今许多重要的国际公约都是在联合国体系内最终形成的。在联合国组织系统内，安理会可直接作出对联合国会员国具有约束力的决定，因而可以认为其具有直接造法的能力。然而，安理会的决议往往只针对具体事项，因此，这种决议通常被认为是在依据其职能而对《联合国宪章》作出解释。此外，由于《联合国宪章》第五章授予安理会的职责仅限于"维持国际和平及安全"，这也限制了安理会的造法能力。

相比之下，联合国大会虽然不具备造法资格，但它在推动国际公约制定方面的作用却更值得关注。联合国大会将某一议题提交某一委员会进行研究往往是制定国际公约的开端。据日本学者村濑信也的归纳，"作为一种倾向，国际公法传统领域的问题（国家责任、主权豁免）"提交给 ILC（国际法委员会），而需要高度专门性技术知识领域的问题（比如说，外层空间法、海洋法等）则提交特别委员会，其他如政治背景浓厚的问题（如不使用武力、《联合国宪章》再探讨等）则提交第六委员会下设的特别委员会。"① 自联合国创立以来，联合国大会推动制定了大量的国际公约，其中包括《联合国国际货物销售合同公约》《联合国儿童权利公约》及《联合国反腐败公约》等。联合国大会在推动国际公约制定方面不俗的表现，致使有学者认为联合国大会"在国际法发展方面具有核心作用。"②

我国自恢复在联合国的合法席位以来，积极参与相关国际公约的制订工作。以人权公约制订为例，自 20 世纪 80 年代起，我国多次派代表参与国际人权法律文书的起草工作，先后参加了《联合国儿童权利公约》《保护所有移徙工人及其家属权利国际公约》《禁止酷刑和其他残忍，不人道或有辱人格的待遇或处罚公约》《个人、团体和社会机构在促进和保护世界所公认的人权和基本自由方面的

---

① 村濑信也：《国际立法》，秦一禾译，143 页，北京，中国人民公安大学出版社，2012。

② 见 Kenneth W.Abbot，Robert O. Keohane，Andrew Moravcsik，Anne-Marie Slaughter，and Duncan Snidal，The Concept of Legalization， 载 于 Beth A.Simmins and Richard H.steinberg edited，Inernational Law and Interational Relations，Cambridge University Press，2006，p.115.

权利和义务宣言》《保护民族、种族、语言、宗教上属于少数人的权利宣言》的工作组。我国还积极支持人权委员会关于实现发展权问题的全球磋商，支持将发展权问题作为一个单独的议题在人权委员会加以审议。我国一直是人权委员会关于发展权问题决议的共同提案国。

为了将人类命运共同体的理念转化为国际法，我国应关注联合国体系内的公约制订机会，提出公约谈判议题，或在已有议题谈判中融入与人类命运共同体理念相一致的条款。在人类命运共同体的话语逐渐被各国所接受的情况下，将这一理念融入相关的公约文本是可以期待的。

（四）发挥非政府组织在国际造法中的作用

非政府组织没有资格缔结国际条约或以其他方式参与国际法的制订，却可以在国际条约的制定过程中发挥作用。红十字国际委员会在日内瓦四公约的制定过程中就发挥了极为重要的作用。更多的情况是非政府组织对本国政府参与国际条约制定发挥影响。

自 20 世纪末以来，我国的非政府组织得到空前的发展并已经成为一支重要的社会力量。在此基础上，我们应该鼓励非政府组织走上国际化的道路，并在国际条约的订立过程中发挥积极的作用。非政府组织可以在适当场合传播人类命运共同体的话语，宣传安危与共的理念，乃至提出条约制订议题的建议。我国政府近年来已经注意到非政府组织在全球治理中可以发挥的积极作用。例如，我国政府于 2015 年 3 月发布的《推动共建丝绸之路经济带和 21 世纪海上丝绸之路的愿景与行动》提出，"继续发挥沿线各国区域、次区域相关国际论坛、展会以及博鳌亚洲论坛"等平台的"建设性作用"即包含着对非政府组织发挥推动相应的国际规则和国际机制形成的期待。

由于"人类命运共同体"的理念对于国际法的各个领域都具有指引作用，因此，其制度化将是一个渐进的过程。其间，可能会是新制度的产生过程，也可能是原有制度的变更过程。例如，鉴于"人类命运共同体"的理念含有"共商共建"的内涵，因此，在投资者与东道国争议解决制度上，可能需要反思现有《华盛顿公约》所确立的争端解决模式，对投资者直接在"投资争端解决中心"诉东道国的权利加以限制，将某些投资争端，特别是那些事关重大事项的争端交由相关国家协商解决，而不是交由几位仲裁员最终裁定。为此，就需要学界或其他专业人士进行立法设计，以法律术语将方案表达出来。

第三节　本章小结

自秦汉至清朝中期，中国长期所追求的是一种"中国中心主义"（sinocentrism）的国际秩序。这种秩序的制度性安排主要表现为朝贡体制。由于中国在历史上长期处于领先其他国家的地位，这样一种秩序在历史上不仅在中国被认为是天经地义的，而且也被许多其他国家所接受。"中国中心主义"的国际秩序能够长期持续，还在于这样一种国际秩序虽分等级，却并不施加压迫。

1840年的鸦片战争彻底打碎了中国原有的国际秩序观，并迫使中国沦落为半殖民地半封建的国家，被排斥在西方主导建立的国际秩序之外。直到第二次世界大战爆发，中国才有机会争得自立于世界民族之林的地位。

1949年，中华人民共和国成立，中国开始了追求公平的国际秩序的努力。中国曾先后提出了和平共处五项原则、"三个世界"的理论、和谐世界理论及人类命运共同体理论，并就国际经济新秩序和国际政治新秩序的建立阐明中国立场。

新中国对国际秩序的上述立场及相应努力取得了显著成果。从中华人民共和国成立到开始实行改革开放政策的1978年，共有90多个国家与我国建立了外交关系。实行改革开放政策以来，我国根据国际形势的发展变化，提出了和平与发展是当今世界发展形势总体特点的科学论断。在巩固和发展与第三世界国家传统友谊的同时，我们也不断扩大与发达国家的合作。现存国际经济秩序由历史所形成，对于维系相对稳定的国际经济关系实属必要，因此，应坚定维护当今的国际经济秩序，与此同时，现存国际经济秩序并非完全合理，因此，中国将与其他国家一道推动国际经济秩序朝着公正合理的方向发展。

经过四十多年的改革开放，我国的社会主义市场经济体制与现存的国际经济秩序基本上是相容的。我国入世来近三十年的实践表明，我们可以通过努力来化解我国的经济体制与现存国际经济体制在某些方面的冲突。

结语　变革中的国际经济秩序

国际经济秩序是一个动态的过程，而且，这一过程并非总是直线运动，波动起伏甚至暂时的倒退都是有可能发生的。这符合历史唯物主义的观点，也由以往的历史事实所印证。

当今的国际经济秩序正处于变革之中。当中国准备担任现行国际经济秩序的维护者的时候，美国等少数国家却要重塑国际经济秩序。

特朗普在任期间，美国退出其已签署的《跨太平洋伙伴关系协定》，退出其已批准的《巴黎协定》，退出联合国教科文组织，阻碍世界贸易组织上诉机构成员的任命，从而危及 WTO 争端解决机制的正常运行。美国的上述种种举措被一些人归结为"逆全球化"或"新孤立主义"。然而，通过观察可以发现，美国并非在逆全球化，并非要脱离国际经济秩序，而只是反对现行规则之下的全球化，并努力按照自己的意志重塑国际经济秩序。

首先，市场经济的本性就是全球性经济，没有哪一个国家能够改变经济全球化的历史趋势。经济全球化其实是各种经济增长要素在市场规律的支配下日益突破国界限制的过程。资本主义的生产方式已决定了该生产方式之下的经济必将是全球性的，对此，马克思和恩格斯早在 170 多年前即已作出深刻论述。①"二战"

---

① 马克思和恩格斯在《共产党宣言》中写道："资产阶级，由于开拓了世界市场，使一切国家的生产和消费都成为世界性的了……过去那种地方的和民族的自给自足和闭关自守状态，被各民族的各方面的互相往来和各方面的互相依赖所代替了。"见《马克思主义经典著作选编》，24 页，北京，党建读物出版社，2011。

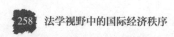

结束以来，得益于科学技术的进步，特别是运输和通信技术的进步，经济全球化无论在规模上还是在速度上都出现了前所未有的进展。从市场主体角度看，经济全球化的推动力量来自两个方面：一是来自企业内部的赢利驱动力。为获取最大利润，企业一定会将其商品和资本推向全球；二是来自企业外部的竞争压力，为了在与对手的竞争中不致被淘汰，企业也一定会在全球范围内选择最佳的生产和经营模式，从而突破国界的限制。在上述情况难以发生根本性改变的情况下，美国政府自然无法"逆全球化"。

其次，对于市场经济最为发达的国家和当今全球第一大经济体的美国来说，经济全球化符合美国的根本利益，因此，美国不可能反对经济全球化。凭借其强大的经济力量，美国无论在国际贸易领域还是在国际投资领域一直都占据优势，而国际贸易和国际投资为美国带来的利益是显而易见的。正因为如此，美国企业（尤其是大公司们）不会容许美国政府"逆全球化"，反而会要求政府进一步推动经济的全球化。

最后，美国政府近年来的种种行为也表明美国所追求的不是"逆全球化"，而是符合美国利益的全球化。特朗普曾提出"美国优先"的执政纲领，声称所有的政策决定都只为美国工人和美国家庭谋求利益。他认为，过度追求自由贸易导致失业、制造业衰退和财富流失，从而损害美国的国家利益。2017年3月，美国贸易代表发布《2017总统贸易政策议程》，强调美国政府将"毫不犹豫地采取一切可能的法律措施，对继续实施不公平贸易活动的贸易伙伴采取行动"，并将"利用一切可能的杠杆，鼓励其他国家给予美国生产商公平、互惠的市场准入。"与此同时，美国又以维护"国家安全"为由，任意地对来自其他国家的商品征收高额关税，限制其他国家的投资者到美国投资，以保护知识产权为由对其他国家的商品任意征收惩罚性关税，并要求其他国家不断开放投资市场。可见，美国政府不是拒绝全球化，而是要推动符合美国利益的全球化，即以保护主义的措施限制进口，以霸凌主义的措施扩大出口。

在无法、也无意改变经济全球化趋势的情况下，美国对现行国际经济法律制度的抛弃，只能说明它要通过改变现行法律制度来改变现行的国际经济秩序。

美国是一个注重并善于利用法律来确立或变革国际秩序的大国。自"二战"结束以来，美国从未放弃以规则来塑造全球秩序的努力。"美国主导创立了'二战'后国际经济、贸易、金融体制，并在此后几十年牢牢掌控国际经贸规则的创设权和修订权。"① 塑造全球秩序的理想方式当然是订立普遍性国际条约，美国也的确为此付出了巨大努力。奠定'二战'后国际秩序的几个最为重要的国际法律文件，包括《联合国宪章》《国际货币基金协定》《关税与贸易总协定》等，在很大程度上受到了美国的影响。② 美国近年来的实践则表明，当它认为难以通过订立国际公约来塑造全球秩序的时候，它就会转而采用其他迂回的方法，包括国内立法、签订双边协定和订立区域自由贸易协定等。

首先，美国极力以国内立法影响全球规则，并进而塑造国际秩序。美国善于凭借其各方面的优势以其国内立法来影响其他国家的立法，并最终将美国国内法转换为全球性规则。有感于美国法在全球的影响，有学者曾尖锐地指出，当今的"法律全球化实质上是全球法律的美国化。"③ 从单个国家的国内法对全球的影响力来看，美国法应该比其他任何一个国家的法律都在更大范围和更深程度上影响着世界。美国政府、美国法律界和法学界，以及基金会等各类民间组织都一直不遗余力地输出美国法。它们通过资金援助、参与改革等方式，向其他国家，特别是"转型国家"输出美国的法律理念、输出美国的宪政原则和体制、输出美国的经济法和商事法并输出美国的立法技术。④ 当美国法的内容在其他国家被广为接受之后，将其转化为国际规则的条件也就成熟了。

其次，美国极力以双边协定影响全球规则，并进而塑造国际秩序。美国以双边协定来塑造新的国际规则的最典型的例证大概是美国对其双边投资协定（Bilateral Investment Treaties，BITs）范本的推广。与国际贸易领域中的情形不同，规范政府对投资活动管理的国际法主要是数以千计的双边投资协定及某些区域性自由贸易协定。从 20 世纪 70 年代开始，美国对外签订的投资协定从单一的政治风险防范转向投资自由化和高标准的投资保护。1982 年，美国与巴拿马签订了第一个全面促进与保护投资的双边协定。此后，美国又多次修订其投资协定范本。

---

① 人民日报评论员：《中美贸易战十评》，1 页，北京，人民出版社，2018。
② "联合国"（United Nations）这一名称是美国总统罗斯福提出的；1941 年 8 月 14 日，美国总统罗斯福和英国首相丘吉尔签署的《大西洋宪章》为《联合国宪章》提供了蓝本。布雷顿森林体系则是基于美国的"怀特计划"。《关税与贸易总协定》也是在美国的倡导下制订的。
③ 高鸿钧：《全球化视野的比较法与法律文化》，46 页，北京，清华大学出版社，2015。
④ 高鸿钧：《全球化视野的比较法与法律文化》，70 ～ 73 页，北京，清华大学出版社，2015。

为了实现其投资自由化和投资高标准保护原则，美国通过其投资协定范本创设了庞大的规则体系。通过一个个双边投资协定的签订，美国逐渐将其主张推广到全球，使其有可能被未来的多边国际投资条约所吸纳，也有可能演变成习惯国际法。市场准入的国民待遇就是随着美国的双边投资协定的推广而逐渐发展成为全球性规则的。

最后，美国极力以区域协定影响全球规则，并进而塑造国际秩序。美国一直尝试通过缔结区域自由贸易协定来塑造全球性规则。《北美自由贸易协定》（NAFTA）就是一例。作为一项自由贸易协定，NAFTA 不仅对投资问题做了专章的规定，为投资规则的"法典化"奠定了基础，同时，该协定也使某些投资规则的内容更加明确。例如，关于外国投资与投资者的待遇问题，早期的投资协定只是笼统地规定一国有义务赋予对方国家的投资与投资者公平与公正的待遇。由于概念模糊，因此在投资争端解决过程中，该条款通常被作出有利于投资者的宽泛的解释，挤压了投资东道国对外资实施管理的空间，难以实现东道国与投资者之间的"公平"以及缔约国之间的"公平"。因此，如何将"公平与公正"待遇条款具体化就成为一个非常现实的问题。2001 年 7 月 31 日，NAFTA 自由贸易委员会对 NAFTA 第 1105 条的公平与公正待遇条款作出解释，将"赋予另一缔约方投资者投资的最低待遇标准"解释为"对待外国人的习惯国际法最低待遇标准"，并提出公平与公正待遇"并不要求多于或超出对待外国人的习惯国际法最低待遇标准的待遇。"这种做法随后得到其他国家的纷纷效仿。2018 年 9 月 30 日，美国、墨西哥与加拿大就 NAFTA 的更新达成一致。更新后的协定用了新的名称——《美国—墨西哥—加拿大协定》（*United States-Mexico-Canada Agreement*，USMCA），也增加或变更了一些重要内容。新协议基本上废除了加拿大和美国之间的 ISDS 机制，限制了墨西哥和美国之间的 ISDS，并将加拿大和墨西哥之间投资纠纷置于加拿大和墨西哥均为缔约方的《全面进步跨太平洋伙伴关系协定》（*Comprehensive Progressive Trans-Pacific Partnership*，CPTPP）里的 ISDS 机制当中。当许多国家都在考虑如何完善以 ICSID 为代表的投资争端仲裁解决机制的时候，USMCA 似乎传递出一个新的信号——限制仲裁在投资争端解决中的作用，这或许会影响未来国际投资法的走向。

任何一种世界秩序或全球规则体系都不是价值中立的。美国按自己的意愿重塑国际经济秩序，会给我国带来制度方面的挑战。从对策角度看，应对美国重塑国际经济秩序所带来的制度挑战不外乎三种情形，即接受、变通、拒绝。

首先，如同国务院新闻办公室 2018 年 9 月发布的《关于中美经贸摩擦的事实与中方立场》所申明的那样："中国作为一个发展中国家，并非十全十美，愿意通过改革开放，学习借鉴先进经验，不断完善体制机制和政策"。[①] 事实上，在改革开放的 40 多年当中，我们已从国外接受了许多有益的法律制度，如中外合资经营企业制度、国有企业股份制度、专利制度、反倾销制度以及保障措施制度等。从理论上讲，既然我们实行的是社会主义市场经济体制，那么，国外那些行之有效的与市场经济相关的制度均具有引进或借鉴价值。美国所主导的全球规则的重塑可能会对我国带来制度上的压力，但从长远来看，某些新制度或新规则的接纳对我们是有利的，因此，可以明确地表达我们接受的立场。

变通是指原则上接受，内容上调整。例如，关于竞争中立问题，美欧积极推广竞争中立政策的主要意图在于通过新的规则来抑制主要来自中国的国有企业在国际市场上的竞争优势。但应该看到，竞争中立政策与我国的国企改革目标具有相当大的一致性。中国共产党第十八届中央委员会第三次全体会议于 2013 年 11 月 12 日通过的《中共中央关于全面深化改革若干重大问题的决定》指出，我国国有企业总体上已经同市场经济相融合，同时必须适应市场化、国际化新形势，进一步深化国有企业改革。2018 年 10 月 14 日，中国人民银行行长易纲在 G30 国际银行业研讨会的发言及答问时说："下一步，为解决中国经济中存在的结构性问题，我们将加快国内改革和对外开放，加强知识产权保护，并考虑以'竞争中性'原则对待国有企业。"[②] 次日，在国务院新闻发布会上，国务院国资委副秘书长、新闻发言人彭华岗在回答记者有关"竞争中性"原则的提问时说道：经过改革以后的国有企业和其他所有制企业是一样的，依法平等使用生产要素、公平参与市场竞争，同等受到法律保护，这与"竞争中性"原则是一致的。他同时也强调"我们也提倡'所有制中立'，反对因企业所有制的不同而设置不同的规

[①] 中华人民共和国国务院新闻办公室；《关于中美经贸摩擦的事实与中方立场》，90 页，北京，人民出版社，2018。

[②] http://www.pbc.gov.cn/goutongjiaoliu/113456/113469/3643836/index.html. 最后访问时间：2021 年 5 月 16 日。

则，反对在国际规则制定中给予国有企业歧视性待遇。"① 可见，一方面，随着我国国有企业制度改革的进行，国有企业将逐渐地置身于与非国有企业相同的市场环境。最终，国有企业将作为市场主体与其他竞争者地位平等地经营于同一市场；另一方面，我们认为竞争中立规则也包含不得歧视国有企业的意义。在竞争中立问题上，我国政府已经接过来这一话语并融进了自己的诉求。

拒绝外国向我们强加某种制度也将难以避免。国务院新闻办公室发布的《关于中美经贸摩擦的事实与中方立场》申明："中国和世界其他各国一样，有权根据自己的国情选择自己的发展道路包括经济模式。"任何谈判与妥协均不得损害我国的核心利益，"不能以牺牲中国的发展权为代价"。② 这是中国所要坚持的底线。近年来，美国和一些西方发达国家将矛头直指"非市场经济国家"。在美国主导下出台的 USMCA 毫不掩饰其对"非市场经济国家"的排斥。美国已开始明确地拉拢其他国家对"非市场经济国家"进行明确的"围剿"，而坚持公有制为基础的经济制度应该是中国所不能放弃的立场。如同有学者所言："起于 20世纪 70 年代末的中国所有制结构改革，是中国，也是当代世界所有制结构变迁史上的一个创举。它既不拘泥于苏联的传统的或称'经典的'单一国家所有制结构模式，也不拘泥于当代某些发达国家现存的所有制结构模式，而是用中国人的世界观和方法论，对当代一种新的所有制结构的探求。"③ 我国未来的经济体制改革还将进行许多探索，但"公有制为基础"的原则不会改变。

总之，对于美国等国家通过重塑全球规则进而改变国际经济秩序的手法，我们应保持警觉，不放弃可能影响新规则创设的各种机会。与此同时，我们也应该对这一过程中所产生的制度性冲突有所预见，并做好对我国的某些经济制度进行调整的准备。

多年来，中国一直为建立公平合理的国际秩序而努力。当今的国际秩序尽管仍不够完美，但大体上体现了世界上绝大多数国家的意愿。因此，中国近年来一再表达了维护现有国际秩序，并进行必要改革的立场。2015 年 6 月 27 日，中国

---

① https://finance.qq.com/a/20181015/006416.htm，最后访问时间：2021 年 5 月 16 日。
② 中华人民共和国国务院新闻办公室：《关于中美经贸摩擦的事实与中方立场》，87 页、90 页，北京，人民出版社，2018。
③ 常修泽：《所有制改革与创新：中国所有制结构改革 40 年》，3 页，广州，广东经济出版社，2018。

外交部长王毅在出席第四届世界和平论坛时强调，中国始终是国际秩序的维护者而非挑战者，是国际秩序的建设者而非破坏者，是国际秩序的贡献者而非所谓"搭便车者"。他强调，我们不会去推翻当年自己亲手建立的国际体系和国际秩序，也无意另起炉灶、再搞一套。当今世界发生的各种对抗和不公，恰恰是由于《联合国宪章》的宗旨和原则没有得到有效履行。同时，我们也愿与各国一道，与时俱进，推动国际秩序和国际体系进行必要改革和完善，使其更加公正合理，更加符合大多数发展中国家的愿望。在此过程中，我们要加强国际关系的多边化而不是单边主义，推动国际关系的法治化而不是丛林法则，促进国际关系的民主化而不是强权政治。[①] 因此，关于当今国际秩序，包括国际经济秩序，中国政府未来的努力将反映在两个方面：一是维护；二是推动必要改革。所谓维护，既不是挑战，更不是破坏。可以预见，中国政府将全力维护以联合国为核心的多边体制，维护世界贸易组织和国际货币基金组织等多边经济贸易体制，反对分裂行为，反对个别国家另建与现行多边安排不符的"小圈子"，并推动在其他领域构建多边体制。所谓改革，就是克服现行国际秩序中的缺陷，解决国际秩序中存在的问题。在这一过程当中，应秉持共商共建的理念，通过民主磋商，找出真正的问题，并找出有效的解决方案。

国际经济秩序的维护与完善任重道远。我们依旧要奋力前行。各个国家离"丛林"越远，就越不容易回到"丛林"之中。

[①] 王毅：《中国是国际秩序的维护者、建设者和贡献者》，http://www.gov.cn/guowuyuan/2015-06/29/content_2886246.htm?cid=303。最后访问时间：2021 年 3 月 10 日。

后　记

本人近 20 年来的研究工作主要围绕法律全球化、国际法治和国际经济法律秩序等问题展开。就上述命题，本人先后主持并完成了国家社科基金、司法部、外交部和商务部等机构委托的多项课题，发表了一系列的论文。本书是在本人已有研究的基础上，从法学视角就国际经济秩序问题所做的学术梳理和提升。

中共十八大以来，以习近平同志为核心的党中央对国际法的重视程度达到前所未有的高度。中国政府在许多国际场合都一再强调国际法在维持国际秩序方面的重要性，强调发挥联合国、世界贸易组织等多边体制在国际治理方面的作用，注重在国际法律制度建设中提高中国的话语权，并已取得明显效果。

美国近年来推行"去全球化""去多边体制"的政策，其单边主义的做法对国际经济秩序带来重大威胁。在以多边体制为代表的国际秩序面临挑战的情况下，更应强调以国际法作为处理国际关系的准则，更应强调国际经济秩序的稳定。

本书试图在厘清国际经济秩序与国际法的关系的基础上，从法学意义上论证了国家在国际经济秩序构建过程中的主体地位，阐释了国际经济秩序的构建应坚持"公平"与"包容"的理念，明确了国际经济秩序构建的法律途径和法律模式，并就国际经济秩序的未来发展作出展望。相信本书的出版有助于国际经济秩序法学理论体系的构建，有助于澄清一些模糊的理论认识，从而推动相关理论研究的深化。书稿中的一些观点也许会对我国某些政府部门的相关政策的制定提供一些借鉴。

最后，感谢清华大学文科出版基金对本书出版的资助，感谢清华大学出版社及刘晶老师为本书的出版所付出的辛劳。

车丕照
2021 年 5 月 31 日
清华园